吉田優貴

いつも躍っている子供たち
聾・身体・ケニア

風響社

目次

はじめに …………………………………………………………………… 5

> 「経験したこと」と「経験したことを表現／分析すること」　7
> 本書における視的方法（ヴィジュアル・メソッド）　9
> 民族誌的だまし絵を実践する　12

第1章　共在する身体 ……………………………………………… 21

> 第1節　「雑ざる」ことば動くからだ　33
>
> 第2節　「でたとこ勝負」の値段交渉　53
>
> 第3節　「デタラメ手話」で祈る　77
>
> 第4節　農業ショーでサタンと生首、それは見世物小屋　93
>
> ダイアローグ（1）　115
>> チェッカーの男　115
>> めぐりあわせ　115
>> いつもいない　116
>> 大丈夫、振り向くから　118
>> 女王の新しい服　119
>> 通訳　124
>> 学籍番号22番　126
>> よそ者　128
>> インター・カルチュラル・マリッジ　131
>> 混ぜないで　132
>> 病院にて　133
>> 生きる術　134
>> 野菜売りのおばちゃんたち　134

第2章　協働する身体 ……………………………………………… 137

> 第1節　すれ違いながら一緒にいる　141
>
> 第2節　ことばを介さないやりとり　165
>
> 第3節　ことば遊びのリズム　173
>
> 第4節　同調は時空を超えて　185

目次

ダイアローグ（2）　*199*

　　歌うコーゴ　*199*

　　デイヴィッドとベンソン　*202*

　　お仕置き　*202*

　　夜の上映会　*203*

　　私の妻　*204*

　　××人についての小咄　*205*

　　賢いインド人　*206*

　　別人　*206*

　　サル仲間　*206*

　　語りの手口　*207*

　　恥ずかしい手話、好きな手話、異なる手話と紅茶の色　*210*

　　おいしいウガリをつくるには　*211*

　　いつも酔っ払い　*212*

　　若い娘のこと　*214*

　　父　*215*

　　酒盛り　*217*

第3章　躍る身体、構える身体　……………………………　*219*

　第1節　歌い躍りしゃべる人たち　*223*

　第2節　おしゃべりは賑々しく、インタビューは行儀よく　*231*

　第3節　「踊る」と「躍る」　*251*

　第4節　躍って構えて躍りはつづく　*265*

　　「躍る」と「構える」　*269*

　　出来事としての身体群　*275*

　　これは *dorama* なのか　*279*

　　そして躍りはつづく　*283*

　　"秘密"のカード　*299*

　ダイアローグ（3）　*299*

　　ジョシュアのその後　*301*

　　信仰告白　*302*

　　質疑応答　*304*

　　衣替え　*305*

　　酔っぱらいはサタン　*307*

ワイロ　*308*

邪術使いジョン　*309*

勤勉家　*310*

伝統をよく知っている人　*311*

商売人　*312*

声に出してはならない　*313*

ナイロビのエステートにて　*314*

筆談　*316*

「子供たち」　*319*

静かではなくなった私　*321*

あとがき……………………………………………………………… *325*

参照文献　*329*

図表・image 一覧　*339*

索引　*345*

装丁：オーバードライブ・前田幸江

はじめに

　K聾学校[注1]に迎えられた日のことだった。私は町の安宿から、K聾学校専属の運転手に手伝ってもらって荷物を運んだ。校内のゲストハウスに荷物を運び入れていると、「アー」という声と共に肩をポンポンとたたかれた。振り返ると、体の大きな女性が立っていた。彼女はニコニコしながら握手を求めてきた。声を出しながら、部屋の奥を指さした後、口元で手を動かした。床を指し、雑巾がけをするような身振りをし、また口元で手を動かした。その後も彼女の手はせわしなく動いたが、私には何が何だかわからなかった。彼女はずっとニコニコしていて、私はよくわからないままにうなずいていた。どうやら、彼女がそれまで主のいなかった部屋を隅々まできれいにしてくれたらしい。後でわかったことだが、彼女はK聾学校の卒業生で職員として働いているのだった。彼女は私が彼女の言っていることがわかっているかどうかなどおかまいなしに手で何やらまくしたてていた。

　K聾学校に住まわせてもらうようになってから1年くらいたち、秘書のレベッカや経理のジョブと茶飲み話をしていたとき、レベッカは言った。「来たばかりの頃、ユタカは英語すらしゃべれなくて、だまりこくってほんとに静かだったよね」。

　私はいかにしてフィールドの人々と一緒に暮らすことができたのだろうか。「来たばかりの頃、ユタカは英語すらしゃべれなくて……静かだった」。しかし、その言葉につづくのは、「いまや英語もスワヒリ語もナンディ語も手話[注2]も全部流暢に話せるようになったではない。それにもかかわらず、私は「静か」ではなくなっていたのである。

　本書は、2003年から2006年までと、2011年から2012年[注3]までの合計2年あまりにわたり寄宿制の初等聾学校（K聾学校）[注4]と子供の帰省先[注5]に住み込んで行ったフィールドワークにもとづき、さまざまな場面においてそこに

居合わせていた人たちに何が起きていたのか、その過程を記述する試みである。

例えば、手話を知らない状態で入学した聾[注6]の新入生が皆の前で祈る場面[注7]、市場で行商人と耳の聞こえない兄妹という初対面の両者が商品をめぐって値段交渉をする場面、耳の聞こえない子供と聞こえる子供が一緒にいるとき、「意思疎通ができているのかどうか」に焦点化してしまうと「すれ違っている」とされがちな場面、互いの手話をほとんど見ない状態で複数人がおしゃべりに興じている場面、聾の子供と聴の子供が入り乱れて躍っている場面など、2人以上が居合わせていた場面で起きていたことを分析する。

値段交渉の場面でいえば、通例では「兄がその品物を550シリングで買うと言ったところ、行商人が580シリングでないとダメだと言った」、あるいは少し詳細に「彼らは筆談で値段交渉を行った。兄が550シリングで買うと言ったところ、行商人が580シリングでないとダメだと言った」などと、やりとりの「内容」をおよそ1行から2行で記述して終わるだろう。しかし本書では、やりとりがどのように進んでいったのか、その場に居合わせた身体の共振に着目しその過程を詳細に記述していく。つまり「筆談」という2文字で済ませずに、「筆談」と要約されてしまう出来事が身体的出来事としてどのように展開していったのか、具体的に記述し分析するのである。

さて、本書で着目する「身体の共振」とは何を示しているのか。

例えば先に触れた、互いの手話をほとんど見ない状態で複数人がおしゃべりに興じている場面（image 0-01）。

「5人が会話をしている場面」と言いたいところだが、よく見ると、繰り出した手話の先にいる「相手」は別の人物を見ている。聴覚のない手話話者の視界は広いと言われるが[注8]、そうだとしてもあまりに互いを見ていない。5人はフツウに書き下せるような行儀のよい会話をしていないのである。つまり、「AがBに〇〇と言った（そのときBはAの話をちゃんと見ていた［聞いていた］）」「CはDに××と言った（そのときDはCの話をちゃんと見ていた［聞いていた］）」、という類のことは起きていない。手話で話しかけている先の「相手」は別の人を見ている。この場はひじょうに賑々しかった。このような場面を、会話分析[注9]の手法で分析しようとしても、「話者ひとりひとりの発言」に分けることのできないことが起きているのだから不可能である。しかし、この場に居合わせた身体がいまこの場で共振しているということはまぎれもない事実なのである[注10]。

2人以上が一緒になったとき、たくさんのことが起きている。「Aちゃんに

はじめに

image 0-01

……と言われて」と泣きながら大人に伝える子供。大人は「そんなことを言われたくらいで」と言う。子供はわだかまりを持ったままだ。なぜなら、「そんなこと」という話の内容だけが起きていたわけではないからだ。しかし、当の本人にとって言語で分節化していない／できない出来事を伝えることは難しい。病室の賑やかな話し声と笑い声……よく聞いてみると、1人は旅行に行ったときのこと、もう1人は孫のこと、さらにもう1人はテレビ番組のことを、めいめい好き勝手にしゃべり、3人の話の内容に接点はなかった。それでも互いに相槌を打ったり笑ったりしている。この3人が認知症と診断されていたなら、こうした現象は認知症患者特有の「偽会話」と呼ばれる[注11]。フツウの会話ではないというのである。また、言葉を話さない「重度の知的障害者」とされる人。「言葉で意思疎通をはかれない」というならば、彼らは何もしていないことになるのか。そもそも「意思疎通」とは何なのか。「ケニアの」「聾の」「子供」が主人公の本書を書くにあたって、私の念頭にあるのはこのようなことである。

「経験したこと」と「経験したことを表現／分析すること」

K聾学校や子供の帰省先に身を置いて人々と一緒に過ごすなかで、特に相手が聾学校の子供だった場合、私は自分のやっていることのほとんどを言語で説明することができなかった。そんなヒマなどなかったのである。子供たち同士の賑々しい様子を観察しているときも、その中に私が巻き込まれているときも、そこで展開されていた身体の共振は全てその場で消えてゆく、1回限りの出来事だった。結局のところ、どうやって聾学校の子供たちと一緒に過ごせて

7

いたのか言語化できないまま2年間は過ぎ去った。

　手元に残ったのは、大量の動画データだった。フィールドワーク中、私は、「その場限りの出来事」をビデオカメラに撮っていった。私は幸いにして、K聾学校や子供の帰省先でビデオ撮影を勧められ、3回目のケニア渡航からテープ式のデジタルカメラ1台[注12]と当時は珍しかったSDカードに記録するMP4ムービーカメラ1台[注13]を持参した[注14]。そして、比較的画質はよいが、かさばり、起動も遅いテープ式のカメラよりも、画質は劣るものの手のひらサイズのMP4カメラの方に出番が多くあった。私はそれをポケットに入れたり、首から下げたりして、いつでも撮れる状態にしておいた[注15]。

　授業やインタビューなど「始まりと終わりの区切りをつけやすい場面」では前者を使用したが、何の前触れもなく急に何か起きたときに使用したのは、比較的起動の速い後者であった。MP4カメラは起動こそ速いが画質は決してよいものではない。しかし、日常のさまざまなことを撮るにはそちらのカメラの方が適していた。調査中、多くのことが不意に始まった。

　従って、本書で使用する画像は見づらいものの方が多いだろう。それは言い換えれば、心づもりのないところで撮影された、すなわち「実験室」ではないところで撮影されたものばかりだということだ。

　言葉のできない私がどうやって一緒に過ごせたのかわからなかったが、事実、私は人々とカメラと文字通り寝食をともにしていた。新参者だった私に何かと見え透いたお世辞を言っていた聾の子供たちは、滞在を始めて数ヶ月たち少し馴染んだ頃になると、「何もできない」、「何もわかっていない」、「手話も知らない」と呆れた笑顔で露骨に言ったものだった。けれども、私がK聾学校を去る頃には、「何でも知っている」、「手話もよくわかっている」と言った。私からすれば、手話も何もかもわかっているつもりは毛頭なく、「手話がわかっている」と言った彼らの真意はわからなかった[注16]。

　文字では記録のとりようがなかった人々との身体の共振において、私が言語で認識せずに振る舞っていた（振る舞えた）ことはどのようなことだったのか。これを突き詰めて考えると、身体の共振のありようは言語で認識し得ないという事実こそが、「言語ができずにどうやって一緒に過ごせたのか」を議論する鍵となることに気づいた。フィールドワーク中は人々とともに生活をすることで必死だった私がこのことに気づかされたのは、本書のベースである博士論文を執筆していく過程で、調査時に撮影した動画データを眺め、何度も再生し、分析し、考察するようになってからだった。

はじめに

　自らも巻き込まれていった身体の共振という経験を紙の上で記述すること[注17]、これが私を最も悩ませてきた課題である。少なくとも、文字言語を記述の中心におくことは都合が悪い。というのも、文字言語で表現するなら、その言語の文法に逆らって記述することはできないからである。日本語の場合、文章に主語と述語があることが前提にあり、「誰それが、なにがしをした」というのが基本構造である。加えて、文字として現れた順序に従って読まれてしまう。「AはBに話しかけたと同時に、CはDに話しかけた」と書いたなら、「同時に」という言葉を使ったとしても、「AがBに話しかける」という出来事の方が「CはDに話しかけた」という出来事に先んじて認識される。文章は通常、一方向にしか書けないし読めないからだ。実際にはAとC、BとDをそれぞれ入れ替えることが可能な出来事だったとしても、文章でそのように表現するには限界があるし、読み手もそう認識することは難しい。さらに言えば、「同時に」という言葉はあくまで時間を軸とした表現であり、時間軸に沿って出来事を理解できても、それ以外の具体的な様態について説明することができない。

　本書では、文字言語での表現の限界を乗り越える方法として独自の視的方法（ヴィジュアル・メソッド）[注18]を用いる。ここで言う視的方法とは、身体の共振をめぐるさまざまな事例の分析方法でありかつ表現手法である。本書で提示するすべてのヴィジュアルな素材は、「本文」そのものであり、無駄に使用するものは1つもない[注19]。もちろん、現地で撮りためた動画データに基づく「ヴィジュアルな素材」のみで議論するということはない。「文字で表現できないことは映像ならば表現できるはずだ」というような「映像万能主義」の立場に私はない。本書において「ヴィジュアルな素材」は少なくとも、諸研究における文字言語と同等の地位を占めるということである。

本書における視的方法（ヴィジュアル・メソッド）[注20]

　本書を支える視的方法については、「写真」自体の性質という一般的な側面と、本書で扱う具体的な事例の側面の両方から述べておかなければならない。

　大前提として、本書においては「写真」を「出来事の客観的記録」として扱わない。撮影者のまなざしが、手元に残った映像に含み込まれているからである。例えば、フィールドワーク中に目の前で展開していることがわからないとき、私はビデオカメラとともに自分の身を引き、「観察者」の視点で「全体」を撮ろうとしていた。その一方で、自分の「気づき」をより具体的に説明して

くれそうな場面に遭遇したとき、注目したい振る舞いに焦点を絞って撮っていた。この意味において、動画ないしは動画から切り出した「写真」は決して「中立」な記録媒体ではない。だからといって、フィールドワーク中に撮影した動画や「写真」は撮影者すなわち調査者だけのものでもない。調査者である私が撮っているのは確かだが、私は同時に「被写体」たちによって撮られてもいるからだ[注21]。

　しかし、動画であれ「写真」であれ、撮られたモノを「データ」として見せられると、それが「客観的事実」であるという錯覚が生じてしまう。誰が撮っても「そのように」撮られ、誰が見ても「そのように」見られるかのように。言い換えれば、提示された映像が出来事の忠実な再現であるという錯覚である。撮る者と撮られる者のそのときそのときの個別の関係性に依存し、かつ見る者によって自在に意味づけられるにもかかわらず、「写真」は、その漢字表現が意味する通り、「真なるものを写し取ったもの」として出来事を不変的に提示することを可能にする「媒体」であると私たちは思い込んでしまう。

　「写真」が、ある出来事が起きたことを保証しているように見せて、実は一切保証していないということが起こる1つの理由は、「写真」それ自体が持つ情報量や「写真」によって誘い出される情報があまりに多いからである。そこに何が写っているかを人に尋ねれば答えは十人十色になるだろうし、そこに（物理的には）写っていないものの存在にさえ言及する者も出てくるに違いない[注22]。その性質も手伝って、「写真」を見せる側がある事象に焦点を絞り「これは○○を撮ったものだ」と分節化して提示したとしても、見る側が必ずしも見せる側の意図通りに見るとは限らず、多くの場合、各自好き勝手に見ることになる［古川 2011a］。「写真」自体が持つ情報量とそれを見る側のさまざまな視点は共謀して、「写真」の扱いを難しくさせている。

　他方、本書で扱う具体的な事例の側面から述べると、聾学校の子供たちのおしゃべりは文字化することに何ら疑念をもたれない「音声言語」によるものではなく、言語化して解釈することが困難な体の動きによるものだという点でも「写真」の扱いを難しくさせる。このことは、カセットレコーダーやICレコーダーのような音声録音機から「人々の語り」を書き起こす多くのフィールドワーカーにも起こりうることだろう。消えてなくなるはずの1回限りの声を録音し再生し声を現地語として書き起こし、（ときには英語訳を介して）日本語訳を当てるのだから。しかし音声言語の書き起こしの作業をめぐっては、「その声は誰のものか」などという政治的な課題として扱われる場合を除けば、深く追

はじめに

及されることはほとんどない。それは「書き起こし」の作業が読者には見えない舞台裏で行われることが当たり前だからである。

「声」は通常、紙面上に提示できない。加えて「声」そのものよりも「(語りの)内容」が民族誌的データとして重要視される。しかし、音声から文字への書き起こしでは往々にして素通りされてしまうことでも、動画や「写真」といったヴィジュアルな素材を正面切って扱う場合、とたんに素通りできなくなる。

私がフィールドで生活を送っていた中で、比較的文字データに書き起こしやすいものもあった。それは、3人ないし4人1組で行った上級生に対するインタビューだった。質問事項を予めノートに書いておきそれに沿って実施したインタビューでは、確かに私の用意したさまざまな質問に対する子供たちの回答は得られた。だが、「民族誌データ」に値するとは言えないようだった。得られた回答は、文字化することが比較的容易に見え、データとしては扱いやすく思えたが、そのことは裏を返せば私にとっては都合のよい「理解できる範囲での」回答であった。その「理解しやすさ」は、ケニアの聾学校に住み込んで行ったフィールドワークの意味を帳消しにさえしかねない危険性を帯びているのではないかと考えるようになった。

むしろ焦点化すべきことは、文字化した形では「記録」のとりようも「書き起こし」もできない日々の出来事、すなわち私自身も巻き込まれた「身体の共振」のありようだった。それは「語りの内容」ではなく「語りの方法」の分析を、「文字言語」による分節化とは異なる形で行う必要性を伴うものである。本来は「語りの内容」が分析対象になるべき「インタビュー」もまた、「身体の共振」のありようとして捉え直す必要性を私に迫った。「身体の共振」は、その場に居合わせた(調査者であった私も含めた)人たちが言語化しながら行ったことではない。問うべきことは、「居合わせた人たちが何をしていたのか」ではなく、「居合わせた人たちに何が起きていたのか」である。この点においても、私は「写真」を「客観的なデータ」として提示することはできない。

その代わり、私は私自身の気づきの過程として「写真」を扱いたい。録音した声の例を再び引くなら、「書き起こし」の過程、言ってみれば舞台裏を見せることになる。したがって本書では、ヴィジュアルな素材を指し示すときに「写真」＝「真実の写し」という表現を用いず、"image"（像）という語を用いる[注23]。そして本書で数多く提示する "image" を、読者のみなさんはただ「見る」だけではなく、ジェイ・ルビーが言うところの「民族誌的だまし絵[注24]」として実践していただきたい。

11

image 0-02
Waterfall　M.C. Escher（Lithograph, 1961）
見る者に対してオープン・エンドな「だまし絵」

民族誌的だまし絵を実践する

　私は多くの"image"とともにある本書を、何かを考えるきっかけを与えるものとして読者のみなさんに提示したい。それは、アルフレッド・ジェルの言う「終わりなき営み[注25]」[Gell 1998: 80] を提供しようする実験的な試みである。本書において、私はフィールドで撮影した動画データから切り出し抽出した（通常「写真」と呼ばれる）静止画[注26]に加工を施し、私自身の気づきの過程を表現／分析していく。この私自身の気づきの過程をオープン・エンドな「だまし絵」として参与観察していただきたい。「こんな見方があったのか」とか「こう考えられるかもしれない」など、自分の経験と照らし合わせながら読み進めていただけたらと思う。読者のみなさんには、本書で展開する数々の「だまし絵」をよく観察し、身近な事象と照らし合わせながら、フィールドワーカーとして本書を実践していただきたいのだ。
　本書は建築物のように地盤調査からはじまり、地盤改良、基礎工事を経て鉄骨工事、外壁工事、屋根工事、内装・造作工事、設備工事というように、下から上へ、外側から内側へと結論に向かって1つ1つ議論を積み上げていくタイ

プのものではない。冒頭の素朴な問いを太陽として、いくつかの惑星を率いる太陽系のような構成だと考えていただきたい。また、惑星によっては、いくつかの衛星を抱えている。従って、最初から最後まで通して読んではじめて結論に至るという構成にはなってはおらず、ネットワークとして各章の議論が互いに強い引力で結びつくような構成である。

　そして、私の気づきの過程を image とともに表現／分析する章の後ろに、「ダイアローグ」を置いた。各章が、それぞれの場での身体の共振の過程のヴィジュアルな表現／分析であるなら、各ダイアローグはそれぞれの場で起きた出来事を言語の世界で表現／分析したものである。これは私のプライベートな日記ではない。「私たちの人類学的な諸産物は、彼らの物語（stories）についての私たちの物語（stories）」［Bruner 1986: 10; Ruby 2000: 266］である。すなわち「ダイアローグ」は、フィールドで出会った人々と私の対話であり、彼らと生活をともにしていたフィールドワーカーの私とフィールドから時空間的に離れた場所で本書を書いている私との対話でもある。

　聾学校の子供たちがめいめいの帰省先で家族のみならず家の近所の人たちとも付き合いがあったことを、私は何人かの子供の帰省先で直接目の当たりにし、また K 聾学校にいるときの子供たちのおしゃべりを通して知ることができた。私が聾学校の内外で直接見聞きしたことや子供たちのおしゃべりを通じて知り得たことをダイアローグとして記述することによって、聾学校の子供の「周囲の」人々がどのような暮らしをしていたのか、そしてまた、その中で子供たちがどのように一緒にいたのかということを詳らかにする。

　同時にこの「ダイアローグ」は、坂部のことばを借りれば「はなしにすじをつける」こと［坂部 2008］を自ら試みたものである。私は、フィールドノートやフィールドで撮影したヴィジュアルな素材、そしてフィールドでの私の「身の記憶」をつなぎ合わせ再構成すること——そこでは、アブダクションが働くわけだが[注27]——を通して、私のフィールドでの経験に輪郭を与えた。私は、私がフィールドで「身をもって」何をどういう視点で見ていたのか、そして、その視点がどのような変化を遂げたのか（あるいは結局何も変わらなかったのか）ということを、フィールドワークを行っていた「生の時間」の中に私自身がもう1度身を置きながら「かたり」のスタイルで提示することを通して、フィールドの世界にいた私自身を理解＝分節化しようとしているのである。

　本書を読んでいく中でいろいろな気づきや感想が湧いて出てくるはずである。反論ももちろん出てくるだろう。本書により、ケニアの（「聾の子供」を中

心とした）人々「について」論理的に理解しようとするのでも、フィールドワーカーであり著者である私の経験を「そのまま」追体験しようとするのでもなく、よく観察し自身のさまざまな経験と照らしながら「民族誌的だまし絵」としての本書を経験していただきたい[注28]。

　私たち人間はいかにして他者と共に暮らすことができているのだろうか。他者と共に居合わせるとき、私たちの身体に何が起きているのか。「言語で意思疎通をはかれない」とされている人との間でも、何かは必ず起きている。

注
(1)　ケニアには、ごく小規模のものも含めて聾学校が 80 校近くある（ケニア聾情報センター調べ）。イギリス植民地時代の公文書（MOH/27/7, Kenya National Archives）を紐解くと、ケニアの聾学校設立は、遅くとも 1950 年代からイギリス植民地行政府（医療部局および教育部局）やイギリス人が設立したケニア聾唖児協会（のちにケニア聾児協会と改称）の主導の下に計画された。そして、聾学校の多くは独立前後の1960 年代半ばに教育部局や地域の教会の支援などで設立された。1965 年の聾児協会の定例会議録によると、私が調査を行った K 聾学校の前身は 1964 年から 1965 年の間に設立されたようである［以上、Ministry of Health and Housing 1965］。
(2)　ケニアの聾学校では、従来、主として口話法（読唇と発音）の方針で授業を行っていた。しかし、特殊教育の教員養成学校 Kenya Institute of Special Education（KISE）がデンマークの支援で設立された 1986 年以降、手話による教育が始まり現在に至っている。なお、KISE はケニア教育省管轄下の Kenya Institute of Education（KIE）の傘下にあり、「聴覚欠損者（Hearing Impaired）」、「知的に異なる者（Intellectually Different）」、「身体および重複障害（Physical and Multiple Disabilities）」、「心理社会的に異なる者（Psychosocially Different）」、「視覚欠損者（Visual Impaired）」に対する教育者養成コースがある。
　　初等聾学校では、初等学校のシラバス［KIE 2002a; 2002b］の他、聾学校用のシラバス［KIE 2001a; 2001b］に則って授業を行っていた。言語教育に関して前者は、英語とスワヒリ語、そして 3 年次（STD3）以下で母語を一定時間教えるように規定している。後者は、コミュニケーション・スキルの授業で、ケニア教育省管轄下のKIE 監修の学校用ケニア手話（以下、KIE 手話）を教えることを規定し、また読み書き能力を高めるよう求めている。この手話は、アメリカの聾者のための大学であるギャロデット大学に留学経験のあるンドゥルモ氏が中心となってアメリカ手話をベースに独自に編んだ『学校用ケニア手話』［KIE 2002c］に基づいている。
　　ケニアの聾学校では、しかしながら、KIE の手話のみならず複数の種類の手話が混在していた。世界各地の言語情報を網羅しているウェブサイト「エスノローグ」の 2005 年の記事によると、ケニアの聾学校で使用されている手話は KIE の手話の

はじめに

ほかに、それとは異なるケニア手話（KSL）、アメリカ手話（ASL）、イギリス手話、韓国手話、ベルギー手話などで、ときに混ざった状態で使用されていた。しかし、現在の記事では、「方言」として「ナイロビ（中央）、キスム（西部）、モンバサ（東部）」が挙げられ、「初等聾学校が開設された1961年から、方言間のわずかな差異が標準化されてきた」という記載になっている。さらに「他のさまざまな手話とはほぼ無関係」であり、「ただし、ウガンダ手話に影響を与えたようだ」となっている [Ethnologue 2005; 2018]。

　私が同行したケニア全国聾学校スポーツ・文化活動競技会では、「さまざまな」手話を観察できた。必ずしも1人の人が1種類の手話のみを使用するわけではない。「自分はKSLを使用している」と言いながら、私の観察ではASLの単語を主に使用する例も見て取れた。

　初等聾学校から中等聾学校あるいは職業訓練学校に進学すると、ほとんどの場合、初等聾学校時代に使っていた手話ではなく、進学先で使われている手話を使うことになる。また転校した場合、転校先の学校の手話を新たに使うようになるという事例が多い。学校が変わった当初は戸惑うことがあるものの次第に慣れ、卒業後もその学校で覚えた手話を中心に使う生徒を観察することができた。

　ただし、公的には2008年に聾学校教育で用いる手話をKSLにするよう定められ、スワヒリ語の授業に代わってKSLが教えられるようになった。公的な制度の変化によって、聾学校の子供たちや教職員の手話の使用の仕方に変化がみられることになったのかどうか、新たな調査が必要である。

(3)　K聾学校に住み込んでいた期間は、(1)2003年7月から翌2004年2月、(2)2004年5月から2005年4月、(3)2005年10月から、2006年1月である。2011年11月から2012年2月までは、(1)～(3)の期間に居候させてもらった家（後述のジェプトゥムの家）や、K聾学校近隣にある校長や教員宅に滞在した。

(4)　K聾学校のあるケニア西部リフトバレー州ナンディ県は、年間を通して降雨量が安定している。人々は農耕牧畜を営んでいるが、作物や牛乳があまりとれない大乾期でも、収穫済みのトウモロコシで主食だけでも維持することが可能なくらいである。

　K聾学校はナンディ県の中心地、幹線道路の交差点近くに所在している。K聾学校の敷地の隣は、AIC（Africa Inland Church）の本部教会とバイブルカレッジ、教会傘下の女子中等学校があった。正門は夜になると閉じられ、敷地内外の境界には有刺鉄線が張られていたが、厳重に張られているわけではなかった。敷地内に住む教職員の家族や近所の住民が行き来できるように緩く張られたところ（あるいは行き来するうちに緩くなったところ）が何ヶ所かあった。

　2003年から2006年までの間、K聾学校には6歳から18歳くらいまでの100人前後が在籍し、教職員はおよそ30人前後がいた。ときどき、2年間の予定でアメリカからボランティアが派遣され、ビジター・ハウスと呼ばれる家に住むこともあった。子供たちの帰省先は、K聾学校に徒歩で来られるくらい比較的近いところから、乗り合いバスなどを乗り継いで数時間、あるいは途中親戚の家を経由しなければならないほど遠方のところまで、さまざまだった。

2006 年時点で、K 聾学校には「ナーサリー」、「インファント」とそれぞれ呼ばれる前・初等課程の 2 学級と初等課程 1 年次から 3 年次までの計 5 学級（「低学年学級」）、そして 4 年次から 8 年次までの計 5 学級（「高学年学級」）、合計 10 学級あった。他の学校と同様に 3 学期制で、1 月初めから 4 月 10 日前後までが 1 学期、5 月 10 日前後から 8 月初めまでが 2 学期、そして、9 月初めから 11 月末までが 3 学期となっている。

(5) 居候先を決めるにあたっては、2004 年の 2 学期の初め、K 聾学校で保護者が集まる日があったとき、校長を通じて私を受け入れてくれる家族を募った。15 世帯の保護者が受け入れてくれるとのことだったが、その中から私は 5 世帯を選び、概ね、1 家族に 1 〜 2 週間、何回かに分けてのべ 3 ヶ月近く住まわせてもらった。選んだ基準は、子供たちの在籍学年と聾のきょうだいの有無と居住地域だった。具体的には、次の通りである（学年はいずれも 2004 年当時）。(1)ナーサリー学級、女子、(2)ナーサリー学級、男子、(3)7 年次学級、男子、きょうだい 2 人（姉と兄）が K 聾学校出身、(4)8 年次学級、男子、(5)5 年次学級、女子である。

(6) 日本の当事者が「ろう者」と表記し、「聾」という漢字を当てないことが多いのは、この漢字表記が「つんぼ」という差別的な呼称を想起させるからである。日本の文脈以外で「ろう者」と表記せず「聾者」と表記するのは、「ろう」という平仮名表記に既に盛り込まれている意図を敢えて入れるということをせず、また読みやすさを追求したためである。

(7) ここでいう「祈り」とは、キリスト教の祈りである。住民のほとんどがクリスチャンで、人々の中には毎週末に礼拝やミサに参列するだけでなく、さまざまな教会活動にいそしむ者も少なくない。

(8) アイマーク・レコーダーによる眼球運動の解析をおこなった研究では、「聴覚障害者が優れた周辺視野をもち、限られた時間内にできるだけ多くの視覚情報をインプットしようとする」［深間内ほか 2007: 180］という実験結果が提示されている。

(9) 会話分析（Conversation Analysis = CA）の創始者であるサックスらは、その原初的論文「会話のための順番交替の組織：最も単純な体系的記述」［Sacks et al. 1974］で「話すための順番交替の組織化は、他の発話交換システムと同様に会話の根源である」［Sacks et al. 1974: 1］と述べており、発話の交換＝会話とみなしている。なお、同論文では「交替（turn-take）」や「交換（exchange）」という語が使用されており、少なくともサックスらは、個体としての人間の存在を暗黙の前提とし、それらが集まってキャッチボールのように発言を交互に繰り広げるのを会話（conversation）だとみなしていることがわかる。

(10) 従来の「コミュニケーション論」で身体を扱う際、その多くは「身体」の所作を「言語」に対する「非言語」として捉えてきた。「非言語」（non-verbal）という語自体が示している通り、「非言語的行動」をめぐる議論の前提にあるのは言語（verbal）であり、それと対比して「身振り」や「顔の表情」など、身体のさまざまな動きが研究されてきた。

「非言語的行動」をめぐる主な研究者の立場は次のようにまとめられる。まず、

はじめに

チャールズ・ダーウィンによる「生得説」とデイヴィッド・エフロンによる「文化決定説」。そしてレイ・バードウィステルによる「身体運動学」（言語と類似した階層的な分析構造をもつものとして捉えるやり方）。アルバート・シェフレンによる交渉を組織する文脈と身体行動との連動に注目した「文脈分析」という視点。ポール・エクマンによる、「非言語行動」を起源・機能・記号化の特性に基づいて分類し、生得的な「情緒プログラム」が文化に依拠した表示規則によって修飾されるという理論。イレニウス・アイブル＝アイベスフェルトによる「遺伝的プログラムに支配されている」という学説［以上、菅原 1996］。

　しかしながら、菅原は「身体のコミュニケーションに関する従来の理論は、記号論の体系に多くを負ってきた」［菅原 1996: 25］と、従来の研究に疑問を投げかけている。菅原・野村［1996］には、「厳密なコードの体系にしたがった『意味するもの（シニフィアン）』としての身体の手前に、他者と外界に向かって開かれ、相互に疎通しあう『前＝交通』としての身体を認めなければならない」［菅原 1996: 28］という立場に立った、フィールドでの出来事を出発点とした論考が収められている。ただしこの立場でも、事例の記述が文字言語中心になってしまえば、「前＝交通」としての身体を読み手が感知することは難しくなってしまうだろう。本書は、この課題を乗り越えようとするものである。

(11) e.g. 大井［2008］、加藤［2007］。

(12) シャープ製、VL-Z900、485g

(13) 三洋電機、Xacti DMX-C1、155g

(14) ビデオカメラを持ち込んだのは、フィールドワークを行った期間のうち、2004 年 5 月以降だった。Mini DV ビデオカメラは、主に授業や学校行事で三脚と共に使うことが多く、小型 Mpeg 4 カメラは特に K 聾学校に滞在中はほぼ常時首から下げ、いつでも撮れる状態にしていた。

(15) この意味で、映像として残った「民族誌的データ」のありようは、使用した機材にも依存している。

(16) K 聾学校の卒業生の何人かが在籍していたナイロビ市内の職業訓練校で、初めて出会った学生から「聾者だと思った」、「聾者と同じ手話だから」と言われたことがある。しかし、私にはそういうものを身につけたという自覚がいまでもない。

(17) 舞踊研究を中心に、動いている身体を紙媒体に書き起こすためさまざまな記譜法が考案され、現在まで使用されてきた。中村［2002］は、欧米における舞踊記譜法について整理している。それによると、(1)文字・単語方式、(2)軌跡の描画方式、(3)視覚的方式（音符と人の形を組み合わせたもの）、(4)音符方式（音符と人の関節の動きを表記したもの）、(5)抽象記号方式（「ラバン式記譜法」）。(5)の代表である「ラバン式記譜法」は、ドイツの舞踊家ルドルフ・フォンラバンが考案したもので、舞踊だけでなく人の身体運動を分析するのに現在でも応用されている［Farnell 1994］。それらはいずれも同じ振り付けを別のところで再現するためのものである。

(18) 安川は「視的経験」という独自の表現を用いて次のように述べている。「視的経験のありかた——世界の見えかた——を社会学したかった。ことに、見えかたひとつ

17

ひとつの差異をそうしたかった。同じところで同じものを同じように見ていても、見える世界はわたしとあなたで違う。ただ、いったいどこがどうどのくらい違うのだろう。しかも、それぞれに違うはずのこれらの世界が同じもの扱いされている。──こうした諸々が刺激的で、かつまたこれらを思考する方法が難問だった」[安川 2009: 57]。「多少は実質的な考察、たとえば視覚性を様々な社会的差異に関係づける研究も、その眼目は階級、ジェンダー、エスニシティといった抽象の実像化にあったろう。もっと経験的な、たとえば、見る／見えるという営みを相互行為の組織化過程に位置づけ、それとのかかわりにおいて解析しようとする研究にあっても、主たる狙いは多様に組織される行為のありかた、もしくはそれらにかかわる社会的論理の可視化だったろう。結局、こうした『見る／見える』にあてがわれた役回りは、つまるところ何ごとか（階級、生活様式、行為、等々）の指標なり標本なりだったと思う。『視覚に溢れた生活世界』のありかた、いうなれば世界が視覚的であるさまは、自明な与件であり、思考の域外だった」[安川 2009: 58]。彼がいう「視的経験」とは、「眼 ─ 神経 ─ 脳の生理的系に実現する視覚ではないし、視覚性といった社会・文化的、歴史的抽象でもない。ターゲットは視覚的な"経験"である」[安川 2009: 59]。本書はこの「経験」を、私とケニアの人々との中に閉じ込めるのではなく、本書の読み手に委ねようとするものである。

(19) たとえば、箭内が指摘しているとおり、マリノフスキーの『西太平洋の遠洋航海者』では、マリノフスキーの写真の撮り方（ロングショット）が「民族誌的対象の相互関係の探求に焦点を当てる彼の機能主義的アプローチと密接に関わっている」[箭内 2008: 184]。にも拘らず、同書は版を重ね翻訳が出るたびに写真がどんどんなくなっていった。それはすなわち、議論を左右する写真として読み取ってはもらえなかったということを意味する。なお、私自身は、これまでの論考のなかで必要のないヴィジュアルな素材を一切掲載したことはない。たとえ、「写真があった方が書籍として売れるから掲載してほしい」と言われても、必要不可欠な素材のみをその位置でなければ意味がなくなってしまう場所に掲載してきた。

(20) より正確に記すなら、*visual methods* である。すなわち、全編・全事例通して一貫した方法で表現／分析できるわけではない。それぞれの事例や議論に沿った形で複数の方法が開発されるべきである。

(21) 民族誌的フィールドワーク自体が「抽象的な調査者というよりも具体的な個人──特定の身体的・精神的特徴（たとえば容貌や性格）を持ち、特定の文化を持った存在──としての人類学者が、調査対象の人々の出会いや交渉の中で営む、無意識的・身体的なレベルを含んだ相互的な作業にほかならない」[箭内 2014: 14]。そうしたフィールドワーク中の撮影行為も同様であり、たとえばレヴィ＝ストロースが『悲しき熱帯』に収めた、ブラジルの先住民ナンビクワラ族の人々のスナップ写真は「彼（レヴィ＝ストロース）のものであると同時に、ナンビクワラたちのものである」[箭内 2014: 15]。というのも「（レヴィ＝ストロースが撮ったナンビクワラの人々の）表情が彼らの日常生活の中に存在していなければ、レヴィ＝ストロースはそれらの写真を撮ることはなかっただろうが、同時に、もしレヴィ＝ストロースがリズムよ

はじめに

く彼らの間に入って写真を撮ることがなければ、それらの移ろいやすい表情がフィルム上に永遠に記録されることもなかっただろう」[箭内 2014: 15-16] からである。

(22) 写真をきっかけに語りを引き出すインタビュー法を、ジョン・コリアは写真誘出的インタビュー（photo-elicitation interview）として提唱した [Collier 1957; Collier & Collier 1986]。インタビュイーは写真「について」語ることもあるが、写真「を通して」（モノあるいはデータとしての写真には写り込んでいない何かを）語ることがある。

(23) マイケル・リチャードソンは、フランスの写真家ウジェーヌ・アジェ（1857-1927）が撮ったパリの街並みを例にとって「写真」がいかなる存在かについて議論を展開している。アジェの写真の多くには人が写っていない。彼が撮ったのはパリの街並みであり、パリを生きる人々を「実際に」撮ったのではなかった。しかし、リチャードソンは、「実際には」写り込んでいない人々の、その痕跡を見る。「彼が生み出した多くのイメージには人がいないにも拘わらず、それでもなお、それらのイメージは人々が生きて彼らの印を刻み込んだ場なのだ」[Richardson 2008: 13-14]。リチャードソンは、ナイーブな実証主義者による「写真＝現実をそのまま切り取ったもの」という思い込みを退け、また写真を「現実の模倣」あるいは「現実の偽物」として捉えるのではなく、*photographic* reality として捉えている。「……個々の写真は純然にあるのだ。そのことによって、百年後に見ている私たちはそのイメージと関係を取り結び、その写真が撮られた当時のパリの生活と自分たちを何らかの形で結びつけることができるのだ」[Richardson 2008: 19]。

(24) 自身も民族誌映画を作成したことのあるジェイ・ルビーは、『文化を撮る』[Ruby 2000] の中で、民族誌映画の作成者は「世界のコピー、ミメシス」として映像をつくるのではなく（もとより映像が世界のコピーだという考え方はルビー自身も擁護していない）、見る側のコモン・センスを裏切る *trompe l'oeil*（だまし絵）としてつくらなければならないと述べている [Ruby 2000: 277]。だまし絵とはどういうことか。ルビーは「民族誌映画の一つのあり方は厳密でありつつもオープン・エンドである」と述べ、「そのようにすることに矛盾はない」[Ruby 2000 :266] とも述べている。また、ルビーが前掲書の結論部の最終節「だまし絵の民族誌的リアリズム」の中で一定の評価を下した民族誌映画は、ティモシー・アッシュとナポレオン・シャノンによる *The Ax Fight*（1975 年）である。これは、アッシュとシャノンがヤノマミの村に到着して 2 日目に遭遇した村での争いを映像化したものである。同じ未編集の映像を使い回し、アッシュらの気づきの過程を提示している点で民族誌映画史の中では特異な位置を占めている。まず、何の解説も加えずに未編集の映像が提示され、次にその映像に対するアッシュらの解釈が提示される。そしてさらに、その 1 度目のアッシュらの解釈は、2 度目の解釈の提示によって覆される。この作品は、参与観察におけるアッシュとシャノンの気づきの過程、すなわちフィールドにおいて目の前で展開している出来事について、その渦中にいるときは何が起きているのかまったくわからない状態から、最終的な解釈が出されるまでの過程を正面切って提示している。つまり、見る者は「実のところ何が起きていたのか」という「事実」

のみを知ることになるというよりも、むしろカメラに撮り収めた出来事に対する人類学者自身の「解釈の変化」を知ることになる。私の知る限りでは彼らの作品を除けば、同じようなコンセプトの民族誌映画は世に出ていない。

さて、この The Ax Fight は私がまだ「映像」とどのように向き合えばよいか覚悟ができていなかったとき多くのヒントを与えてくれた。だが、本書はこの民族誌映画のスタイルをそのまま踏襲することはない。The Ax Fight では、出来事の背景にある（とシャノンらが解釈した）人々の親族関係を提示することを結論としているからである。彼らの問いは、フィールドで直面した出来事はなぜ起きたのかであり、何が起きたのかではない。本書の問いは、さまざまな出来事において、そこに居合わせた身体に何が起きていたのか、である。

(25) ジェルは、さまざまなモノの幾何学的・反復的で複雑な模様を挙げつつ次のように述べている。見る者は模様を完全に認識することができないが、そのような模様はやがて人とモノとの間にさまざまな関係を生み出す。なぜなら、模様は私たちの思考に常に「終わりなき営み」を提供するからである、と ［Gell 1998: 80］。

(26) 「静止画」（写真）はモノとしては静止しているかもしれないが、見る者にとっては必ずしも静止しているもの（時空間のある一瞬が切り取られ静止したもの）とは限らない。見る者の身体的関与によって、「静止画」はいかようにも動きを見て取られる ［古川 2011a］。

(27) これについては、第1章第4節で議論する。

(28) 人類学において歌やダンスなどの研究は「生きられた現実」としての身体に密着できずに（M. ダグラスに代表される）象徴主義的な身体論に終始しがちであり、（ギアツの解釈人類学のような）テクストとしての感覚論に終始しがちだった ［Howes 2003］。というのも、（身体そのもので行われた事象を論述する際に）「言葉なしにどうすればよいか」［Howes 2003: 32］という課題が容易に解決できるものではなかったからである。

本書は「言葉なし」ではない。言葉とヴィジュアルな素材との組み合わせで身体の共振をめぐる諸事例を表現／分析するものである。これを論理的に「理解」するのではなく、身体的に（実際に動かさなくても動かしているさまを想像するなどして）実践していただければと思う。

第1章　共在する身体

私が K 聾学校に住み込むことになった 2003 年 8 月初め、学校は既に長期休暇に入っていた。まだ保護者が迎えに来ていない子供数人と、K 聾学校の敷地内に家族で居住していた一部の教職員が生活をしていたほかは、誰もいなかった。

　手話も何もわからず英語すら満足に話せなかった私に、K 聾学校の教員ポーリンが学校の図書室にある手話の辞書を渡してくれた。彼女もときどきその辞書を参照するとのことで、休み明けまでという約束で借りた。その辞書は『学校用ケニア手話　第 3 草稿』とタイトルが付されており、ケニア教育研究所が編集したものだった。あまり質のよくない薄茶色の紙に片面刷りされ、表紙にはビニルカバーが施されていた。土埃と手垢にまみれた、ただただ分厚い冊子で、市販されているのではなく関係者に直接配布されたものという印象だった。

　その手話の辞書には、手の動きが矢印で示されたものがプリントされており、英語訳が付されていた。図 1-1 は、私が KISE[注 1] で購入した「第 4 版」で、手話の提示の仕方が同じであるため抜粋した。内容は「第 3 草稿」とほぼ同じようだった)。しかし、これを見るだけでは一向に覚えられず、アルファベットの手形表現のみかろうじて覚えられた。後でわかったことだが、K 聾学校で使用されているアルファベット手形はアメリカ手話（ASL）のもので、アルファベットの小文字の形を模したものである（図 1-2）。もう 1 つ、ケニア聾者協会による「ケニア手話（KSL）」の辞書[注 2] にも同じアメリカ手話のアルファベット手形が掲載されている。よく見ると、t と g の表現が微細ながら異なる。

　しかし、その違いを言語学上どのように捉えるべきか精査することは、本書の課題ではない。本書の課題は、後述するように、厳密に寸分たがわず「ケニア手話かどうか」ではなく、「ある特定の手の形だと読み取れてしまう」こと、さらには「厳密には読み取っていないはずなのに展開していくコミュニケーション」である。

　さて、9 月に入って学校が始まると、少しずつ子供が帰省先から戻ってきた。

23

第 1 章　共在する身体

図 1-1　KIE 手話（KIE 2002c より）

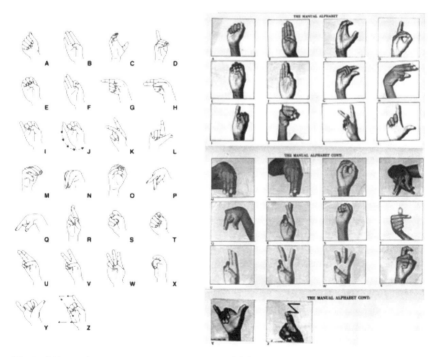

図 1-2　左は ASL（https://signsanddisplays.wordpress.com より）
　　　　右は KSL（KNAD 1991＝2001 より）

私が最初に行ったことは、子供たちの名前と「サインネーム」を覚えることだった。サインネームとは聾者の間でつけられる「あだ名」である[注3]。Ｋ聾学校では、子供のみならず、教職員にも、教育実習生など一定期間滞在する者にも在学中の上級生によってつけられ、私も例外ではなかった。

　まだ名前やサインネームと顔が一致しない子供たちは容赦なく手話で話しかけてきた。私は誰が誰だか認識できず、何を言っているかもわからない状態にあった。上級生の中にはスワヒリ語や英語を手話と同時に口から発してくれる子もいたが、その子の顔の表情全体、口、手などへと私の視点は定まらず、口や手の動きを正確に読み取ろうとすればするほどかえって混乱するばかりだった。

　子供たちが何を言っているのかよくわからないし、自分の言いたいことをどう伝えればよいかもわからなかった私にとって、アルファベット手形は「意思伝達の命綱」だった。ケニアの初等学校ではスワヒリ語の教科書がスワヒリ語表記であるほかはすべて英語表記であり、Ｋ聾学校でも教授言語こそ手話だが、板書は（スワヒリ語の授業を除き）すべて英語であった。手の形が何を表しているのかわからなければ「フィンガースペリング（指文字）」で、と、ひとまずアルファベット手形を頭に叩き込んだ私は、子供たちが親切にも私の反応を少しばかりの間じっと待っているとき、アルファベット手形で英単語を発し間を持たせようとした。「手を動かさずにじっとしている」のではいたたまれない。子供のうち特に「英単語を理解してくれる（ように思える）」上級生たちと「意思の疎通」をはかろうとするとき、私の頭の中では「（日本語→）英語→英語に対応する手話」という変換が行われていた。「手話で考え手話で話す[注4]」を実践するどころではなかったし、それが意味することが何なのか私にはまったく理解できなかった。もちろん、私のこうしたやり方は、目的に適っているとは言えなかった。Ｋ聾学校の子供たちにとって、当時の私は「何も知らない人」だったのである。

　「手話には言語としての文法構造がある[注5]」。Ｋ聾学校を拠点に調査を始めた当初、私はこの考え方に基づいて手話を習得しようと努めた。ある手の形と意味のセット（語彙）、そして語順という構造を身につけようとした。

　　最近のトピックといえば、手話をかなり覚えたということ。毎週日曜日にエルド[注6]の教会でたくさんの聞こえない大人たちと一緒に聖書の勉強をしているせいかもしれない。ちゃんと文章になっているのを手話で読む

第1章　共在する身体

のだからいい訓練になる。だいたい、音声での会話も、主語を抜かしたり、倒置したり、文法的にかなりいい加減である。手話も自ずと省略される。そんなわけで、カタコトでしか普段覚えられないのを、毎週日曜日に文章化した形で覚えられるので、よいのだ。

2003 年 9 月 29 日付フィールドノートより

　K 聾学校に住み込んで間もないある日曜日、教員のシチエネイ氏に、K 聾学校から乗合バスで 1 時間程の町エルドレット Eldoret のアフリカ・インランド・チャーチ（AIC）[注7] に一緒に行こうと誘われた。そこで行われる毎週日曜の礼拝はスワヒリ語での礼拝と英語での礼拝の時間に分かれており、英語での礼拝の時間帯がメインで最も多く人が集まった。初等聾学校を卒業した若い世代の聾の人たちもその時間帯に集まり、その時間帯に K 聾学校の AIC に属している教員が毎週交代で手話通訳を行っていた。

　エルドレットの AIC で礼拝が終わってから、通訳を行った K 聾学校の教員が聖書の勉強会を開いていた。教員も聾の人たちも、持参している聖書は英語版だった。勉強会のとき板書は英語でなされ、聾の人たちも、英語版の聖書に書いてあることを前に来て読むようにと教員に促されると、聖書の 1 節を目で追いながら、英語の語順に沿って手話を繰り出していった。毎週日曜日に集まってくる人たちの中に、少なくとも聖書の勉強会で皆の前に出て話すときは、手話を 1 つ 1 つゆっくり、はっきりと、なおかつ英語の語順で繰り出す男性、エゼキエルがいた。私にとって（運用できるかどうかは別として）既知の文法である英語の原文があり、それに対応する語順で手話が繰り出されることで、私が覚えた手話の語彙の量は飛躍的に多くなった。私が「ちゃんと文章になっているのを手話で読むのだからいい訓練になる」と書いたのは、この意味においてである。

　他方、私が「ちゃんと文章になっている」と記したものは、いうなれば「英語対応手話」である。音声日本語が中心的な位置を占める「日本語対応手話」を手話通訳等の媒体とすることに対する日本手話を母語とする聾者による批判[注8] を考えると、「ちゃんと文章になっている」という記述では誤解を招く。だからといって、英語とは別の「構造」を K 聾学校の子供たち、あるいはエルドレットの教会で出会った聾の人たちの「（英語版の聖書を読むときに使われているのとは異なるはずの）普段の手話」から読み取るということに、徐々にではあるが疑問が生じてきていた。「音声での会話も、主語を抜かしたり、倒置し

26

たり、文法的にかなりいい加減である」という記述は、そうした当時の気づきが含まれている。「カタコト」なのは、ある特定の言語がそうだという意味ではなく、私たちの日常会話それ自体が「カタコト」なのであり、その意味で、K聾学校の子供たちの日常会話から文法構造を会得することはきわめて困難だと当時の私は考えたのである。

　こうした、K聾学校で滞在を始めて間もない頃の「気づき」は、別の方面からも補強されていった。子供たちが戻ってくる前、K聾学校の敷地内に居住する教員たちひとりひとりに話を聞いたところ、全ての教員が聾学校の教員になるための専修学校で手話を学んだものの「聾の子供たちから教わった」と話していたし、寮母、寮父、庭師、守衛、秘書、経理、調理などをそれぞれに担当している職員たちに至っては、揃って「K聾学校に来るまでは手話を全く知らず、聾の子供たちから手話を教わった」と話してくれた。しかし、聾の子供たちは、日本では身近となった「手話教室」を教職員のために開講していたわけではなかった。

　彼らは一様に「子供たちから手話を教わった」と言うが、より厳密な意味で、彼らは何をK聾学校の子供たちから教わったのだろうか。そして、私は何を学ぶことになったのだろうか[注9]。これを考えるにあたって、いくつかヒントになる語りがある。シチエネイ氏はあるとき、「最も言いたいこと、トピックになることから手話を出していく」と話してくれた。また別のときには、「聾の人たちは鋭いから、一連の手話の最初と最後を見て頭の中でつなげる」とも。

　他方、「外部」の人間にとってはどうだったか。ケニア手話の研修をみっちり受けたというアメリカ人ボランティアの女性は、「この聾学校では手話が混ざっていてひどい」と言い、私が「女子寮の手話がケニア手話なのではないか」と尋ねてみたところ、「よくわからない」と答えた。女子寮の寮母コンスタンチンによると、「寮の手話は他の人にはわからないかもしれない。私たちの手話（sign）は寮手話（dorm sign）だから（笑）」とのことだった。この「手話の違い」は、先行する諸研究に即して言うと、「聾学校で共有される正しい手話」と「ホーム・サイン」の違いだということにされてしまうかもしれない[注10]。しかし、「そもそも……」と私は考え始めたのである。そもそも、ある状況で使われている手の動きが言語で、別の場面で使われている手の動きは言語ではないということは何を意味するのか、そもそも、「言語」と「方言」を峻別するとはどういうことか、そしてそもそも言語とは何だったのか。

　K聾学校に住み込んで子供たちや教職員たちと共に暮らしていく中で、私は

第1章 共在する身体

徐々に手話を使えるようになっていった。しかし、手話が使えるようになれば
なるほど、「手話が使える」ということがどういうことなのか、どんどんわか
らなくなっていった。日本に帰って、その思いはますます強まった。「英語す
ら話せなかった」私は、K聾学校で何を経験していたのだろうか。そうして行
き着いた問いは、「どのように（私は）手話を習得していくか」ではなく、「何人
もの人が一緒にいるとき、そこでは何が起きているのか」だった。

注

(1) Kenya Institute of Special Education はナイロビ市内にある。聾学校の教員を含め、特
殊教育の専門家を養成しており、K聾学校の教員は KISE 出身の者が多数いた。

(2) KSL の辞書である Kenya National Association of the Deaf（KNAD）［1991=2001］に
は次のように書かれている。「この 2,314 の表現（signs）の比類なきコレクション
は、KSL の語（vocabulary）の核となる語彙集（lexicon）が記録された、長年にわ
たる懸命な調査の成果である……この調査および辞書の出版は、ケニアにおける
スウェーデンの聾プロジェクト（SAPK）による財政的援助を受けている」［KNAD
1991=2001: IV］。また、「この KSL の辞書の初版に先だって存在したいくつかの
辞書はケニアの聾者のニーズとは無関係だった。そうした辞書の多くは外来のも
のだった」（前掲書：IV）という記述がある。その１つは、ケニア聾協会（Kenya
Association of the Deaf, KNAD）のあるメンバーの話から、聾者のために設立された
アメリカのギャロデット大学に留学経験があり、ケニア教育省傘下のケニア教育研
究所（Kenya Institute of Education, KIE）に在職していたンドゥルモ博士らが監修に
加わった、『学校用ケニア手話』の辞書を指しているものと考えられる。同辞書で
は、ASL の語彙との重複が少なからずある。なお、話をしてくれた KNAD のメン
バーの言では、KNAD が辞書を出版する１年前の 1990 年にンドゥルモ博士らが別
の手話の辞書を出版してしまったという。ンドゥルモ氏との協力関係について尋ね
たところ、「以前は協力もあったが、今はない。ンドゥルモ博士は大学を出ていて
いるから、所詮、初等学校や中等学校しか卒業していない自分たちは相手にされない」
と話していた。私はンドゥルモ博士に会う機会が何回かあったが、大学を出たこと
などを鼻にかける様子はなく、「ケニアの聾者のために尽くしたい」、「ケニアにも
（ギャロデット大学のような）聾者のための大学をつくりたい」と話してくれた。し
かし、そうした「大学をつくりたい」などという考え自体が、場合によっては「エ
リート特有」なのかもしれない。KNAD のメンバーの話から窺えるのは、「聾者の
中での軋轢」というよりもむしろ、大学（しかも海外の大学）出身者（＝「知識人」）
とそうではない者との間にある軋轢である。これは、2003 年当時の話であるが、
K聾学校内において、他の教員がケニア特殊教育研究所（Kenya Institute of Special
Education, KISE）の聾教育コース出身者だった中、唯一大学を卒業し学位をもって
いた教員が、何か発言するたびに周りの教員から少し煙たがられていたことからも

窺えたことである。調査中、私はその教員から「調査報告書は見せてくれるのか」などと尋ねられ、「そのつもりだ」と答えたが、その教員が去ったあと、別の教員が「彼の言うことは気にするな。大学を出ているから威張ってああいうことを言いたがるだけだ」と私に囁いたということもあった。

(3) K聾学校では、多くの場合ファーストネームの頭文字のアルファベット手形を上半身のどこかにつける所作になる。その人の癖 (例：手を胸の前で上下にブラブラさせる癖のある子はその所作) がそのままサインネームになるケースもあった。K聾学校では、新入生のサインネームを上級生がつける習慣があり、また、K聾学校の子供が帰省先の家族や近所の人といった身近な人にサインネームをつけ、特にきょうだい同士で互いに使用するケースもよくみられた。私のフィールドノートには、顔のシルエットの所定の位置にアルファベット手形ないしは何らかの手の動きを書き加えたメモが残っている。夜な夜な、自分のメモを参照しつつ日中の子供たちの所作を思い出し手を動かしながら覚えていった。

(4) 演出家でサインパフォーマーの米内山明宏（日本手話ネイティブ）による著書のタイトル［米内山 1988］。

(5) 木村晴美・市田泰弘による「ろう文化宣言」では、ろう者の用いる手話は音声言語と比べて遜色のない、完全な言語であると明記されている［木村・市田 1995: 354］。手話に文法構造があることについて初めて具体的に論じたのは、アメリカの W・ストーキーである［Stokoe 1978(1960)］。

(6) 私はしばしば、フィールドノートでエルドレットを「エルド」と略して書いていた。K聾学校の教職員の中には ELD と略したり、「タウン」と言ったりする者がいた。

(7) AIC の前身は Africa Inland Mission（AIM）。現在の K聾学校の近くに AIM ナンディ本部だった教会がある。K聾学校の教職員の多くは、この教会に所属していた。なお、1927 年頃にはそこで聖書のナンディ語訳を作成する作業が始まり、1939 年刊行に至った［Biwot N.D.; Bryson 1959］。

(8) 日本手話を母語とする木村晴美によれば、日本手話は日本語の語順と異なるが、音声の日本語を発音しつつそれに手話表現を当てたいわゆる「日本語対応手話」は、「日本語の単語に対応したジェスチャーの集合にすぎず、読話の補助手段になる程度で、それ自体、言語としての構造を備えていない」［木村・市田 1995: 361］。木村はまた、日本語対応手話を「手指日本語」と読み替えたうえで、「手指日本語を目だけで解読するには、借用された手話の単語の羅列から文意を推測するだけでは足りず、読唇の技術も必要」［木村 2011: 46］と指摘している。木村は手指日本語の存在自体を否定しているわけではないが、手指日本語はろう者が日常的に使用する手話だという誤解を与えかねないケースがあることに懸念を示している。木村によれば、大手新聞社が主催している「手話スピーチコンテスト」で、ある年、出場した大学生が日本手話でスピーチをしたところ、審査員に手話のできない聴者がいて「何も聞こえなかった」として審査の対象外になったり、別の年に、手指日本語でビデオ審査を通過した出場者（大学生）が本番のスピーチで日本手話を用いたところ「ルール違反」として審査対象外になったりしたという。そうしたケースに言及しつつ、

第 1 章　共在する身体

　　　木村は、「……コンテスト出場対象を『手話と音声を同時に使ったスピーチができる
　　高校生』と明文化し、現在も続いて」おり、『『音声で話しながら手話をすること』
　　が『手話』なのだという誤解を与えて」いると指摘している［木村 2011: 38］。問題
　　の所在は、手指日本語の存在そのものというよりも、日本のろう者が使用する日本
　　手話がいかなるものでどのように使用されてきたのかということが周知されないば
　　かりか、言語としての手話に対する誤解が再生産される現状があるということだ。
　　　　ただし、これはあくまで日本での状況だということを強調しておかねばならない。
　　本書での問いは、繰り返しになるが、人間にとって「意思疎通」とは何なのか、複
　　数人が集まっているときに、居合わせた身体に何が起きているのかである。その問
　　いに結びつくに至った過程、すなわち、私がケニアで何を見てどのように捉えよう
　　としていたのかをここで記述している。

(9)　　ここで、言語人類学者ハイムズによる「スピーチ・コミュニティ」という考え方を
　　想起する人がいるかもしれない。デル・ハイムズは、「話すことのエスノグラフィ」
　　［Hymes 1962］の中で、子どもは話すことに関し何を自分のものにしているのか、あ
　　るいは外国人がある集団の活動に適切に参加するために言語的な振る舞いについて
　　何を学んでいるのか、と問い、さらに『ことばの民族誌』［ハイムズ 1979］の中で、
　　「子供の社会化」という観点から次のように述べている。「子どもは文法体系を獲得
　　する中で人、場所、目的、その他のコミュニケーションの様式に関して、その使用
　　の体系をも獲得するのである」［ハイムズ 1979:107］。ハイムズによれば、この「コ
　　ミュニケーションの様式の使用の体系（way of speech）」が、子供が獲得する伝達能
　　力であり、それはその社会で単に話すことができる成員としてではなく、コミュニ
　　ケーションができる成員として参加する能力なのである［ハイムズ 1979:107］。こ
　　のようにハイムズは、「文法体系」に加えて、その運用の仕方までもモデルとして捉え
　　ている。

(10)　「ホーム・サイン」とは、「家族の内で自然発生的に生じたジェスチャー」［ロング・
　　宮本 2007］であり、「家庭内身振り」［ロング・宮本 2007］や「自家製手話」［西
　　光 1998］と訳される。ホーム・サインは、「手話言語から程遠い、非常に原始的な
　　ジェスチャー」［ロング・宮本 2007: 56-57］に過ぎないとされる。他方、ゴールディ
　　ン・メドーらは、聴覚がないため自然に音声言語を獲得することができず、加え
　　て、聴者の両親から生まれたため、従来の手指英語（MCE, *manually coded English*）
　　も ASL も、両親からは触れることのない子供たちを研究した。そうした聾の子供た
　　ちは、手ぶり言語や音声言語のインプットがないにもかかわらず、聾の子供たちの
　　ジェスチャー自体が構造的な側面を持ち、彼らのジェスチャーの中にも、自然幼児
　　語（natural child language）に見られる言語的特性があることを明らかにした［Goldin-
　　Meadow and Mylander 1990］。幼児語とは「幼児期に子供が習得する言語」［亀井ほか
　　1996: 1373］である。「子供の発声や発話は誕生時の産声に始まり、その後、……喃
　　語の時期を経て、……9 ヶ月目ぐらいから満 1 歳にかけて一語文が使用されるよう
　　になる。満 1 歳から 2 歳にかけては二語文や三語文、さらには多語文が増え、それ
　　らを用いた会話ができるようになり、まわりの情況に言及したり、自分の意思を表

わすことができるようになる」［亀井ほか 1996: 1373］。こうした特性が、声ではなく手の動きに見られるということである。

　また、ニカラグア手話が言語として形作られていった過程を分析したケグルらによると、接触言語の 1 つであるニカラグア手話は、ホーム・サインの使い手たちが学校で一緒になり、ホーム・サインを共有し始め、共有されたサインと文法的デバイスへと急速につながっていった。他方、より明確な手話言語が使用されるようになったが、その使い手はかなり低年齢（およそ 7 歳より前）で学校に入った子供たちだった［Kegl et al. 1999］。ニカラグア手話は、1980 年頃、長い内戦状態が終結し聾者のための職業訓練学校が設立されたことで、それまで互いに接触をもたなかった若い聾者が首都に集まり、それぞれ異なる「ホーム・サイン」を持ち寄って接触していくうちに「一種の文法体系が自然発生的に生じてきた」例で、多くの言語学者が関心を寄せるようになった［Kegl et al. 1999、ロング・宮本 2007、西光 1998］。

第1節 「雑ざる」ことば動くからだ[注1]

　　手話のケニアでの状況の問題点も目の当たりにするようになった。日曜
にその集まり（聖書勉強会）で、何を言っているんだか全然わからない人
がいた。すると、レクチャーをしていた先生（シチエネイ氏）が、「キスム
の手話を使ったね」と苦笑しながら言った。その日は、私のほかにも Moi
大学の学生が訪れていたが、先生は「地域によって異なるが、私は KSL
を使う」などと言っていた。……だいたい、同じ学校内でもスラングっぽ
いのを見かけるくらいだ。

　このメモは、先の 2003 年 9 月 29 日付フィールドノートからの抜粋の続きと
して書かれていたものである。キスムはナイロビ、モンバサに次いでケニアで
3 番目に人口の多い都市で、ケニア、タンザニア、ウガンダの国境があるヴィ
クトリア湖畔にある。ルオ（Luo）人が多く住んでおり、「何を言っているんだ
か全然わからない人」とは、ルオ出身のビアトリスという名の女性だった。こ
のフィールドノートにあるように、私はこのときケニアにおける手話使用のあ
り方を「問題点」とし、「キスムの手話を使ったね」と手話と共に口頭でも言っ
たシチエネイ氏は他意なく微笑んだだけかもしれないところを「苦笑した」と
私は書いている。
　しかし、このフィールドワークのかなり早い段階で、私はフィールドにおけ
るこうした状況を「問題」として眺めることはどういうことなのかを考えるよ
うになった。なぜなら、「問題」だと思ったいわば「多言語的手話使用」の状
況は、あまりにありふれたことだったからである。
　例えば、K 聾学校内でも、同一人物が ASL と KSL の表現をあるやりとりの
中で使う例が多く見られた。7 年生が教室で *dorama*[注2] をやっていたときのこ
とを例に取り上げてみよう。このときは「病院でのやりとり」をやっていた。「医
師役」のビオラが、教室の前方にいた。別の 7 年生の「診察」を終え右手に固
定電話の受話器を持って左手で相手と話すシーンである。英訳を付すと次の順

33

第1章　共在する身体

に手話表現が繰り出された。「NOW-ME-TALK-FINISH-NOW-TELEPHONE」。
下記は、重複した手話表現を除き、繰り出された順に image で並べ、KSL、
KIE 手話、ASL のそれぞれの辞書にあるそれぞれの表現と照らし合わせた。

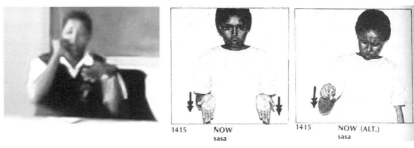

image 1-01　「今」(KSL)

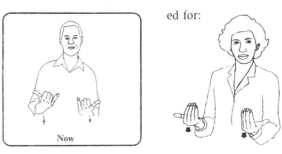

image 1-02　「今」(左は KIE 手話、右は ASL)

　KSL、ASL、そして KIE 手話の辞書に従えば、上記のようにビオラの使用し
た手話は「雑ざっている」。そもそも、教員たちの手話が雑ざっていた。ある
教員の数の表現が KSL で別の教員は ASL だ、ということだけであれば説明し
やすい。A 先生は数字を KSL で表し、B 先生は ASL で表す、と言えばよい。
とはいえ、「A 先生は KSL を使い、B 先生は ASL を使う」というように、1人
の人が特定の手話のみを使うとは言えなかった。あるいは、「子供たちとの日
常会話では KSL で、授業は ASL で行った」というように、「使い分けている」
ということが見て取れることもなかった。A 先生の数字の表現は KSL だが、
あるときあることを話すのを観察していると、KSL と ASL の語彙が連なった
発言の中に一緒に出てくる。このような例を個別に挙げたらキリがないことに
なった。その雑ざり具合からある特定の法則を取り出し分類することは困難

34

1　雑ざることば動くからだ

image 1-03　「私」(KSL、KIE 手話、ASL 共通)

image 1-04　KSL

image 1-05　KIE 手話

me *pron.* The objective case of I, used as a direct or indirect object: *He gave it to me.* Same sign used for: **I.**
■ Point the extended right index finger to the center of the chest.

image 1-06　ASL

image 1-07　「話す (talk)」(KSL、KIE 手話共通)

35

第 1 章　共在する身体

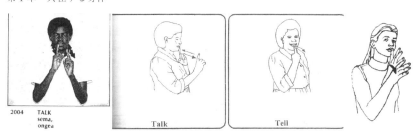

image 1-08　「話す」(左は KSL、中央の 2 つは KIE 手話、右は ASL

image 1-09　「終える」　　　　　　　　image 1-10　ASL

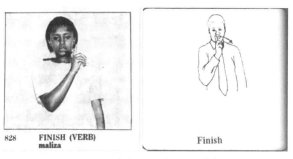

image 1-11　左は KSL、右は KIE 手話

だったのである。
　例えば、K 聾学校における日常会話でよく使われる曜日の表現が、例外なく、土曜日のみ KSL で月曜日から金曜日と日曜日についてはすべて ASL であることに辞書を参照して初めて気づかされることになった。
　ここで少し立ち止まって考えてみると、私は K 聾学校に住み込んで子供や教職員と共に生活を送るなかで覚えていったのは、月曜日から日曜日までの表現の仕方であり、KSL や ASL ではなかったのだ。彼らは手で話している。しかし、彼らは KSL や ASL をそれぞれとして話しているわけではなかった。子

36

1 雑ざることば動くからだ

image 1-12 「電話する」(KSL、KIE 手話共通)

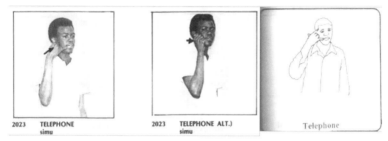

image 1-13 左の2つはKSL、右はKIE 手話

image 1-14 ASL

供たち自身は、「同じ数の表現でも異なる表現の仕方がある」ということを知ってはいたようだった。というのも、私がある子供の数字がわからなかったとき、「その数え方じゃユタカはわからないから、こっちの数え方で数えてやれよ」と言われたことがあったからである。しかし、「異なる」ということは知っていても「ある手話がKSLで、別の手話がASLである」という言い方は、私がK聾学校に住み込んでいた2年あまりの中でついぞ目にすることはなかった。

2006年を最後に、私は5年間ケニアを留守にしていたが、その間にケニアの改正憲法の中でケニア国内の聾の人々がKSLを使う権利が明示され、各聾

第1章　共在する身体

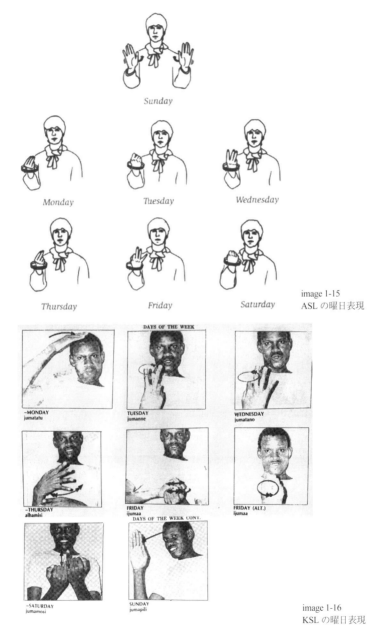

image 1-15
ASLの曜日表現

image 1-16
KSLの曜日表現

1 雑ざることば動くからだ

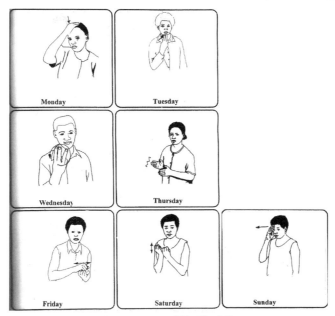

image 1-17　KIE 手話の曜日表現

学校での教授言語が KSL に切り替わった。それだけでなく、スワヒリ語の科目が聾学校においては KSL の科目になり、それに伴って、聾学校を含むすべての初等学校に共通だった卒業資格試験 KCPE で必修科目だったスワヒリ語も KSL を選択することが可能になった。

　ここに 2010 年に実施された KCPE の中で KSL の問題用紙がある。"OBSERVE SIGN MANY BELOW THEN ANSWER QUESTION 11-16 CORRECT//" というのが問題文で (// は、文の終わりを示す記号)、「下記の手話をよく見て 11-16 の質問に対し正しいものを答えよ。」と訳すことができる。これは KSL の語順とされている規則に従って英単語を並べたもので、「日本語対応手話」などという言い回しに倣えば「ケニア手話対応英語」ということが可能であろう。

　さて問 14 (image 1-18) は、"CORRECT WAY FINGER-SPELL SIGN THIS WHAT ?"(「この手話の正しいフィンガースペリングはどれか」) となっている。この図が表現しているのは「憲法」である。しかし、「憲法」という表現は KSL になく、ここに示されているのは ASL である。さらに、「(KSL の) フィンガースペリング」を問っているはずなのに、選択肢を見ると英語のスペリングを問うことになっ

39

第1章　共在する身体

ている。これを「公式の語学のペーパーテストなのにいい加減だ」と捉えるのか、あるいは「現実に即したペーパーテストだ」と捉えるのか。

image 1-18

　現実に何が起こっているのかさらに提示したい。こうした「複数の言語が雑ざる」という現象は手話に限って起きているのではなく、むしろ音声言語話者の方で頻繁に起きる。K聾学校にM大学の教育実習生として来校し、私と同居していたバニスに2011年に会った。彼女は故郷で聾の子供と聴の子供が共に生活し授業は別に行っている中等聾聴学校の教員になっていた。彼女はいつものように、英語でしゃべっているかと思うと、スワヒリ語でベラベラ話し、また唐突に英語に戻った。私の顔を見て、彼女は言った。「ああね。ユタカは慣れているかもしれないけれど、この間アメリカから来ていたボランティアの人が驚いていた。『なぜ英語でしゃべっているのに、途中でスワヒリ語でもしゃべるんだ？』って。そんなこと言われても、そうなっちゃうんだから説明しようがなかったよ」。彼女の優しさで、私があたかもそうした彼女たちの話しぶりに馴染んでいるかのように言ってくれたが、慣れていたわけではない。長期間滞在することで慣れたのではなく、慣れているフリをするのがうまくなっただけで、内心「また雑ざっている」と、どうしても意識してしまうのだった。

　都市部から離れたところでも、バニスが「特に理由なく自然にしゃべった」ように、ことばが雑ざった。さまざまな出身の者たちが集まる都市部とは異なり、いわゆる「ローカルな言語」で話せれば事足りる場所である。次の例は、エスタという女性の夫の葬儀で、近所に住む男性が述べた弔辞の一部である。この村はケイヨ Keiyo と自称する人々が多く居住していた。エスタの夫もケイ

ヨだが、エスタはナンディ Nandi 出身だった。エスタによれば、「ケイヨの言葉とナンディの言葉はほとんど同じ。話すのがゆっくりか速いかくらいの違い」だとのことだった[注3]。もちろん、私には両者の区別はつけがたかった。ここでは便宜上「ケイヨ語」ないしは「ケイヨ語／ナンディ語」という表記を用いることにする。

凡例
下線部はスワヒリ語、イタリックはケイヨ語、ブロック体は英語。（…）は不明瞭で聞き取れなかった部分。

ale mutiyo amache（…）*ale* Esther（…）kwa hivyo（中略）*ata* sisi to be kuzungika kabisa kwa hivyo nataka tu kuchukua（…）*mutiyo* kwa hivyo ninasema pole *mutiyo mising* Esther（…）

（2005 年 1 月、S 村にて）

ケイヨ語をヴァナキュラー[注4]とする人たちしかいなかった場において、ケイヨ語だけでなく英語やスワヒリ語が一緒に出てくる。ほとんど途切れることのなかった発言の中で、英語の "sorry" とほぼ同じ意味で使われるケイヨ語の *mutiyo* とスワヒリ語の pole が出現している。「ケイヨ語を解せず、スワヒリ語や英語ならわかる人が同じ場にいる」という状況でもなく、「外来語にしかない概念」を言い表すのでもないのに、咄嗟に「3 つの言語」が出てきたのである。どちらも「使う」、あるいはより厳密には「使い分ける」というよりも、「口を突いて出てきた」と表現した方がよい事例である。

　これをどのように分析するべきなのか。1 人の人が複数の言語を話す、たとえば「バイリンガル」や「トリリンガル」というべきなのか。ここでは学術的な名付けの作業を行うよりも、次のメッセージを取り上げた方がよさそうだ。次に記したのは、シェン *Sheng*[注5]と呼ばれる、ケニアの特に若者が使うことの多いことばの「辞書」に書かれていたものだ。「辞書」といっても、ナイロビの路上でよく見かけた新聞・雑誌売りが 20 シリング（当時日本円で約 30 円）で売っていた手のひらサイズの冊子だ。

メッセージ
聡明な学生は、シェンが分かりスワヒリ語の標準からそれを区別する。

41

第 1 章　共在する身体

> 優秀な言語学者は、諸言語は動態的であると認識し、
> thou と you、whilst と while を弁別する。
> 仲間は、自分の気分ぴったりに表現したいときに
> どの言葉を使えばいいか心得ている。
>
> 『シェン辞書 第 5 版』[Moga and Danfee 2004]

　この「自分の気分ぴったりに表現したいときに、どの言葉を使えばいいか心得ている」という中に、音声言語だけでなく手話も加わるのが次の例である。
　K 聾学校の卒業生 3 人きょうだいと、兄、弟 2 人の家でのおしゃべりの事例を取り上げよう。2004 年 12 月、S 村でのことである。このときは、カメラと共にあった私と、彼らの母エスタと、M 中等聾学校を卒業した姉チェロップと、K 聾学校に在籍中だった弟アレックスがいた。私がカメラを回し始め、チェロップと母親がやりとりを始める。母親は部屋の外にいた、彼らの弟である耳の聞こえる DC（ディスマスからのあだ名）を呼び、カメラの液晶画面を見るよう彼を促す。そしてアレックスがカメラに向かってしゃべる。そのときの動画 1 分 22 秒間に ELAN 上で注釈をつけた。図 1-3 は、そのうちのおよそ 6 秒弱に起きたことである。

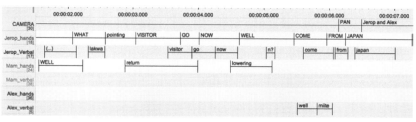

図 1-3

　時系列に沿って付した注釈は、図の上から順にカメラのフレームに誰が映っていたか、チェロップ、母親、アレックスが手と口頭で何をしゃべっていたのかという点に分けた。大文字で記したのが辞書に基づく「手話」であり、小文字のところは手の動きとして記した。
　この中で特にチェロップの手の動きと口頭での発言に注目すると、手話のみ使用することはなく、また口頭でのみ発言するのでもなく、その両方を使用している。またすべての口頭での発言と繰り出す手話とが同時に行われることなく、口頭での発言と手話での発言のいずれかしか行っていない瞬間もある。

42

1　雑ざることば動くからだ

表 1-1

	ナンディ／ケイヨ語	スワヒリ語	英語	名前を呼ぶ	感嘆詞	不明
母親	17	7	4	2	4	0
チェロップ	2	0	6	3	2	4
アレックス	2	1	2	0	0	0

　また、チェロップの手話のみに着目したのが image 1-19 〜 38 だが、辞書に基づけば複数の手話が雑ざっていることがわかる。
　さらに、1 分 22 秒の間、チェロップほか 3 人の口頭での発言を言語別にカウントしたものが表 1-1 である（ナンディ語とケイヨ語の区別がつかないのでスラッシュ（／）で両者を示した）。
　こうした「手話も含めた言語が雑ざる」現象について、「コード・スイッチ（コードを切り替える）」という捉え方の代わりに「コード・ミキシング」と捉えたり、「バイリンガル」に代わって「バイモーダル bi-modal」と捉えたりする研究がある[注6]。私は以前、ケニアにおいて私の目の前で展開したこの現象を「コード・ミキシング」や「コード・ブレンド」、そして手話を音声言語の「バイモーダル」と捉えた。しかし、いずれに分類され得る現象にも、確固と

image 1-19　「何」(右側にいるチェロップの手話表現)

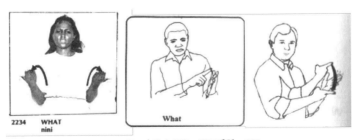

image 1-20　左から KSL、KIE 手話、ASL

第 1 章　共在する身体

image 1-21　「あちら」

image 1-22　「客」／「訪問する」

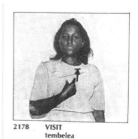

image 1-23　左は「訪問者」(KIE 手話)、中央は「客」(KSL)、右は「訪問する」(KSL)

1　雑ざることば動くからだ

image 1-24　「客」(KIE 手話)

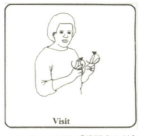 
image 1-25　「訪問する」(左が KIE 手話、右が ASL)

 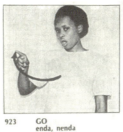
image 1-26　「行く」(右は KSL)

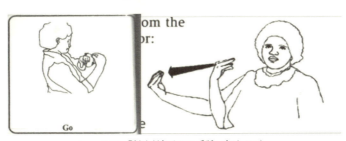
image 1-27　「行く」(左は KIE 手話、右は ASL)

45

第 1 章　共在する身体

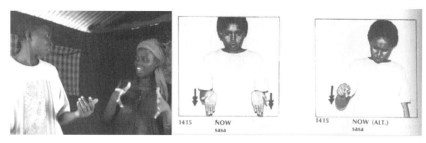

image 1-28　「今」(右の 2 つは KSL)

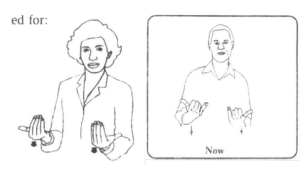

image 1-29　「今」(左 ASL、右 KIE 手話)

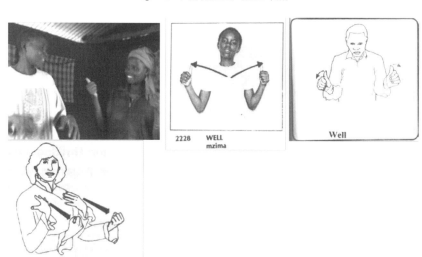

image 1-30　「よい」(上段左チェロップ、同中央 KSL、同右 KIE 手話、下段 ASL)

46

1　雑ざることば動くからだ

image 1-31　「着く」(右は KSL)

image 1-32　「来る」(左下の図のみ KIE 手話、ほかは KSL)

image 1-33　左上は「来る」、左下は「来い」、右は「来る」(全て ASL)

47

第 1 章　共在する身体

image 1-34　「……から」

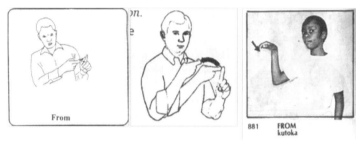

image 1-35　「……から」(左は KIE 手話、中央は ASL、右は KSL)

image 1-36　「日本」

image 1-37　「日本」(KIE 手話)

image 1-38　「日本」(ASL)

48

1 雑ざることば動くからだ

したパターンが見て取れるわけではなかった。「母語が同じ／異なる相手」や「フォーマル／インフォーマルな場面」によって使い分けられる類いの現象ではなかった。

K聾学校内でも、子供たちはときどき手話と共にあるいは単独でスワヒリ語を発声した[注7]。例えば、出身地域を問わずよく使われるスワヒリ語、「シャンバ *shamba*」(「畑」[スワヒリ語])、「サンガピ？ *saa ngapi?*」(「何時？」[スワヒリ語])、「クジャ *kuja*」(「来なさい」[スワヒリ語]) を発声するケースが聾学校内でも見られた。また、ナンディ出身の子供の場合「センゲ *senge*」(「父方オバ」[ナンディ語]) や「イブヌ　アノ？ *ibunu ano?*」(「どこから来たの？」[ナンディ語]) を単独で発声するケースや、「マミィー *mamii*」(「何もない」[ナンディ語])、「ゲベ *ngebe*」(「行こう」[ナンディ語]) などを手話と同時にもしくは単独で発声することがあった。

興味深いことに、このナンディ語に関して、必ずしもナンディ出身の子供がナンディ語を発声するということではないことだ。例えば、バンツー語族の言語をヴァナキュラーとするルィヤ (Luhya) 出身の子供が、K聾学校内で「何もない」という手話表現と共に、「マミィー *mamii*」と発声したことがあった。

先の弔辞の例では、ケイヨ人においてケイヨ語、スワヒリ語、英語が雑ざっていたが、以上のことから類推すると、ルィヤ人であればルィヤ語[注8]、スワヒリ語、英語が雑ざると考えてしまうだろう。しかし、そのルィヤ出身のK聾学校の子供の場合、音声言語においてはナンディ語、スワヒリ語、英語が「口を突いて」出てきたのである[注9]。

重要なことは、これまで強調してきたとおり、いずれも「言語」運用のありようとして捉えた上で、それぞれの言語の辞書を片手に分解・分類したということである。しかし、K聾学校の子供にせよ、ケイヨ人の多い村の人々にせよ、彼らの日常会話においては異質な物がごったに「雑ざる」というより、身近にあったことばが「1つのことば」として出てきただけである。そこには「英語」も「スワヒリ語」も「ケイヨ語」も「ナンディ語」も「ケニア手話」も「アメリカ手話」も「KIE手話」もなく、彼らはただ話していた。もちろん、当の本人たちにこのビデオを見せて質問すれば、自分の発した言葉のどこからどこまでが英語で、どこからどこまでがスワヒリ語で……などと少なくとも音声言語の場合は分析できるだろう。しかし、そうして後から遡って分析・分類することと、いまここで話されていることとは分けて考えねばならない。

私は今でも、聡明な学生でもなければ優秀な言語学者でもないし、なるつもりもない。私はここで、彼らが話している言葉を「言語の違い」に着目して弁

第 1 章　共在する身体

別し分類する仕事を放棄し、何語と何語がどのくらいの割合で、どういったタイミングで雑ざるのか、などということは優秀な言語学者に任せることにする。代わりに、人が集まったときに何が起きているのかを、動いている身体に着目して描き出す。先のルィヤ出身の子供を例にして言えば、「ことばが雑ざる」というように言語を中心に考えるのではなく、「声を出す」あるいは「口を動かす」こと、手が動くこと、身体が動くことにおいて、その場に居合わせた者が互いにつられたり、感染したり、あるいは見過ごしたりといったことが、どのように起きているのか、ということを描き出したい。

注

(1)　初出は古川［2011b］。

(2)　*dorama* は、K 聾学校の子供たちの間でよく見られた、いわゆる「ごっこ遊び」と類似した営みである。*dorama* という表記を採用した理由については、第 3 章第 4 節を参照。

(3)　この家の長男ベンと話していた折に、私が「日本手話を母語とする人たちが言語的マイノリティとして『ろう者』と言うことがある」と言ったところ、「なぜ日本では話している言葉で囲い込むのか」と逆に質問された。ベンが言うには、「僕らは話す言葉で自分が何者かということは決まらない。たとえば、私たちの母エスタはナンディ出身だから僕らもナンディ語がわかる。けれど僕らはケイヨだ。なぜなら僕らの父親はケイヨだからだ」ということだった。そして彼は続けて、「実はジョシュアはごく幼い頃に僕らの家で預かることになった。彼は普段ケイヨのことばを話すが、父親がナンディだから彼はナンディなんだ。使っている言語で人を区別するなど僕らはしない。キプラガットやアレックスやチェロップは手話を使うけれど、彼らはケイヨだ。なぜなら父親がケイヨだからだ」と言った。注意したいのは、このベンの語りは、私という外部の者が外部の視点で話したことに対して応答という形で行われたという点である。つまり、私が彼らの家に入り込まなければ、ベンが使用言語や自分たちの出自について語る（意識する）ことはなかったであろう。

(4)　調査地で私が聞いた限りでは、「母語（*mother tongue*）」を使用する人よりも、たとえば「私のヴァナキュラー（*vernacular*）はナンディ語だ」と言うなど、ヴァナキュラーという語を用いる人の方が圧倒的に多かった。「ユタカのヴァナキュラーは何か」と問われ、答えに窮し、仕方なく「日本語（*Japanese*）」と答えると、とても不思議そうな顔をされ、さらに追い打ちをかけるように、「日本ではみな日本語を話していて便利なんだね」と言うので、「日本にはさまざまな方言がある」と言いながら、私は、そもそも方言とは何なのかを考えるようになったのである。

(5)　シェン *Sheng* はいわゆる「若者語」である。1970 年代にナイロビで生まれたとされるが、1930 年代初頭には「アングラ」用語 としてそれらしい言葉があったという説もある［Ogechi 2005］。たとえば挨拶で " ササ *sasa*?"（スワヒリ語「今」という意味

の名詞）と問いかけ、"フィッツ *fit!*"（英語の fit) や "ポア *poa!*"（スワヒリ語で「穏やかになる」という意味の動詞の語幹）と応じるのが1例として挙げられている。K 聾学校内でも特に若い男性教員や同年代のミニバス運転手など気軽な者同士でよく使っていた。また、町の食堂で、メニューに "CHAPATI"（チャパティ）と書く代わりに "CHAPO" と書かれていることがあり、これも Moga and Danfee [2004] によるとシェンの1つである。

(6) 1つ目は、言語学者マイスケンによるバイリンガル研究である。彼は、バイリンガル研究の多くが「コード・スイッチ」と呼んできた現象を別の概念で捉えようとする。まず、彼はバイリンガル話者の次の特徴を挙げる。日常会話においてバイリンガル話者の多くは、1つの文を発する際にごく容易にまた流暢に2言語を混ぜる。そして、単語を探すために考え込むことも、また（「コードがスイッチする」原因の1つと考えられてきた）文化的な抑圧もみられない。彼は、従来の多くの研究が「コード・スイッチ」と捉えてきた現象に対し、バイリンガル話者のこのような特徴から「コード・ミキシング」という語を用い分析を試みている [Muysken 2000]。

　2つ目は、エモリーらによる、アメリカの "コーダ"（CODA, Children of Deaf Adults）をめぐる研究である。エモリーらは、"コーダ" の人たちが音声英語とアメリカ手話を同時に発するという事例に基づき、「バイモーダル」(bi-modal) という概念を提示した。エモリーらは、まず、バイリンガル話者がスピーチ—スピーチの「ユニモーダル」(uni-modal) であることを指摘する。そして、"コーダ" の場合は「ユニモーダル」ではなく、英語—アメリカ手話という2つのモードが発せられる「バイモーダル」であると言う。その上で、この「バイモーダル」な状態においては、音声英語とアメリカ手話という2つのコードが同時に現れることから、コードが「スイッチ」するのではなく「ブレンド」するのだと言う [以上、Emmorey et al. 2005]。

　マイスケンやエモリーらが提示した考え方を援用すると、K 聾学校の子供たちのみならず、教職員や帰省先の人といった子供たちの手話に馴染んだ人たちは、「コード・ミキシング」や「コード・ブレンド」の状態になり、かつ「バイモーダル」な状態になると言える。具体的に言えば、上述したナンディ語を話しながら英語やスワヒリ語も口を突いて出てくる事態を「コード・ミキシング」と捉えることが可能である。また、手話を使いながら英語やスワヒリ語が発せられる事態は「コード・ミキシング」（英語とスワヒリ語）と「バイモーダル」（手話と英語／スワヒリ語）が同時に起こっていると捉えることが可能だろう。このような事態が K 聾学校の子供や周囲の人たちに頻繁に生じているのである。言い換えれば、彼らが「ユニモーダル」（手話のみ、あるいは音声言語のみ）や「モノリンガル」（例：KSL のみ、あるいはナンディ語のみ）な状態になる方 がむしろ稀だと言える。K 聾学校の子供たちと直接関わりのない人たちも、日常のやりとりの中で少なくとも「モノリンガル」になることは珍しい。

(7) 発声の質は一様ではなく、明瞭な声のほか、囁き声がある。また、発声の場合、いつも囁き声になる子供もいれば、場合によって声が大きくなったり小さくなったりする子供もいる。

第 1 章　共在する身体

(8)　稗田［2002］によると、「ルィヤ語」は、英国植民期にキリスト教伝道団が、ルィ
　　　ヤ語の方言間に共通の書記法を制定し、それに伴い、発音、文法、語彙の標準化が
　　　行われた。「ルィヤ語には……現在、あると言われている言語（あるいは方言）が
　　　16 から 17、存在する」が、「方言間に純粋に言語的に境界を引くことは本来、不可
　　　能なことであった」［以上、稗田 2002: 225］。そして、実際に引かれた境界は、「ケ
　　　ニア国内で植民地行政府によって敷かれた行政区分であるロケーションの境界とほ
　　　ぼ一致すると考えられる」［稗田、前掲］。結局のところ、標準化されたルィヤ語書
　　　記法が普及することはなかったが、住民に「ルィヤ語」を話しているという意識を
　　　植え付けることには成功した［稗田 2002: 230］。政治的な要請から「民族」概念が
　　　創出されることは多くの研究が明らかにしてきたことだが、同様に（純粋に言語学
　　　的な見地には依らず）「言語」間の境界も政治的に創出されることがある。
(9)　ただし、例えば村で執り行われる婚約式や結婚式などの招待状は、ナンディ語のみ
　　　で書かれ、英語やスワヒリ語が混在することはない。学校から保護者に向けたレター
　　　も英語のみ、もしくはスワヒリ語のみで書かれる。なお、K 聾学校の校長に「保護
　　　者が英語を読めないということはないのか」と尋ねたところ、「村の誰かが読めるだ
　　　ろうから問題ない」とのことだった。より緻密な議論の可能性として、「言語が雑ざ
　　　る」という感覚はもしかすると、文字感覚（字面を想定した感覚）によるのかもし
　　　れない。そうではなく、言語運用を、語が持つリズムや高低など、いわば「音楽的」
　　　な営みとして捉えたなら、「言葉が雑ざる」という考え方が覆される可能性がある。

第2節　「でたとこ勝負」の値段交渉[注1]

　K聾学校で知り合ったアレックスは、K聾学校から彼の帰省先に一緒に行く乗り合いバスの中で、指を折りサインネームらしき手話を繰り出しながら、長男のベン、次男のキプラガット、長女のチェロップ、そしてアレックス、3男のDC、4男のジョシュアの6人きょうだい、そして父親と母親がいると話してくれた。2004年12月のことである。

　当時、キプラガットはナイロビにある寄宿制の聾者・聴者混合の職業訓練校に在籍していたが、年末年始の長期休暇に伴いナイロビから大型バスや乗り合いバスを乗り継いで、丸1日かかる実家に帰省していた。第3子で長女のチェロップはケニア全国共通の初等学校卒業資格試験（KCPE）で優秀な成績を修めた者が進学できる女子校、M中等聾学校（K聾学校から西に車で約2時間）を卒業したばかりで家にいた。また、ベンは数年前に中等学校を卒業して職を探しているところであった。DCやジョシュアはそれぞれ初等学校に在籍していた[注2]。

　さて、この家から徒歩で1時間ほどの町の広場で週に2回、衣類を中心とした定期市が開かれていた。ある日、キプラガットとチェロップの2人は家族の衣類を買いに行くことになった。市場に着いて知ったことだが、彼らは近所の友人から当時若い女性に流行っていたデニムのツーピースを買ってくるように頼まれ、その分の金を渡されていた。

　刺すような日差しの下、市場は多くの人で賑わっていた。売り手の大半は地面にシートを敷きその上に衣類を平置きしながら売る行商人だった。「クミ！クミ！　クミ！　クミ！」（kumi＝スワヒリ語で「10」）、「イシリニ！　イシリニ！イシリニ！」（ishirini＝スワヒリ語で「20」）という拡声器越しの声と共に、見るからに着古された古着を10シリング（当時、約14円）均一や20シリング均一で売っている者もいたが、多くは値札をつけず（値札を商品につけているのは町や都市部の中・大規模のスーパーマーケットくらいだ）値段が声に出されることもなく、ただ商品を並べていた。

　キプラガットとチェロップが市場の中を見て回っていたところ、手頃なツー

53

第1章　共在する身体

ピースを見つけたらしく、チェロップがその品物を手に取り自分に合わせてみ
ていた。するとキプラガットがおもむろに自分の左腕を行商人の前に出し、右
手を動かし始めた。値段交渉の始まりである。

　この「値段交渉が始まった」という解釈は、実のところ自明ではない。「今
日はことのほか日差しが強いね」というような一種の挨拶かもしれないし、「ど
こから来たのか」という質問かもしれない。いや、そうした「意味のある」一
言ではなく、左腕が痒かったから右手で掻いただけかもしれない。

　なぜ、私はこのような可能性を瞬時に捨て、「値段交渉が始まった」と了解
することができるのか。まず、両者のやりとりが握手やハグから始まらなかっ
たという点が挙げられる。これは両者が初対面でありかつ挨拶をする必要のな
い者同士であることを示す、ということを私は経験的に知っていた。また初対
面であっても、そばにいる自分の知り合いの知り合いであることがわかれば、
必ず挨拶をする。そうした条件に、このケースは該当しなかった。

　もう1つは、私が少なくともこの日までにケニアで経験した定期市や町にあ
る店舗型の衣料品店では、先ほどの10シリングという定額で古着を売る行商
人の方が珍しく、商品の値段は交渉次第で決まっていたからである。定期市
で、行商人とそこを訪れた客が何かしらのやりとりを始めたなら、両者はそれ
ぞれ「売り手」と「買い手」になり、両者の間で何かしらが始まったとすれば、
それは「値段交渉」しかあり得ないからである。

　私は、これら2つのことを、長い時間かけて言葉で帰納的に推論してようや
く「値段交渉が始まった」と解釈したのではない。「直観／直感的に」わかっ
たことだ[注3]。では、当の本人たちはどうだったのか。その場に共にいた者と
しても、そのときに撮影していた動画を見直しても、互いに戸惑うことなくやり
とりは始まったように観察できた。

　では、このやりとりの進行中に何が起きていたのか、まずは身体の所作に着
目しながら、やりとりが始まり商品の価格が決まるまでを分析してみたい。な
お、キプラガットを「兄」、チェロップを「妹」、キプラガットのそばにいる行
商人を「X」ともう1人の行商人を「Y」、私（吉田）を「私」と表記する。また、
「image」という語を付けない数字は、私がト書きで「翻訳」した各場面である。

　まず、聾の兄妹と2人の行商人は、市場で商品を前にしていることは前提と
して共有してはいたものの、手話であれ音声言語であれ、1つの言語でやりと
りすることを前提とはしていない。具体的な値段に関する発言は、兄がいきな
り行商人に向かって左腕を出して右手で何かを書くことで始まった。すると、

2 「でたとこ勝負」の値段交渉

　　　　　　image 1-39　　　　　　　　　　　　　　image 1-40

01：兄が左上腕部に右手で何かを書く。X はもう 1 人の連れの行商人を見たのち兄の左腕に触れる。兄は Y の方を見ている。

　　　　　　image 1-41　　　　　　　　　　　　　　image 1-42

02：X は兄の左腕に触れている。兄は Y を右手で指す。Y は左腕に何か書いて見せる。

　　　　　　image 1-43　　　　　　　　　　　　　　image 1-44

03：兄は Y に向かって和らげた表情で両手を広げ、それを X が見る。兄が Y に向かって右手を差し出す。image 1-44 のあと約 3 秒間兄は妹の方を見る。

55

第1章　共在する身体

image 1-45

image 1-46

04：兄は眉間に皺を寄せながら Y に向かって左腕に何かを書いたのち、両手を広げる。X は下方を見ている。

image 1-47

image 1-48

05：Y が左腕に何かを書く。途中で兄が Y の左腕を右手で掴む。

image 1-49

image 1-50

06：兄が妹に向かって右手で何かしら示したのち、右掌を上に向ける。

56

2 「でたとこ勝負」の値段交渉

image 1-51

07：Xがカメラを持つ私に向かって右手で何かしら示す。

image 1-52   image 1-53

08：兄がXを見ながら右掌を上にする。妹がYを見ながらYに向かって指さす。

image 1-54   image 1-55

09：妹がXを見て右掌を上にしながら口を動かす。兄が妹を見ながら右掌を上にする。

57

第1章　共在する身体

　　　　　image 1-56　　　　　　　　　　　　　image 1-57
10：兄がXを見ながら右手で何か示す。Xは兄の手の動きを見届けておらずYに対して何か口頭で言う。

　　　　　image 1-58　　　　　　　　　　　　　image 1-59
11：妹は下を見て、兄はYを見ながら右掌を上にしており、Xは私を見て左掌を上にしている。

　　　　　image 1-60　　　　　　　　　　　　　image 1-61
12：兄がYを見ながら右掌を上にする。XはYに対して何か口頭で言う。Xが妹の方を向き妹に向かって右手を伸ばす。兄がXの方を向く。

58

2 「でたとこ勝負」の値段交渉

image 1-62

13：Xが妹に右手で何か示す。

image 1-63

14：Xが兄の方を向き、右手で握り拳をつくって見せる。兄はXの右手に向かって顔を突き出す。

image 1-64　　　　　　image 1-65　　　　　　image 1-66

15：Xが右手で空中に何かを書く（右手人さし指を起点とした軌跡をフォーム分析ソフトKinoveaで描画）。

image 1-67

image 1-68

16：Xが右手の親指と人さし指を折り曲げ中指・薬指・小指を立てる。兄は右掌を上にしたのち、左腕に何かを書こうとする。

59

第1章　共在する身体

image 1-69

image 1-70

17：兄が左腕に何かを書いている途中で、Ｙが腕に何かを書き始める。兄は何か書いていた右手の動きを止める。

image 1-71

image 1-72

18：妹が右手で握り拳をつくって見せたのち、右手の親指と人さし指をつけたり離したりする。

image 1-73

image 1-74

19：Ｙが右手で何かを左腕に書く。兄はＹの左腕を摑み自分の方へ引き寄せてＹの右手の動きを見入る。

2 「でたとこ勝負」の値段交渉

image 1-75　　　　　　　　　　　　　image 1-76

20：兄がYの腕から手を離し、Yを見ながら右掌を上にする。

image 1-77　　　　　　image 1-78　　　　　　image 1-79

21：兄がYに左腕を見せながら右手で何かを書く。Xも兄の腕を見ている。

image 1-80　　　　　　　　　　　　　image 1-81

22：兄がYに対し両手を交差したのち開く。

61

第 1 章　共在する身体

image 1-82　　　　　　　　　　　　　　　image 1-83
23：X が Y に向かって何か言う。兄が両掌を上に向けて上げる。

　行商人も同じように左腕を出して右手で何かを書いた。客が腕に何かを書いたのを見て、行商人も同じように腕に書いたのである。傍で観察していた私には、自動的に兄妹の身体の動きにつられて行商人の身体も動いたように窺えた。
　興味深いことに、行商人の X と Y 同士は一言二言声を掛け合うこともあったが、X も Y も兄妹を相手にしているときは声を発することがなかった。それだけではない。07（image 1-51）の場面で X が、小型 MP4 カメラで彼らのやりとりを撮っていた私に向かって手で何かしら示した。私のカメラを持っている手つきをやって見せたように私には解釈できるが、このとき「何それ？」とか「カメラで撮っているの？」などと私に声を掛けることなく、無言でそのような所作をやって見せたのである。
　つまりこの場に居合わせた 5 人共、ほとんど声を出さず、身体（主に腕や手）をしきりに動かすことになったのだ。兄の方は普段から声をあまり出さなかったが、妹は家で母親や聞こえる兄弟と一緒のときや聴者のボーイフレンドなどと一緒のときによく口頭でしゃべっていた。しかし、このときは妹も声を出さず手を動かすばかりだった。
　次に、彼らは何を伝え合っていたのか。この「何を」にあたると私が捉えた部分は、上記の image のキャプションの中で下線を引いた。具体的な解釈（翻訳）は下記の通りである（「image 1-56→1-57」などの「→」は、私が 1 つの表現のまとまりとして捉えた手の動き）。
　私が彼らのやりとりを解釈するにあたっては、特定の身振りや顔の表情を「値段交渉」という場面に即した意味内容のあるものとして読み取ろうとし、そのほかのすべてを無視している。これは「そのほかのことは何も起きていな

62

2 「でたとこ勝負」の値段交渉

01 兄：「55」(image 1-39)

02 Ｙ：「※不明」(image 1-42)

03 兄：「どういうこと？」(image 1-43)

04 兄：「550」(image 1-45)、「どうなの？」(image 1-46)

05 Ｙ：「580」(image 1-47→1-48)
　　※私は06における兄の手話を読み取り、遡ってＹが書いたのは「580」
　　　だと推測。

06 兄：「80（ASL）」(image 1-49)「どうする？」(image 1-50)

07 Ｘ：（カメラを持っていた私に向かって、カメラを向ける手つき）(image 1-51)

08 兄：「どう？」(image 1-52)
　　妹：「ちょっとぉ？」(image 1-53)

09 妹：「※不明」(image 1-54)
　　兄：「どう？」(image 1-55)

10 兄：「50（ASL）」(image 1-56→1-57)
　　Ｘ：「※不明」(image 1-56→1-57)

11 兄：「どう？」(image 1-58, 1-59)
　　Ｘ：「何？」(image 1-59)

12 兄：「どうなの？」(image 1-60)
　　Ｘ：「※不明」(image 1-60)　※10にてＹに発した言葉と同じ？
　　Ｘ：「ねえ」(image 1-61)

13 Ｘ：「※不明」(image 1-62)

14 Ｘ：「5（KSL）」(image 1-63)

15 Ｘ：「※不明」(image 1-64→1-65)「※不明」「0」(image 1-66)

16 Ｘ：「※不明」(image 1-67, 1-68)

17 兄：（左腕に何か書こうとするも、途中でＹを見る）(image 1-69, 1-70)

18 妹：「5」(image 71)「20」(image 1-72)

19 Ｙ：「※不明」(image 1-73, 1-74)

20 兄：「何で？」(image 1-75, 1-76)

21 兄：「550」(image 1-77→1-78→1-79)

22 兄：「以上！」(image 1-80→1-81)

23 Ｘ：「※不明」(image 1-82→1-83)
　　兄：「それで行こう！」(image 1-83)

63

第 1 章　共在する身体

い」ということを意味しない[注4]。あくまで無視しているだけである。そのうえで私は解釈を重ねていくが、その解釈の透明性を確保することは不可能だ。身も蓋もない話になってしまうが、そもそも私たちの普段のやりとりにおいて、「自分の伝えたいことが必ずその通りに相手に伝わる」という保証など一切ない。

　加えて、この日本語訳の妥当性もわからない。例えば image 1-53 における妹の手話を私は「ちょっとぉ？」と訳したが、実は日本語に訳しようがないものを無理に文字列に転換したのだ。この手つきは、「警告」を行うときに聴者聾者問わずよく使われるものだった[注5]。その手話はその手話自体として私自身認識しかつケニアで使っていたのであり、（自分の理解しうる）音声言語に頭の中で逐一「警告」ないしは "warning" と変換（翻訳）しながらこの手話を繰り出したのではない。ここでは文字言語で意味を伝えなければならないため仕方なく、無理矢理文字列に書き換えたにすぎない（従って「誤訳」だらけであるはずだ）。

　では、当の本人たちは何をいかにして行っていたのか。この事例の場合、市場という〈場所〉と、客・行商人という〈立場〉であることと、商品の価格を交渉によって決めるという〈目的〉に拘束されたこと[注6]によってどういった類いのことがやりとりの表舞台に立つことになるのか、兄妹と行商人の間で了解があったとみなせる。しかし、繰り返しになるが、同じ伝達手段、例えば「同じ言語を話す（はず）」という前提が、この事例では兄妹と行商人の両者に共有されているわけではなかった。

　そこで自ずと身体が動き、さまざまな身体の動きの中でもとりわけ「値段交渉」というやりとりの舞台に直接関わる動きにスポットライトを当てることになった。「身体の動き」の中で、少なくとも私が値段交渉に関わるものとして分節化したものの中には、腕や空中に何かを書く所作、手話として（少なくとも私自身が）読み取れる手の動き、顔の表情、相手の身体への直接的な接触（腕を掴むなど）がある。

　この「値段交渉に関わる身体の動き」を、私という外部観察者の視点でさらに分類してみよう。私が「手話」としたものは聾聴関係なく見られたものであり、その中で KSL の辞書に「（私が解釈する限り）ほぼ同じ意味で」掲載されているものを□で囲った（表 1-2）。

　KSL の辞書に掲載されているものは、「WHAT」(image 1-43, 46, 50, 52, 55, 58, 59, 60, 75→1-76)[注7]、「5」(image 1-63, 1-71)、「WARN」(image 1-53)、「NO」(image 1-80→1-81) である[注8]。

64

2 「でたとこ勝負」の値段交渉

表 1-2 　　　　　　　　　　　　　　　　　　　　　　（image 1-49 などの「1-」は省略）

アメリカ手話（ASL）	image 49, 56-57, 72	計 4 回
手話 （□は KSL の辞書にある）	image 43, 44, 46, 50, 52, 53, 54, 55, 58, 59, 60, 63, 71, 75 → 76, 80 → 81, 83	計 16 回
一回性の手話	image 51, 62, 67 → 68	計 3 回
空中で書く	image 64 → 65 → 66	計 1 回
腕に書く	image 39, 42, 45, 47 → 48, 69, 70, 73 → 74, 77 → 78 → 79	計 8 回
その他 （指さし、腕を掴むなど）	image 40, 41, 61	計 3 回
発声	image 56 → 57, 82	計 2 回

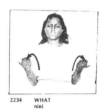

image 1-84

image 1-85

　また ASL の「80」(image 1-49)、「50」(image 1-56→1-57)、「20」(image 1-72) と読み取ったものは、image 1-84 である。なお、「80」は「8」と「0」の表現を順番に出し、「50」は「5」と「0」の表現を順番に出す。参照した ASL の辞書［Costello 1998］では 2 桁の数字表現の中で「20」は「20」として掲載されている。○で囲んだのは「20」の手の動きが完了した形である。

　「1 回性の手話」と分類したのは、この市場でのやりとりの場面以外では少なくとも私自身が見たことがなく、辞書にも掲載されていない手話である[注9]。

　さらに、身体の所作を繰り出した人物別に分類したのが表 1-3 である。

　この表でわかることは、使用された手段の中で兄が繰り出した手話が最も多

65

第1章　共在する身体

表 1-3

	ASL	手話	1回性の手話	空中で書く	腕に書く	その他	発声
兄	2	13	0	0	4	0	0
妹	1	3	0	0	0	0	0
行商人 X	0	1	3	1	0	2	2
行商人 Y	0	0	0	0	4	0	0

いことと、手段が「さまざまである」点だ。行商人 X に至っては、(KSL の辞書
に掲載されたものも含む) 手話と 1 回性の手話、空中で書く、その他の身体所作、
発声というように分散している。

　次に、これらの「さまざまな」手段が繰り出されただけでなく、手話に対し
て書くという所作で応じるということまでも生じていた。場面 14, 15 で行商人
X が手話を繰り出したのに対し、場面 16, 17 で兄が腕に書くということで応じ
ている。つまり、近接するやりとりにおいても、一貫して手話のみであるとか、
一貫して書くのみであるとか、あるいは一貫して音声言語を使用するというこ
とは起きていない。

　加えて、同場面においては、兄は行商人 X の伝達内容に関して了解してい
ないように窺える。このとき、「相手が何を伝えようとしたのか」ということ
をひとまず棚上げにし、兄は自分の身体を動かしている。やりとりを巻き戻し
て (相手に再度同じ所作を行わせたり、自分が相手の伝達内容から読み取ったものを「復
唱」のように繰り返したりして) 確認するのではなく、兄の身体は動き、結果、や
りとりが展開していったのである。

　さて、兄による手話の次に多く行われたのが「書く」という所作だった。こ
れについて「アラビア数字を書いていた」と記述するならそれは厳密な説明で
はない。そうではなく「何かを書く手の動き」がまずあった。その手の動きは
「値段交渉」という場面に拘束されているからこそ、その場に居合わせた私を
含む 5 人は「数を書いている」と認識することができ、ケニアにおいて書かれ
た数であるならそれは初等学校／初等聾学校で学ぶアラビア数字であると判断
する。こうした前提を共有していて初めて「アラビア数字」として互いの手の
動きをたどることになる (ただし、こうして文章化した内容でいちいち考え込むこと
は、この場の 5 人のいずれもしていなかった)。

　以上の私の分析に対し、異論は必ず出てくるに違いない。第 1 の異論は、「手
話」の中に「聾者が使用する、まごうことなきケニア手話」以外のものを一緒
に入れていることに対して発せられるはずだ。手話とは聾者が使うものであ
り、それ以外は言語とは異なるジェスチャーだ。あるいは、観察者 (吉田) が

2 「でたとこ勝負」の値段交渉

image 1-86

image 1-87

24：兄がXに向かって親指を立てた両手を開く。Xはカネを数える。

image 1-88

image 1-89

25：兄がXに向かって両手の親指を立てる。Xはうなずく。

image 1-90

image 1-91

26：兄がXに向かって掌を上にしながら右手を伸ばす。Xが黒のビニル袋を取って妹に渡す。

67

第 1 章　共在する身体

image 1-92　　　　　　　　　　　　image 1-93

27：妹が両手の握り拳を向かい合わせたのち、X に向かって掌を広げて右手を伸ばす。

image1-94　　　　　　　　　　　　image 1-95

28：兄と妹が X に向かって右手を伸ばし、X の手のひらにあるカネを指さす。

image 1-96　　　　　　　　　　　　image 1-97

29：妹が先に両手の握り拳を合わせ、続いて兄も両手の握り拳を合わせる。兄が手のひらを上にしながら X に向けてその手を伸ばす。

2 「でたとこ勝負」の値段交渉

image 1-98

image 1-99

30：兄が手のひらを上にして伸ばしていた右手を引く。X が Y に向かって "lete kumi" と言う。

image 1-100

image 1-101

31：妹が Y に向かって左手を伸ばす。Y が妹の左手のひらに 10 シリング貨幣を置く。

観察したものなのだから、近くに聾者がおり聾者の手話を聴者が真似たものが伝播していったはずだ、と。第 2 の異論は、私による身体の動きに関する分類の仕方についてである。そう、もともと分類が難しい身体の動きを無理に分類しているのだ。このやりとりの場にいた当の人たちにとって、それが手話なのか、そのなかでも KSL なのか ASL なのか、あるいは「手話ではない身振り」なのか、そうした分類が意味をなすことはない[注10]。両者とも、自分の思う価格に決着するというゴールに向かって、でたとこ勝負をしているだけだ。

そして、いよいよ「相手が自分の伝えたいことを全く了解していないが、伝えなければならない事態」が発生すると、より直接的に自分の身体を相手の身体に向かわせることになる。image 1-86 〜 1-101 は、商品の値段が決まってから、兄妹がカネを払い釣り銭を要求して受け取るまでのやりとりである。

69

第 1 章　共在する身体

　以下に「翻訳」したが、場面 27 で妹が「10」と行商人 X に向かって手話を
繰り出すものの、行商人 X の反応をほとんど待たずに X に向かって掌を広げ
ながら右手を伸ばした。X はその手話を理解したのかどうかわからないが、い
ずれにしても兄妹が求めた反応をするまでもたついた。すると兄妹はほぼ同時
に X に向かってそれぞれの右手を伸ばしただけでなく、X の掌に触れるくら
いの距離でその手にあるカネを指さした。そして再び兄妹ほぼ揃って「10」
と手話を繰り出し、兄の方はまた X に向かって右手を伸ばした。兄はさらに
image 1-98 の所作を行い（「翻訳」では「ちょうだい」とした）、ここでようやく X
が Y に向かって「レテクミ」(スワヒリ語) と言って、Y から 10 シリング貨幣を
受け取り、妹の掌にそれを置いたのである。

24　兄：「OK」(image 1-86→1-87)。
　　X：カネを数える（image 1-86→1-87)。
25　兄：「OK」(image 1-88→1-89)。
　　X：うなずく（image 1-89 [うなずく直前が写っている])。
26　兄：X に向かって掌を上にしながら右手を伸ばす（image 1-90)。
　　Y：黒のビニル袋を取って妹に渡す（image 1-91)。
27　妹：「10」(image 1-92)。X に向かって掌を広げて右手を伸ばす（image
　　　 1-93)。
28　兄・妹：X に向かってそれぞれの右手を伸ばす（image 1-94)。X の掌に
　　　　 あるカネを指さす（image 1-95)。
29　妹：「10」(image 1-96)。
　　兄：「10」(image 1-96)。X に向かって掌を上にしながら右手を伸ばす（image
　　　 1-97)。
30　兄：「ちょうだい」(image 1-98)。
　　X：Y に向かって「10 くれ」(image 1-99)。
31　妹：Y に向かって掌を上にして左手を伸ばす（image 1-100)。
　　Y：妹の左掌に 10 シリング貨幣を置く（image 1-101)。

　兄妹は「これから手話で『10』と言ってみようと思うが、相手に伝わるだろ
うか」などと考えることなく、とりあえず手を動かしたと言える。彼らが求め
た通りの反応が行商人 X から瞬時に返ってこないと見るや、手を伸ばして X
の手に触れ、当たり前のように「10」という手話を繰り出している。相手に伝

わるかどうか予断することなく、ともかく動くままに身体（手）を動かしていたのである。

　ところで、本節において、なぜ「筆談」という語を用いず「空中で書く」とか「腕に書く」と書いたのか。場面15と場面21においてフォーム分析・描画ソフトKinoveaを用い、行商人Xと兄の右手の人さし指をそれぞれ起点にしてその動きを描き入れている。しかし、この軌跡は後から私が付け加えたものであり、このやりとりの場では紙とペンを用いた筆談とは異なって、軌跡など残らない。何かを書いている指の動きは、書いた瞬間にその場で消えてゆく[注11]。この点からも、兄妹と行商人（あるいは、兄と妹、行商人XとY）の間でそれぞれ自分が書いたことがそのまま相手に伝わっているかどうか立ち止まって考えることはほとんどなく、そのままやりとりが展開していることがわかる。

　しかし、私はこのやりとりを動画で記録していたため、巻き戻すことができる。実際、場面05において行商人Yが580と書いたというように記述したが、これは、その次の場面06における兄の「80」という私も知っているアメリカ手話から遡った解釈である。私にも、また当の兄妹にとっても、Yが本当に「580」と書いたかどうかは、未来永劫わからない。仮に、今、行商人Yにこのときの動画を見せて「何て書いたのか？」と尋ねたとしよう。彼はきっとこう答えるだろう、「僕にもわからない」と。

注
（1）　初出は古川［2011b］だが、大幅に改訂した。
（2）　DCとジョシュアはそれぞれ異なる初等学校に通学していた。きょうだいが異なる初等学校に通学する例は、少なくとも私の知る限りでは村・都市部にかかわらず珍しくなかった。初等学校の評判や自分の子供の学力などを考えて、親が近隣のどの初等学校に通わせるか決めるというケースが多く、在学中に転校させるケースも見られた。
（3）　この「直観／直感」はいかなるものなのか。「これは値段交渉だ」ということを示す手がかりはどこにあるのか。これを平田オリザの『演劇入門』［平田1998］をヒントに少し考えてみたい。平田は同書で、戯曲家によって設定された場面を、そのように設定された場面として、観劇に来た客が演者の発する言葉から捉えるための台詞はいかなるものであるべきか論じている。
　　　その中で、「ダメな台詞」として平田は次の例を挙げている。舞台設定を美術館だとする。主人公が入ってきて、いきなり、「あぁ、美術館はいいなぁ」と独り言を言う。これが「いちばんダメな台詞の例」である［平田1998: 12］。平田はさらに、「それでも、劇作家としては、ここが美術館であることを、早い段階で観客に知らせな

第1章　共在する身体

ければならない。それも舞台美術などの力を借りずに、台詞だけで話を進めなければならないとしたら……」［平田 1998: 13］と述べたうえで次のように述べている。「台詞を書く際には、遠いイメージから入ることが原則である」［平田 1998: 14］。この場合、「美術館に関するイメージ、あるいは美術館を構成する要素」として「絵がある／静かである／デートに向いている／高尚な雰囲気／美大生がデッサンをしている／人がゆっくり歩いている／美術館である（これも一応構成要素と考える）／白い（あるいは落ち着いた色の）壁／椅子に座って動かない監視員」があり、それをイメージの遠い順に「①静かである、②デートに向いている、③高尚な雰囲気、④人がゆっくり歩いている、⑤絵がある、⑥白い（あるいは落ち着いた色の）壁、⑦美大生がデッサンをしている、⑧椅子に座って動かない監視員、⑨美術館である」と並べかえる（番号は引用者による）。そのうえで、「……まずはじめに、静かな空間にデートのカップルを登場させようか。そうして、次のような会話、女『いいでしょ、たまには、こういうとこも』、男『まぁね』、女『たまには、ゆっくりしないと』、男『うん』」［平田 1998: 14-16］という台詞を入れるのである。

　是永によると、平田が論じている「ダメな台詞」は、たった1つの情報がリアリティを破綻させている。つまり、情報の付加、この例では、台詞の中の「美術館」という言葉の付加によって、「（舞台の）美術館らしさ」を損なわせてしまったのである。この「美術館」という言葉は、美術館という舞台設定と矛盾しないばかりか、むしろそれを最も端的に表した情報である。それが、逆に不自然さを生み出してしまったのである。

　舞台ではなく私たちの現実に視点を移すと、付加されうる情報は「無限」であるかのように思われる。しかし、是永は、私たちの「『現実』の把握が非常に量的に加算されうるものとしてナイーブに捉えられている思考様式があることの問題をまず指摘する必要がある」［是永 2002: 26］と、「加算モデル」として文脈を捉えようとすることに対し、問題提起を行っている。そこが美術館であるという文脈と全く矛盾しない、むしろ文脈そのものを言い表した、「美術館はいいなぁ」という台詞＝言語情報が加わることで、リアリティが崩壊してしまうのだ。

　話を戻そう。「直観／直感的」に、「値段交渉が始まった」と「わかる」、すなわち、そこで起きていることの意味を限定するための決定的な情報は結局何だった（何と何だった）のか。「これから値段交渉を行います」とは、誰も宣言していない。聾のきょうだいと、行商人は、値段交渉をいかにして「値段交渉」として始めることができたのか。この問い自体、すなわち、いまそこで行われていることの文脈を決定づけた材料（情報）を探求すること自体ナンセンスなのかもしれない。そこで行われていることを「値段交渉が始まった」と解釈するにあたって、いくつかの（言語化できる）情報の積み重ねによって推論をし、次の「手を動かす」という行動に出たわけではない（手を動かすことは、手を動かされてみないとわからないし、それが値段＝数字である保障もない）。「これは値段交渉だ」と文脈を限定するための条件が見いだせるとするなら、それは、値段交渉が終わった後に、その出来事を遡って分析したからである。値段交渉であるための条件が、そのときその場に備わって

72

いたわけではない。「手を動かしていった」こと自体が「値段交渉になっていった」のだ。その意味で「でたとこ勝負」なのであり、「使用言語を共有していないはず」の、初対面同士の聾者・聴者間でそれが行われたのである。

(4)　自閉症スペクトラムとされる人は、しばしば、これとは逆の状態に放り込まれる。グランディンは、Markram［2007］と Gepner & Féron［2009］を引きながら、「強烈世界症候群」（*The Intense World Syndrome*, Markram［2007］のタイトルより）と考えられる当事者による報告を具体的に提示している。例えば、「居酒屋にいるときみたいに、まわりでたくさんの人が同時にしゃべっていると、圧倒されて、頭がぽーっとしてきて、何もかもわからなくなってしまう」、「思考がすっかり遮断されて、感じることも反応することもできなくなる。だから、たいていは、つっ立っているか、じっと座っているかして、何かを食い入るように見つめている。頭の中がごちゃごちゃになって、とても立ちなおれないこともある」などである［グランディン 2014: 122］。自閉症スペクトラムとされる人にとっては情報過多になり、混乱し耐えがたい状況に身を置くことになる。

(5)　同じ手つきであっても、険しい顔と一緒に繰り出されれば文字通り厳しい「警告」となり、顔を少しほころばせながら一緒に繰り出されるなら「冗談めかしの『警告』」というように私は解釈している。この事例の場合、妹の顔がほころんでいることから、後者であると解釈した。

(6)　日本のフリーマーケットで衣類を介した買い手と売り手のやりとりであれば、値札がついていても値段のやりとりが行われる可能性があるほかに、サイズのやりとりをする可能性もあるだろう。仮に、この事例でサイズのやりとりが行われたとしても、サイズについて長時間にわたって「交渉」するわけにはいかないから（商品の価格とは異なり服のサイズをこの場で変更することはできない）、その可能性を排除することができる。

(7)　ウガンダで長らくフィールドワークを行ってきた研究者によると、ウガンダのとりわけ都市部ではかなり一般的に使われている手つきだという。特に「タクシー」（ケニアでの「マタトゥ」にあたる、ワゴン型の乗り合いバス）や「スペシャル」（ケニアなどでのセダン型のタクシー）が、客に「ご用命は？」と尋ねるときにする手つきとのことだ。

(8)　ここで、「NO」という表現を例として取り上げるなら、「KSL の辞書では片手で表現されているのに、吉田は両手で表現しているものを同じ『NO』の表現とみなしてしまっている」という異論が出てくるかもしれない。しかし、本書で議論したいのは、それが正しい表現の仕方かどうかというよりも、「同じように読み取ってしまう」という人間の認識の仕方である。

(9)　ここで言う手話とは文字通り「手を用いた話」である。近年、日本では「手話」という単独の言葉ではなく「手話言語」というように「言語」という語を付け加えるケースが少なくない。それは、「手話は言語ではく身振りである。従って、身振りではない言語（すなわち音声言語）を聾者も身につけるべきだ」という、身体動作に対する言語優位のイデオロギーが、聾教育の場において「手話の使用を禁止する」

第 1 章　共在する身体

という形で直接影響を及ぼしてきたからである。しかし本書は「手話は言語である／ない」という指標に基づいていない。繰り返し強調するように、手話が言語である以前に〈手の動き〉であるのと同様に、音声言語もまた言語である以前に〈声〉であるという前提に立っている。その意味で日本語の「手話」という表現を使用している。

　なお、英語の "sign language" という語は、『英語語源辞典』[寺澤 2013] によると、初出が 1847 年である。この文献は、おそらく、*American Annals of the Deaf and Dumb*（Vol. I）（1847 年 10 月発行）と考えられる。そのなかで、T. H. ギャローデット牧師（アメリカ合衆国初の聾学校を設立）が "On the Natural Language of Signs: And its Value and Uses in the Instruction of the Deaf and Dumb" というタイトルで寄稿している。ギャローデット牧師は本文中でも「手振りの自然言語」（*natural language of signs*）という表現を繰り返し用いている。例えば、次の記述がある。「……もし、ある補足的な原理が機能しないなら、それは大変に残念なことである。その原理とはすなわち、聾唖の子供が自分の思いや感情を、彼の表情や適切な手振りとジェスチャーによって彼の周囲の人々に知らせることが可能な自然で自発的な能力である。たとえ、彼の周囲の人々、特に母親や年下の家族が聾唖の人のこの言語を容易には理解できず、聾唖の彼からその言語を早急に学習することができないとしても、彼らの方がそれを使えるようになる。この手振りの自然言語は、聾唖の人によって自発的に用いられ、彼自身によって、また、ときどき彼の家族のメンバーの創造性によって、徐々に広がりますます正確な叙述になる。この手振りの自然言語が、すべてのそのような家族内で顕著な類似性をもつようになる」[Gallaudet 1847: 56-57]。

　さらに、ギャローデット牧師は、アメリカ合衆国陸軍測量隊軍人で探検家のスティーヴン・H・ロングの著作『ピッツバーグからロッキー山脈までの探検記』から言えることとして次のように述べている。「ミシシッピ西部の先住インディアンは異なる部族で異なる言語または同じ言語の異なる方言を持っている。いくつかの部族は互いの音声言語による会話（スピーチ）でコミュニケーションをとるのが困難である。他方、この不便さを解消するために手振りの言語（language of signs）を始めた。それは彼らの間で長きにわたって使われている」[Gallaudet 1847: 59]。

　19 世紀半ばのこの資料が示す重要なことは、「手話が（構造をもつ）言語である」という結果よりも、何人かが同じ場で（繰り返し）交流することを通して、手振りやジェスチャーの輪郭が次第にはっきりとし、かつ、パターン化していき、共有されるようになっていく過程である。

(10)　言語を分類することに意味があるときとは、使用言語を集団の指標として捉えるときか、もしくはモノとしての言語それ自体を捉えるときである。また、手話と身振りとを厳密に分けなければならない背景には、注 9 でも触れたように、聾者が「手話は言語ではなく身振りである」と手話の使用を否定され抑圧されてきたという歴史がある [古川 2007]。その根本には、繰り返しになるが、言語としてみなした営為よりも身体的営為の方が劣っているとする価値観が横たわっていると考えられる。

(11)　ルロワ＝グーランは『身ぶりと言葉』[ルロワ＝グーラン 1973] で、オーストラリ

アのチュリンガ（神話的な祖先の姿や神話が生まれる場所を現した抽象的なモチーフ）を次のように分析する。チュリンガは「祭祀を行うものが朗誦のリズムに従って指の先で形をたどっていくのである。こうしてチュリンガは、表現の2つの源、つまり言葉のリズムによる運動機能と、同じ律動的な過程にひき入れられた図示表現の運動機能を利用する」［ルロワ＝グーラン 1973: 191］。従って、図示表現は「形を表現した表徴（シーニュ）ではなく、リズムを表現した表徴（シーニュ）から形づくられてくる」［ルロワ＝グーラン 1973: 192］。ルロワ＝グーランの考察に従えば、その過程を経て残された図示表現の文脈は「朗誦者とともに消滅する」［ルロワ＝グーラン 1973: 196］。

　ルロワ＝グーランのチュリンガに関する分析と同様、特にもともと非文字社会であったケニアにおける手話でのやりとりを考えるにあたっては、手話表現の文脈は「話し手とともに消滅する」と考えた方が妥当である。それは印刷物に定着できる類いの表現ではないはずである。にもかかわらず、私は、「文字を書く」ということに慣れきっていたせいか、拙稿でこの市場でのやりとりを「筆談」と表現し、枝などで腕を引っ掻き文字の痕跡を残すという説明をしたことがある［古川 2007］。しかし、これは私の思い込みに過ぎなかったことが、ビデオを再度見直した結果明らかになった。調査中、確かに人々が枝などで自分の腕を引っ掻き、白く浮き出る痕跡を相手に見せるということも見られた。だが、私が彼らとともに生活をした限りでは「文字として視覚的に残る」という保障がないことの方に彼らは慣れていたように窺えた。ただし、近年、ケニアの人々は携帯電話のショートメールサービスや、電子メール、SNS の利用によって、「入力」し「見る」という形で文字を経験するようになってきた。これが人々の日々の営為、思考とどのように連関しているのかは、今後考えていく必要がある。

第3節 「デタラメ手話」で祈る

　私はK聾学校の子供たち、とりわけ新入生が何を言っているのかよくわからなかった[注1]。新入生は、近親者に手話を使用する人がいなければ、手話を全く知らない状態で初等聾学校に入学する。「手話を知らない」とはどういうことかと言えば、聾学校内で使用されている手話を知る前に、第2章第2節で分析するように、指さしなどをすることはあっても手も口もあまり動かさず、おしなべて静かだということだ。第2章第3節で登場するジェプトゥムの母親は、彼女について次のように語ったことがある。「ずっと静かな子だと思っていた。耳が聞こえないということには全く気づかなかった。どうも他の子供と違うと思ってはいたが、随分と静かでおとなしい子供だというくらいにしか思っていなかった。少し大きくなってから、学校の教員をしている人から耳が聞こえないのかもしれないと言われて初めて気づかされた」。静かだというのは「おしゃべりを（口頭で）しない」だけでなく、立ち居振る舞い自体がおとなしいということを含んでいるように窺えた。

　新入生たちの中には最初のうちはどこに連れて来られたかもわからない様子の子が多く、親元を離れ寄宿生活が始まった直後には聾学校から脱走を試みる子がいないではなかった。しかし、24時間の寮生活で他の新入生や上級生たちと一緒にいるという経験を積み重ねていき、1学期を終えようとする頃には多弁になる。ただし、「多弁」になるとはいえ、手がひっきりなしに動くことはあっても、少なくとも私にとっては相変わらず何を言おうとしているのかよくわからないことが多かった。私がよくわからないような顔をしていると、上級生たちは新入生のことを「まだまだ幼いから」と言った。学校敷地内で私が借りていた部屋に聾の子たちを3人から4人1組で招きインタビューを行ったことがあったが（当人たちには「話をしたい」と申し出た）、上級生から「4年生以上にした方がいい」と助言された。「3年生以下はまだ小さいからやめた方がいい」というのが彼らの意見だった。

　日常生活では、それでも手のほかにさまざまな身体所作で新入生たちは自分

第1章　共在する身体

の言いたいことを表現し、他方、相手となった上級生や教員たちも理解[注2]しようと努め、理解できない場合は新入生たちに働きかけることができる。だが、ある行為自体が何なのか新入生たちがおそらくよくわからないまま、「一方的に」それを行わなければならないことがあった。

　それは、キリスト教式の祈りである。K聾学校では、毎朝行われる集会（assembly）、毎食前と10時のお茶の前に決まって祈りを捧げる。また、毎週金曜日に全校生徒が集まって、その日の担当教員やすぐ隣にあるAfrica Inland Church（AIC）の牧師が聖書の1節について解説する「聖職者による指導プログラム」（Programme of Pastoral Instruction, PPI）[注3]や毎週日曜日の朝に行われる礼拝も含め、祈ることが日常化していた。新入生たちが他の生徒の前で代表して「祈る」機会を与えられるのはPPIの時間で、そのほかの時間は上級生が皆の前で祈ることになっていた。

　周りの子供たちは、祈っている子供を見ながら手を合わせる。人の祈りの文言を耳で捉える者であれば目を閉じて祈るわけだが、彼らの場合は人の祈りの文言を目で捉えるのである。K聾学校のある教員がPPIのために訪問した牧師に、「子供たちは祈っている（代表の）子供の手話を見ながら祈るので、目は開けたままだ」と補足したことがあった[注4]。

　さて、皆の前で祈るとき、特に下級生がまず行うのは「病気の子は？」、「問題は？」と尋ねることだ。それに対して、周りの子供たちは挙手をして病気で授業を休んでいる子の名前を言う。祈る者は見回してひと通り確認したのち、目をつぶって手を動かし始める。周りの子供や同じ場にいる教職員や外部からの訪問者は手を合わせながら、祈っている子供を見守る。

　とりわけ下級生たちの祈りの文言の中には、病気で授業を休んでいる子の名前に言及すると共に、さまざまな禁忌事項（喧嘩、遊び、水浴び、逃亡、徘徊、〈学校在籍中の〉結婚や出産など）について「ダメだ」という表現が盛り込まれる。また、ケニア全国共通初等学校卒業資格試験（KCPE）の日が近づくと、そのことに言及し受験者である8年生の成功を祈る。K聾学校とつながりのあるAICに所属している教員シチエネイ氏によると、次の手続きで祈りを捧げるという。1.主を誉め讃える・感謝する、2.自分たちを清め、赦しを乞い、悔いあらためる、3.願う・感謝する、4.締めの言葉、である。しかし、子供たちが祈る際の手続きは必ずしもそうした順番に沿ったものではなかった。

　以前、私は新入生による祈りを「支離滅裂」だと表現したことがある［古川2011a, 2012］。それは、新入生による祈りの内容を逐語訳しようとした結果の考

察だった。しかし、新入生は「支離滅裂」であっても特に注意されたり叱られたりすることなく、上級生などが祈るときと同じように「祈り」として扱われた。K聾学校の新入生は、「祈りのやり方」を教員などに手取り足取り習うことが一切ない中で、いかにして「祈る」ことが可能になるのか。

　ここではまず、「なぜ」という疑問を発する前に、K聾学校で新入生が祈るということにおいて何が起きていたのか、具体的に分析したい。ここで挙げる例は、KCPEを目前に控えた2005年10月21日のPPIでの祈りである。前述の、毎週金曜日の朝に行われるPPIでは、教員が祈る者を募り、自ら前に出て来た者たちが祈りPPIは終了する。その日は全部で6人と比較的祈る者の人数が多かった。その中には入学したばかりの新入生2人混じっていた。

　新入生たちはそもそも「祈る」ということがどういうことかわからないので、見よう見まねで手を動かしているのかとも思ったが、ビデオを何度も見直したところ、彼らなりの「祈りの型」があった。つまり、新入生の祈りは、その意味内容を考えると「支離滅裂」に見えるが、他方で「祈りの型」としての振る舞いが見いだせたのである。

　K聾学校の子供たちにおける「祈りの型」とは、最初に目をつむって両手を胸の前で合わせてひと呼吸置くという振る舞いをし、最後に軽く握り拳をつくった右手を上に向けた左掌の上で半周させその握り拳を左掌に乗せるという振る舞いをする（日本では「『ごますり』の所作から『合点だ』の所作に移る振る舞い」と表現するとわかりやすいかもしれない）。「最初の振る舞い」と「最後の振る舞い」をそれぞれ翻訳すると、「祈りましょう」と「アーメン」であり、この2つの振る舞いについては新入生の中で誰も欠かす者がいなかった。もっとも、彼らにとっては、「祈りましょう」、「アーメン」と言ったのではなく、「最初の振る舞い」と「最後の振る舞い」をしたに過ぎないかもしれない。

　この2つの振る舞いに挟まれた「祈りの内容」に逐語訳を付そうとすると、「支離滅裂」になる。例えば、「来訪者……来訪者……来訪者……逃げ出す」、「○○さんは良い、逃げ出して、ダメ」というように、「意味」を取り出そうとすると文字通り意味不明になる。

　しかし、翻訳する前にしなければならないことがある。それは、「手話を手話として捉える」、ということだ。ここでは、全ての手の動きを陳列するのは控え、次の2つの点に絞って考えてみたい。

　1つ目は、「祈りの型」がいかように「型」となるのか、である。先の「最初と最後の振る舞い」に挟まれた手の動きの中で、「何をしているのかおそらく

第 1 章　共在する身体

image 1-102「アーメン」(別の日の 8 年生による)

image 1-103「神」
(新入生による)

image 1-104「主」(6 年生による)

image 1-105
「全能／力」
(新入生による)

よくわかっていない新入生も、いくらか共通して繰り出した手の動き」があった。
　image 1-103 は、このとき祈った 6 人のうち 4 人が繰り出した手の動きがあった。祈った順にそれぞれ 17 回、2 回、3 回、1 回、0 回、0 回である。image 1-104 は、「本来は」、肩に接していた手を対角線上にある腰あたりに下げるが、image の中の男子はその途中で次の手の動きに移っている。この手の動きは、それぞれ 1 回、0 回、1 回、1 回、0 回、0 回だった。後述するが、この動きは「祈り」において image 1-102 とセットで（image 1-102 の直前に）繰り出される。image 1-105 は、それぞれ 12 回、4 回、14 回、4 回、0 回、0 回繰り出された。
　以上に挙げた、「祈り」においてほぼ共通して見られる動きは、それぞれ「神」、「主」、「全能／力」と翻訳できる。しかし、繰り返しになるが、彼らはそう「翻訳」しながら祈っているのではなく、それを繰り出すこと自体が祈ることになっているのである。なお、6 人中、最後の 2 人の手の動きには、「神」も「主」も「全能／力」もないが、後述する通り、傍にいた教員は 2 人の祈りを見ながら何度もうなずいていた。普段何かと下級生に注意をする上級生たちも、2 人の祈りに対し何も言わなかった。「最初の振る舞いと最後の振る舞い」

80

があれば、それは「祈り」として受け取ることが可能であることが窺えるのである。

なお、詳しい分析は別稿に譲り、ここではあくまで私の印象を述べることになるが、興味深いことに、image 1-105 の手の動きは、祈りのリズムをとるという役目を果たしているようだった。調査中に何度も日曜礼拝に出る機会があったが、音声言語話者が祈る際にしばしば、(英語の場合) "Almighty God" という文言を挟むことがあった。その文言を入れた直後に息継ぎをする、そうした印象が強かった。もちろん「全能なる神よ」と言っているわけだが、祈るという行為において調子を整えているように感じられた[注5]。

さて、2つ目は、新入生たちはどのようにして手の動きを「手話」として読み取ったり繰り出したりすることができるのか、という点である。帰省先に聾学校出身者がいない限り、全く何も知らない状態で新入生は寮生活を始める。授業ではさまざまな表現の仕方を学習していくが、授業時間よりも周りの子供たちと一緒に過ごす時間の方がはるかに多い。聾学校の生活において新入生たちの目の前に現れるのは、かなりのスピードで繰り出される手の動きだった。どこからどこまでが手話＝記号としてまとまりを持つのか、そしてそのまとまりが例えば「病気」を表すのか、そうしたことを新入生たちはどのように知ることができるのだろうか。

ここでは、2005 年の 1 月に K 聾学校に入学したばかりの女の子の祈りから具体的に考えてみよう。この女の子の祈りの中で、ある部分において女の子の手の動きが "happy" にあたる手話のように見えた[注6]。「"happy" にあたる手話のように見えた」という経験がいかなるものだと言えるのか、以下で表現してみたい。

この「私にはそう見えた動き」を表現したのが image 1-106 である。このとき撮影していた動画から "happy" の動きの流れを区切り出して並べた。

しかし、改めて区切り出してみると、「これが "happy" という手話表現の動きである」と断定するための基準を明文化できないことに気づかされる。「そうだったから」「そうして子供たちも使っていたようだし、私も使っていたから」としか言いようがない。考えてみると、別の区切り出し方もあったはずである。

見方によっては、image 1-108 がこの女の子の手が繰り出した "happy" にあたる手話表現の「一連の動き」になる可能性もあった。image 1-108 は "happy" にあたる手話の動きの 1 つと "play" にあたる手話の動きとを「接合」したも

第1章　共在する身体

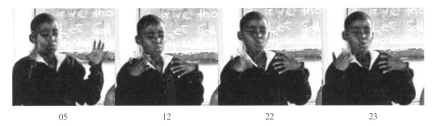

　　　　05　　　　　　　12　　　　　　　22　　　　　　　23

　　image 1-106　下の image 1-107 の中から 05、12、22、23 を区切り出したもの

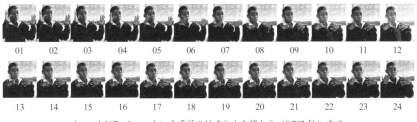

　　image 1-107　*happy* という手話の始まりから終わり（0.792 秒）まで

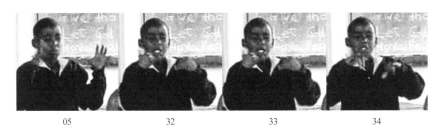

　　　　05　　　　　　　32　　　　　　　33　　　　　　　34

image 1-108　上の image 1-107 から「*happy* の一部」である 05、下の image 1-109 から「*play* の一部」である 32、33、34 を取り出し「接合」したもの

　　image 1-109　*play* という手話の始まりから終わり（0.825 秒）まで

82

3 「デタラメ手話」で祈る

のである。

　image 1-106 と image 1-108 それぞれ全 4 コマのうちの 1 コマは、1 秒間が 30 枚の静止画で構成されている動画から切り出したものである。従って、1 コマは時間単位で表すと約 0.033 秒間の出来事である。"happy" にあたる手話表現を動画のコマ割に従って表現すると、この女の子のこのときの手の動きについては全 24 コマで構成される約 0.792 秒間の出来事で、それを表現したのが image 1-107 である。他方、"play" にあたる手話表現を同様に表現したものが image 1-109 であり、これは全 25 コマ、約 0.825 秒間で構成される。先の image 1-106 については、image 1-107 の「一連の動き」のうち、05、12、22、23 を抜き出して提示したものであり、image 1-108（"happy" と "play" の「合成」）は、"happy" の動きの中から 05 番のみを切り出し、それに "play" の動きの中から 32、33、34 を接合してみたものである。

　"happy" にあたる動きの区切り出しは、人によっては image 1-106 でも image 1-108 でもあり得たはずである。これらの動きを「全て」含めた image を見れば、無数の区切り出しの可能性があったことがわかるだろう。「全て」の動きの中から、0.792 秒間の動き、すなわち "happy" にあたる手話表現のかたまりとして区切り出すことの方がむしろ奇跡に近いかもしれない[注7]。見ている者にとっては、01 が始まりかもしれないし、19 が始まりかもしれない。image 1-106 のように 05 に始まって 23 で終わるかもしれないし、24 に始まって 25 から 31 までを見逃して 32 から 34 までを見ているかもしれない。

　つまり、ある手の動きの「始まり」から「終わり」までが 1 つのまとまり＝記号として存在するには、その手の動きをそのように見ている者がいなくてはならなくなる。言い換えれば、手の動きが繰り出される場の外側に規範として記号が予め存在しその記号が交換されるということは、自明のことではないのではなかろうか。

　この女の子の事例では、祈りの最初から最後まで（翻訳するなら「祈りましょう」から始まり、「アーメン」で終わる）をビデオカメラが捉えた。その中で、女の子の祈り始めの手の動きを手話として区切り出し書き起こすならば、「flu—cough—rain—happy—play—play—wrong—quiet—right」となる。確かに、私から見れば、他の上級生たちのように「祈りの文言」を繰り出しているようである。

　ここで浮上する疑問は、この（最初と最後の印がパターン化している）「祈り」でさえも、このビデオカメラに収録された動画のように「始まり」から「終わり」までを見通したり、またそこにいる女の子の手の動きをひとつひとつ分解した

83

第1章　共在する身体

りする私と同じように周りが見ていると言えるのか、ということである。

　私の視点からは、この女の子の祈りは支離滅裂に見えた。「風邪─咳─雨─嬉しい─遊ぶ─遊ぶ─ダメ─静か─正しい」。全てを逐語的に把握しようとすればするほど、全体として何を祈っているのかがわからない。だが、この女の子の「支離滅裂」な祈りに対して、誰も「ツッコミ」を入れることはなかった。上級生も教員も手を合わせ新入生の祈りを静観していた。傍らにいた教員はむしろ、新入生の祈りを見ながらうなずくことすらあった。「自分も祈っている最中だから、いちいち指摘しないだけだ」と言われるかもしれないが、PPI が終わってからも新入生の祈りの「支離滅裂さ」を修正しようとする者はいなかった。

　この「支離滅裂だ」という視点は、この事例を記述するためにビデオに撮り収めた動画を再生しては巻き戻し、細かく分析しようとした私だけの視点である。この区切り出し方を裏打ちできる根拠はどこにもない。「辞書にはそう書いてある」としても、この子供たちは誰も辞書など参照しない。ある「一連の」手の動きの中から、"happy" にあたる動きを「1 つの手話表現」として区切り出すことが奇跡であることに加え、仮にその区切り出しを（奇跡的にも）「身につけていた」としても、その動きが出てきたときにごっそりその部分だけ見逃すことだってある。

　この女の子の場合、image 1-107 や image 1-109 を含む動きは、この前後にある「全ての手の動き」のごく「一部」に過ぎない。さらに言えば、「全ての手の動き」も、この女の子のこの日の祈りの中のごく「一部」であり、「つづき」がある。しかし、「つづきがある」という視点は、「祈り終わり」(＝「アーメン」による締めくくり）からさかのぼって言えることであり、この 2005 年 10 月 21 日の祈りの場にいた者は、この女の子の手の動きをここで私が image を用いて提示したように連続しているものとして、1 コマも見逃さず緻密に見届けているとは限らない。

　女の子の周りにいる子供や教員は、彼女の祈りを最初から最後まで見届けているように見えるが、瞬きもせずひとつひとつの動きを見逃さないで見ている人などどこにもいないだろう。実際、この女の子から見て右隣の別の女の子は完全によそ見をしていた。女の子の祈りを見ている者は、ビデオカメラが撮り収めた「一連の動き」の中のどの「部分」にも立つことができる。もともと、そこで話されていることに関して、我々は「断片」としてしか認識できないとするならば、おしゃべりに「始まり」も「終わり」もなく、従って「全体」も

84

3 「デタラメ手話」で祈る

ないはずである。

　それでも、いやむしろ、「全体」を見通しひとつひとつの手の動きを分解することを前提とした厳密さが求められていないからこそ祈りは成立すると言えるのではなかろうか。新入生たちは目を閉じ、彼らの両手はしきりに動き続けた。「始まり」も上級生は両手を合わせて少し間をおき、目をつぶるということをするが、新入生たちの場合、上級生に促されて何だかよくわからないままに目をつぶってとにかく手が休むことなく動いていく、というように見えた。

　しかし、この事例を記述するにあたって、私はそこで繰り出されるおしゃべり（この場合では祈り）を「始まり」と「終わり」、すなわち全体があるものとして捉え、意味が通るように書き起こそうとしてしまう。「意味」と「論理」の世界に子供たち、特に新入生たちの手の動きを引っ張り込もうとするから「支離滅裂」という視点が出てきてしまうのである。

　このように考えてみて気づかされることは、「祈り」の事例以上に普段のおしゃべりは「支離滅裂」なのではないか、むしろ、だからこそおしゃべりとして盛り上がるのではないかということである。普段のおしゃべりは、祈りと異なり、「始まり」と「終わり」を見つけることもままならない。そこに「全体」などはなく、見逃したり聞き逃したりしながら、それでもおしゃべりは続く。言い換えれば、一字一句見たり聞いたりしていなくても、つまりいい加減に見たり聞いたりしていても続行し得る。私が動画から切り出した image のような「緻密な区切り出し」を日常のおしゃべりでやっているかというと、そうではない。これはケニアの初等聾学校を既に卒業した大人の聾の人たちと手話でおしゃべりをしたのでわかったことなのだが、初等聾学校の子供の場合は手の動きがひじょうに速い。その速い動きから、かたまりとしてある動きを区切り出し、その場でひとつひとつの記号＝手話として正確に読み取ることなど不可能だろう。ここである人は、1つの手話表現に時間がかからないのなら、逆にその1語を瞬時に見分けることが可能になると考えるかもしれない。しかし、繰り返しになるが、もし仮に、ある手話を「1語」として瞬時に見分けられたとしても、それに続く別の「1語」を完全に見落とすかもしれない。先の image で提示したように見るならば、この女の子が繰り出した「一連の」手の動きにおいて、"happy" の次のかたまりは "play" だった。この場合、私が区切り出したように "happy" は "happy" として見分ける人がいたとしても次の "play" は完全に見落とすかもしれない。

　私が提示した image のように手の動きを区切り出せたのは、動画を1コマ1

85

第1章　共在する身体

コマ再生しては停止し、前に戻り、ときには静止画を拡大し解像度を上げるなどしながら、長時間かけて何度も見直したからである。しかし、このような作業は普段のおしゃべりではやらないはずである。音声言語で考えればよりわかりやすいだろう。録音機で録音した音声のテープ起こしをするとき、再生しては停止し、巻き戻し、それを繰り返して書き起こす。音のボリュームを上げたり、周波数を調整したりして声以外の雑多なノイズが聞こえないようにもする。そして、意味としてしっかり連なるように留意しながら文章化する。このような緻密な作業を我々は日常のおしゃべりではやっていないし、そもそもできない。音声言語は、音声言語＝記号である以前に音（声）なのであり、瞬時に生まれては消えゆく音（声）を言語＝記号としてすべて（表意文字の比喩で言えば）「一字一句」あるいは言葉としてのかたまりごとに逃さずに把握することなど日常ではできない。話し手によってはひじょうに早口だったり声がくぐもったりすることもあるだろう。そうした声の中から特定のまとまりを聞き分けるだけでなく、発せられた音（声）を全て正確に「言葉」として区切り出すことは不可能である。それでも、我々は互いにおしゃべりを続けられる。

　このように書くと、例えば「そこで話されているのは日本語だという前提があり、その前提を共有していれば区切り出しもかなりの程度可能なはず（既に日本語を知っているので、区切り出しもそれに沿って行われる）」と思われるかもしれない。しかし、どれだけ「同じ」ということが可能なのだろうか。「同じ日本語」という前提があったとしても、どの声1つとっても声の大きさや高低、速さ、アクセントといったものは、「全く同じ」はずはない[注8]。それでも、我々はある音の並びを耳にして「そのように聞こえる」という程度で「言葉」として区切り出してしまう。

　再びK聾学校の新入生たちに視点を戻してみると、既に書いた通り彼らは手話を全く知らない状態で入学する。「ここは聾学校だ」、「ここは『手話』というものを使うところだ」、「ここでの手の動きは『手話』として区切り出せるはずだ」、「ここは『祈り』の場だ」という前提に基づいて新入生たちが日常を送っているとは考えられない。ある手の動きがまとまりを成す、つまり「言葉＝記号である」という前提すら共有していないだろう。K聾学校の新入生たちは、我々が語学の授業を受けて学ぶようには手話を学ばない[注9]。彼らは音声言語で「同じ」発音を繰り返して学ぶようには手話を学んでいない。卑近な例で言うなら、日本の中学生が英語の時間に "happy" を構成する "ha" の部分を「アという口をしながらエと発音をしなさい」と教員に教わり繰り返し練習するよ

うには、K聾学校の子供たちは手の動きをひとつひとつ丁寧に取り出すように
して手話を学ぶことはない。「手話」を「手話」として習うということがない
のと同様に、例えば、祈りにおいては、新入生は、「祈りのやり方」について
教員からも上級生からも手取り足取り教わることはない。恐らく、ぼんやりと
「こうするものだ」という感じで目をつぶり、両手を動かしているのだろう。
それでも、聾学校の新入生たちの場合、K聾学校で寄宿生活を送る中で、何と
なく彼らの手が動いているうちに、ぼんやりとながらも「祈っている」ことに
なる。この「ぼんやりと」という、厳密さの真逆の事態こそ注目するべきこと
なのではなかろうか[注10]。

　K聾学校の子供たちは、(少なくとも2003年〜2006年は)聾学校で「正しい手話」
なるものを学習していたわけではなかった[注11]。彼らは、例えば日本の子供た
ちが国語の授業で既にできあがった言語体系として国語辞典を片手に日本語を
学習するようには、手の動きを「手話＝記号」として学習することはない。新
入生たちは、ある場に放り込まれ上級生の手の動きに触れながら自らも手を動
かしていくようになる。ある手の動きを「1つの手話単語」としてひとつひと
つ授業で教わるよりも[注12]、寄宿生活の中で上級生や教職員たちと共に過ごす
中でさまざまな手の動きに触れつつ自分の手を動かしていくことの方が多い。
言うまでもなく、「生活の中で手の動きに触れていく」ということ自体は、日
本で耳の聞こえる子供たちが周囲の声に触れながら育っていく過程と同じだと
言える。だが、大きな違いは、ケニアの聾学校の子供たちの場合、後付けとし
ても、ある手の動きを1つのまとまりとして「手話＝記号」であると習い、そ
の「記号」の正しい並べ方＝文法を教わることはない点にある[注13]。

　2013年12月11日、南アフリカで故ネルソン・マンデラ氏追悼式において、
「偽の手話通訳者」が各国からの来賓の真横で「通訳」を行ったことが話題に
なった[注14]。さまざまな立場の人から非難を浴びたが、なぜ彼は糾弾され、他
方、K聾学校の新入生は「祈る」という神妙な場面で「デタラメ手話」を繰り
出していたのに矯正されるようなことはなかったのか。おそらく、「まだ手話
をよく知らないから」、「まだ幼いから」、「通訳、しかも国際的な場においてそ
れを行うという責任重大な立場ではなかったから」などと考えてしまうだろ
う。もちろん、それらは否定できないかもしれない。

　他方で、新入生といえどもK聾学校で野放しになっているわけではない。
別の局面では、棒きれなどでスネを叩かれるということもあるくらいかなり厳
しく教員や上級生から新入生たちは戒められる。しかし、「祈り」についてそ

第 1 章　共在する身体

のようなことが起きたことはない。なぜなら、彼らはきちんと祈る振る舞いが
でき、それこそが祈るという行為そのものだったからである。

注
(1)　子供の「手話獲得」という視座での議論は、例えば Takei & Torigoe［2001］や武居
　　　［2006］がある。その中で武居らは「手指モダリティにも喃語があること、手話の初
　　　語表出時期、表出語彙、動詞の獲得等においても、音声言語環境にある聴児ときわ
　　　めてよく似た過程をたどること」［武居 2009］を明らかにしている。
(2)　「理解」とは実のところ何を示すのだろうか。本書では、「未知の手話がわかる過程」
　　　に関する議論を行うが（第 1 章第 4 節）、論理的な意味での「理解」ではなく、身体
　　　的な「ノリ」としての「理解」の仕方もありうることも議論する（第 3 章）。
(3)　K 聾学校では週に 1 回、全校生徒が食堂に集められ、教員やゲストスピーカー（近
　　　所の教会の牧師やバイブルカレッジの学生など）が聖書の 1 節を取り上げるなどし
　　　て聖書に書かれていることについて説く PPI の時間が設けられている。PPI は次の
　　　ような順で進む。まず皆で賛美歌を歌うことで始まり、教員やゲストスピーカーが
　　　聖書の 1 節について講義をする。講義をするときは、教員の場合は黒板に聖書の 1
　　　節を英語で書き、手話で説明する。ゲストスピーカーの場合、多くは口頭で聖書を
　　　読みその傍らで教員が手話通訳する。また、ときどき教員が上級生を前に来させ、
　　　聖書の 1 節を手話で読ませることがある。教員もゲストスピーカーも子供たちも所
　　　持している聖書は英語版で、呼ばれた上級生は聖書に書かれている英語の単語に対
　　　応する手話をそれぞれの単語が書かれている順に沿って繰り出すことになる。最後
　　　に、教員が祈る子を募り、挙手をした子供たち数人が皆の前で祈り、それが終わる
　　　と解散ということになる。祈るときは、祈っている本人は目をつぶり、声をほとん
　　　ど出さずに手話で祈る。周りは、手を合わせながら祈っている子を見る。
(4)　なお、初等学校を卒業した聾者たちが日曜礼拝に集まる教会では、それぞれの家か
　　　ら来た聾者は席に着くとまず目をつぶり、片手を額に添えてうつむき加減になりし
　　　ばらくじっとしている。耳が聞こえる人が祈りを捧げるのと同じことを行っている
　　　ようであった。
(5)　「祈る」という行為には、当然のことながら神への告白、すなわち何らかのメッセー
　　　ジ（意味）が込められることになる。しかしながら、（私が調査中に出会ったケニア
　　　のキリスト教徒の人たちによく言われたことに倣って述べるなら）、聖書には次のよ
　　　うに書かれている。「また、あなたがたが祈るときは、異邦人のようにくどくどと述
　　　べてはならない。異邦人は、言葉数が多ければ、聞き入れられると思い込んでいる。
　　　彼らのまねをしてはならない。あなたがたの父は、願う前から、あなたがたに必要
　　　なものをご存知なのだ」［日本聖書協会 1994：（新）9］。引用した「マタイの福音書」
　　　の 6 章 8 節に続く 9 〜 13 節には祈りの「見本＝型」が記されている。
(6)　便宜上「"happy" にあたる手話表現」と記述しているが、これは「"happy" の意味
　　　にあたる手話表現」ということを言っているのではない。この節の課題は、ある手
　　　の動きが何らかの意味をもつ以前に、ある手の動きが 1 つのまとまり＝記号＝手話

表現として「分節化」されることがどのように行われていると言えるか、である。文字列で記述するなら "happy" が、h-a-p-p-y、あるいはさらに細かい音がまとまって1語として認識されることはどういうことなのかということを、手話を何も知らない状態で聾学校に入ってきた新入生の手の動きを事例に考察することを本節では試みる。

(7) 想像の中での擬似体験になってしまうが、「一連の手の動き」を印刷した「パラパラ漫画」が手元にあるとする。そのパラパラ漫画に指をかけてざーっと紙を繰っていると想像してほしい。全てのページを飛ばさずに見ることが果たして可能だろうか。仮に全てのページが見えたとしても、いくつかのまとまりに区切り出してはっきりと認識することができるだろうか。

(8) だからこそ、指紋と同じように「声紋認証」技術が発想されるのである。

(9) ナーサリー学級から3年次までは、手話の科目があった。教員が板書に英語を書き、それに対応する手話を子供たちの前でやってみせる。しかし、そこで教員が教える手話の語彙はひじょうに限られている。加えて、英語の文字列を教員が指さし、そのあと手を動かすのを見て、教員の手の動きをたどる子供たちは教員のやっていることから何を学んでいるのか定かでない。

(10) このことは、近代数学における記号それ自体を操作することと類似しているかもしれない。「紙の上に書かれた『3』は、三そのものではない。紙に書かれた『リンゴ』の文字が、それ自体リンゴではないのと同じことだ。紙に書かれた『リンゴ』を、まさか食べようとする人はいまい。本当のリンゴは、どこか別の所にある。そんなことは百も承知で、人は文字を読む。(中略) だから紙の上に描かれた線もまた〈線〉ではない。数学とは徹頭徹尾このように、考えることしかできない事物についての探究なのだ」(傍点は原本)[森田 2017: 140-141]。古代ギリシアの数学者、ユークリッドによる『原論』の定義の2つ目に「線とは幅のない長さである」[中村ほか 2011] という記述がある。しかし、我々は「幅のない長さ」を書くことはできない。どんなに細いペンを使っても、幅は必ず生じる。しかし、「それを線とみなす」共通認識の下、数学的思考が展開されるのである。

　それでも、古代ギリシア数学においては「言葉〈を用いた〉推論」("reasoning *on* a language")であった。例えば、『原論』では、数学的な証明を行うにあたって、作図するという知覚経験を媒介する必要があった。重要なことは「図」そのものではなく〈作図〉という行為を媒介しているということである。それに対し、「言葉〈における〉推論」("reasoning *in* language")では、そうした知覚経験を媒介しない。「〈五十七〉を意味するために『57』と書く。このとき、記号に過ぎないはずの『57』を、人はじかに割ったり掛けたりできる」(傍点は原本)[森田 2017: 141]。目の前にある卵や箱や木枠を数えるには、そうしたモノを操作しなければならないが、アラビア数字の誕生によって「モノを操作する」という知覚経験を媒介せずに計算できるようになったのである[Macbeth 2014: 64-65]。

　デカルトによる『幾何学』も、知覚の必要なしに行われた方程式の研究である。ただし、デカルトは「数」と「量」の区別という古代ギリシア的「数観」に縛ら

第 1 章　共在する身体

ているため、「量」として意味をなさない負数や虚数を正式な「数」として認められない点に限界がある。それが、19 世紀後半になって、現実世界における「量」の経験が純粋に数学的な対象として抽象化され、「数」と「量」の区別が解消される（両者が 1 つに融合される）ことになった。このとき、背景にある具体的かつ現実世界におけるモノの量から離れ、数それ自体を操作することができるようになったのである。言い換えれば、「自然的記号（シーニュ）」から「人為的記号（シーニュ）」への価値転換が記号の機能を充実させ、「記号の内容に依拠した『〈である〉による関係構造』よりも、記号の使用を通して構築される『〈する〉による関係構造』によって、より強く構造付けられ……数学記号は『使用』されることによってのみ、その深い含意を達成することができる」[加藤 2017: 5]。

　「手話〈を用いた〉推論」ならば手話の背景にある（とされる）意味を考え、その背景にある（とされる）某かを操作しなければならないが、「手話〈における〉」推論ならば、いまそこで繰り出された手話自体が何かであり、それをじかに操作することになる。ここで注意したいのは、手話が数学記号のような文字とは異なり、人間の意図でもって発明されたモノではないという点である。それ自体何かである手話（＝言語）は、自然言語なのである。

　なお、この注における数学ないしは数学史に関する記述の大部分は、「数学する身体実践ゼミ（第 1 期）」（2016 年 9 月〜 2017 年 2 月）での森田真生氏の講述に依った。森田氏が講義の中で Macbeth [2014] についても触れたためその文献に出会うことができ、またメールでの本研究と絡めた質問に対し森田氏には丁寧にご回答いただいた。ここに記して感謝の意を表したい。

(11) 日本について言えば、例えば、国立障害者リハビリテーションセンターにおける手話通訳者の養成コースについてフィールドワークをおこなった北林によると、ろう者である教官からはろう文化が聴者であるところの学生に提示されるという。具体的には、(1)入学後一定期間が経過し、手話でのコミュニケーションがそれなりに可能になった段階で、手話通訳学科のある 5 階フロアでのコミュニケーション手段を基本的に手話に限定すること、(2)ろう者が授業や学生との日常的なやりとりのなかで自然に「ろう者のやり方」を提示することである（ただし、教官間では指導方針や手話教授法が共有されており「ろう者のやり方」を具体的に提示し合うということはない）。この「ろう文化の提示」として北林は、学生同士がこっそり音声言語で会話している場面をろう者教官に見咎められると、その場で即座に注意を受ける、ということを挙げている。聴者学生は、ろう者が同席する場で聴者が音声言語を用いることは、ろう者が話に自由に参加したり情報を得たりすることができず、その場からしめだされてしまう状況をつくり出すことになることを意識し、ろう者のいる場では手話を用いるという行動パターンを身に付けていく［以上、北林 2011: 36-37]。

(12) K 聾学校においていわゆる「語学」の授業がどのようであったかは、古川 [2007: 11-12] を参照。

(13) ある手の動きが 1 つの手話の単語として区切り出され定着し、複数人の間で共有さ

3 「デタラメ手話」で祈る

れるようになる過程を考えるにあたって、漢字の成り立ちと絡めて議論する可能性があるように思える。古代文字と古代史が専門の落合淳思によると、例えば「山」は、もとは山脈の形であり、この形が変化しつつも現代まで継承され、字形だけではなく「やま」の意味も残っている［落合 2014: 15］。漢字の歴史は、新石器時代の陶文（仰韶文化の彩陶に刻まれている記号）に遡ることができるが、落合によると「仰韶文化の陶文は『文字』ではなく『記号』であったと考えられる」［落合 2014: 17］。この場合の「文字」とは、「一般的には人間の言葉を表現できるもの」で、「仰韶文化の陶文は『巾』や『羊』のような具体的な対象物を表示することはできたようだが、形容詞や代名詞のような抽象的な概念がなく、また言葉を反映した文章も残っていない。したがって、この段階ではまだ『文字』ではなく、漢字は成立していないことになる」［前掲］。手話には、抽象概念を表す表現が多くあるが、手話の「写像性」と「抽象性」の両方の成り立ち方を考えるにあたっては、漢字の成り立ちにおける「記号」と「文字」のそれぞれの成り立ち方をヒントにできるかもしれない。

　なお、ある手の動きを1つの手話単語として区切り出すことの不思議さについては、神田［2010］でも次のように触れられている。少し長いがここに引用したい。「手話には単語があることはまず誰も疑わない。これもよく考えてみるとおかしなことで、私たちは手話辞典を見て、ああこれが手話の単語なのだと単純に納得している。しかし、これは手話単語を日本語から見て、それに相当する日本語をあてることで手話単語と見なしているにすぎない。（中略）……語（単語）という単位は、はっきりしているようでいて、じつはかなり微妙な境界をもつ。日本語の助詞や助動詞が語であり、活用語尾が語より下の辞であるということはどうして証明できるだろうか。これらの違いを実際に検証する人は稀で、普通は文法書や辞書などから学習した結果を知識としているだけである。また英語などでは分かち書きといって、語の前後には空白を置く。この語という単位は長い間の言語研究の成果を前提にしたもので、辞書や文法書のある言語では見つけ出すのが容易であるが、それらのない言語ではなかなか抽出のむずかしいものである。また辞書や文法書の存在の前提としては、その言語の記述がある。記述とは何かに書いておくことである」［神田 2010: 157-158］（下線は引用者による）。

　重要なのは、文字社会における言語研究が、すべての前提になっているということである。手話は「音声言語と比べて遜色のない、〝完全な〟言語である」［木村 1995］という「ろう文化宣言」での主張も、文字社会からの発信であることを忘れてはならない。言語学のほとんどは「文字での記述」を当たり前の前提として考えられてきただろうが、「文字」は本来、思考の道具であり前提ではないはずだ。

　他方、私のフィールドは、もともと非文字社会であった。繰り返し強調するように、音声言語自体が言語である以前に「消えゆく声」であり、従って、手話もまた「消えゆく手の動き」なのである。非文字社会においては、人々の言語に対する感覚が、文字社会を当たり前とする人々のそれと異なる可能性を考えなければならないだろう。

(14)　例えば CNN のウェブサイトの同日付の記事（http://edition.cnn.com/2013/12/11/world/africa/mandela-memorial-fake-intepreter/）では次のように書かれている。「その手話

第1章　共在する身体

通訳者は ......4 時間にわたって音声語をジェスチャーに訳したが……彼は偽物だっ
た」。同記事によると、南アフリカ聾者連盟の理事長がその「偽通訳者」に対し聾コ
ミュニティが大変憤慨しているという声明を出したという。そしてその「偽通訳者」
は「……南アフリカの聾者コミュニティで知られてもいないし、南アフリカ手話通
訳者として働く人たちの間でも知られていない」とのことだった。

　この「偽通訳者」に関して、アメリカのハリウッド女優マーリー・マトリン（1986
年米国アカデミー主演女優賞受賞、聾者）は次のように語っている。「南アフリカ手
話を私はよく知らないが、よく見ていると野球のサインのようだ」、「あらゆる手話
は文法の 1 つの要素として顔の表情を伴うが、彼にはそれが全く欠けている」。1995
年に「ろう文化宣言」を発表した木村晴美は『日本手話と日本語対応手話（手指日
本語）』［木村 2011］の中で、日本手話（Japanese Sign Language）と日本語対応手話
＝手指日本語（Signed Japanese）の違いを解説しているが、木村も「手指日本語には
NMM（非手指標識）がない」［木村 2011: 52］と述べている。NMM とは「手指以外
の動作で文法的機能をもつもの」［前掲］で、「具体的には、眉の上げ下げ、目を大
きく見開いたり細めたりする動作、視線、あごの動き（上・下・前・後）、マウスジェ
スチャー、肩を広げたりすぼめたりする動作等」［前掲］である。また、日本のある
聾者も同じことを話していた。手指日本語の多くは音声日本語を話しながら同時に
手を動かす。もし音声日本語を話しながら手を動かして「手話」としているなら、
それは「日本手話」ではなく「手指日本語」であると言ってほぼ間違いないとのこ
とだ。

　今後の研究課題であるが、確かにケニアの聾者も手の動きに伴う NMM が見られ
たものの、私が接したことのある日本のろう者ほどは目立つ動きではなかった印象
がある。安易に結びつけるのは危険なことではあるが、K 聾学校の周辺で多数を占
める「ナンディ人」と自称する人々の中で、成人儀礼を通過した男性は通常、顔の
表情や身体的振る舞いについてあまり大きな動作をしないが、こうした身体的習慣
が聾の人の（手話も含む）振る舞いにも影響しているのかどうか精査する必要があ
ると考えている。聾者をめぐる研究の多くは、聴者との違いや聾者固有の文化を強
調する傾向にあるが、「聾者にはそれぞれ固有の聾文化がある」ことを「全世界的な
事実」として思考停止するのではなく、それぞれの社会における（聾者／聴者とい
う二分法を一旦取り払い）具体的な身体的振る舞い方に着目した研究が求められる。

92

第4節　農業ショーでサタンと生首、それは見世物小屋

　日本に帰国してから今日まで私が行ってきたことは、ケニアで撮影した動画を何度も見直すことだった。具体的に行ったことは次のとおりだ（順不同）。(1)動画を通常の再生速度で再生したものを見る。(2)再生速度を落として動画を見る。(3)再生速度を速めて動画を見る。(4)動画を途中で一時停止し、「静止画」の状態で見る。(5)動画のある部分を巻き戻して再生し、再び巻き戻して再生するということを繰り返す。(6)動画を消音の状態で見る。(7)動画を再生する機材にヘッドホンの類いをつけて、音量を上げて見る。(8)動画から「静止画」を切り出して拡大し一部分を見る。(9)動画から切り出した「静止画」の一部にボカシを入れて別の部分を見る。(10)別々の動画ないしは同じ動画から切り出した複数の静止画を並べて見比べる。

　……思いつく限り列挙したが、ほかにもあったかもしれない。また、1つの動画に関して上記に挙げたものの複数を行うこともしばしばだった。ここで言えることはただ1つ、このようなことを私たちは普段誰かと一緒にいるとき決して行わないということだ。

　一度や二度聞き返すかもしれない。三度以上聞き返しを行うと「聞き返す」という行為に別の意味（多くは否定的な意味）が付与されかねないし（「言っている意味がわからない」、「うるさい」など）、聞き返されている方も「自分の話が伝わっていない」という意識から「自分の話ないしは自分自身が拒絶されている」と感じてしまうかもしれない[注1]。ケニアでの私は、せいぜい「再度」という手話を1回か2回繰り返すにとどまった。

　そもそも、仮に「もう一度同じことを言ってもらう」ことになったとしても、内容もさることながら音量、音質、顔の表情、目の動き、その他もろもろのことは、二度と同じようには起こらない。他愛のない話はただ流れていくままであり、その場で消えてゆく。ケニアで撮った動画の中に、私が入っているものもある。その動画を見ると、判然としない。一度見直してみてもまだわからない。聾の子たちが話していたことも、この私自身が話していたことも。その「再

第 1 章　共在する身体

生して何が話されているのか初見ではわからなかった動画[注2]」の 1 つが、「茶飲み話をしに来てほしい」と 4 年生以上の子たち全員に依頼し、3 人から 4 人 1 組で週末私の部屋に呼んだときの動画だ。

　ワイセラ、ズマ、ナンシーと一緒にいた動画のなかの私は、今それを画面で見ているいまの私とは異なり、他の 3 人と一緒になにやら手を動かしている。

　image 1-110 から 1-111 にかけて、〈私〉が「サタンがそこに」と手を動かしたが、それに対して最初に反応したのはナンシーだった（image 1-112）。だが、この時点でナンシーの手はカップを置く動作に移り、続いて手を動かしたのはワイセラとズマだった。

　まずワイセラは、「酔っぱらい」と訳せる手の動きをした（image 1-114）。K 聾学校の子供たちはしばしば「酔っぱらい」と訳せる手の動きと「サタン」と訳せる手の動きとをセットで使っていたことを思い出した私は、ここでもそのように解釈する。ワイセラ自身が「サタンと言えば酔っぱらい」という意味で、「酔っぱらい」（と私が訳した）手の動きをしたかどうかは定かではない。しかし、意味はどうであれ、ワイセラは、「サタン」と私が訳したところの〈私〉の手の動きをきっかけに「酔っぱらい」と私には訳せる手の動きをした。従って、この「酔っぱらい」という訳がこのインタビューのときのワイセラにとって妥当かどうかはわからない。

　続いてズマが注意を促すように〈私〉に向かって手を伸ばした（image 1-115）。そして、ズマは手を動かしたが、私は訳せない（image 1-116）。同時に、ワイセラは「ダメ」と訳せる手の動きをした（同）。

　これらの手の動きに対する私の訳についても然りである。受け手である（いま動画を見ている）私の存在なくしてこれらの訳は生じない。実際、動画の中の（＝インタビュー中の）〈私〉は、ワイセラの手の動きにもズマの手の動きにも反応しなかった。すると、ワイセラは手を動かすのをやめて、ビスケットを食べ

【凡例】
Wはワイセラ、Zはズマ、Nはナンシー、Fは〈私〉
「　」は手の動きの翻訳、《　》は翻訳できなかった手の動き

image 1-110
F「サタン」

94

4 農業ショーでサタンと生首、それは見世物小屋

image 1-111
F「そこに」
〈私〉が「サタンがそこに」と手を動かす。

image 1-112
N（Fに向かって手を動かし始める）
〈私〉の手がまだ動いている最中にナンシーの右手が動き始めた。

image 1-113
W（Fに注意を促す）、Z（Wを見る）
ナンシーが場面8において左手で持っていたカップを置こうとしたとき、ワイセラとズマの手がほぼ同時に動き始めた。場面9で、ワイセラは〈私〉の方に手を伸ばし、ズマはワイセラを見ながら手を動かした。

image 1-114
W「酔っぱらい」、Z（Fを見る）
ワイセラが〈私〉に向かって「酔っぱらい」と訳せる手の動きをした。同時に、ズマも〈私〉に向かって手を動かし始めた。

95

第 1 章　共在する身体

image 1-115
Z（F に注意を促す）

image 1-116
W「ダメ」、Z《翻訳不可》

image 1-117
Z（手を引っ込める）、N「サタン」

image 1-118
Z（手を引っ込める）、N「男の人」

4 農業ショーでサタンと生首、それは見世物小屋

紅茶を飲み、他方ズマは、手を引っ込めた（image 1-117 から image 1-118）。

　ズマが手を引っ込めると同時にナンシーが手を動かし始めたとき、〈私〉はナンシーに向かっていた。ここで、〈私〉はワイセラの手の動きもズマの手の動きも無視しているため、彼女たちの手の動きは、受け手の〈私〉にとっては何の意味も成さなかった。また、いまの私にとっても、ズマの手の動きは何の意味も成していない。

　他方、この動画を見直しているいまの私にとっては、ワイセラの手の動きは「酔っぱらい」「ダメ」というように意味をもったものになった。ワイセラの手の動きに関しては、〈私〉の「サタン」という手の動きに、ワイセラの（結果的に「酔っぱらい」と「ダメ」と訳した）2つの手の動きをつなげると共に、K聾学校の子供たちが「サタン」と「酔っぱらい」という動きをしばしば一緒に用い、「酔っぱらい」と「ダメ」という動きを一緒に用いていたという、私の記憶とをつなげた結果、ワイセラの手の動きを「酔っぱらい」「ダメ」と訳することになった。

　もし、インタビュー中の〈私〉がいましがた記述した過程と同じ過程をたどっていたら、この後に続くおしゃべりは異なったものになったかもしれない。しかし、繰り返しになるが、インタビュー中の〈私〉は、ワイセラの手の動きに無反応だった。ワイセラの「酔っぱらい」「ダメ」という動きはインタビューの中で消えてしまったのである。

　さて、ここから、ナンシーがしゃべりを引き受けた。彼女は私に向かって手を動かし始めた。image 1-117 では、〈私〉による「サタン」と同じ手の動きをし、次いで image 1-118 の手の動きをした。私はこれを「男の人」と訳したが、これは、かなり後まで動画を再生してから、つまり image 1-118 の時点から“未来”を先取りし、再び image 1-118 の時点に戻った結果である。image 1-118 におけるナンシーの手の動きだけを取り出すと、全く同じ動きで「父親」と訳す選択肢もあった。もし、この場面の前後で母親や兄弟姉妹と訳せる手の動きがあったならば、私はそれらの手の動きと関連づけてナンシーのこの手の動きを「父親」と訳しただろう。また、もし、この手の動きが祈りの場面で出てきたならば「父（なる神）」と訳しただろう。しかし、いずれもその後のナンシーの手の動きから除外することになった。

　私がナンシーの image 1-118 での手の動きを「男の人」と訳すためのきっかけとなったのは、image 1-120 以降のナンシーの手の動きだった。以下に並べてみよう。

第1章　共在する身体

image 1-119　image 1-118 のナンシーの手の動きを拡大

image 1-120
N「20」、F（ナンシーに注意を促す）

　私は image 1-120 のナンシーの手の動きを「20」と読み取り、また image 1-126 でのナンシーの表情と動作を驚きを示すものと読み取った。そのとき、電撃的に、「20」がナンシーがびっくりした対象——そして、それは「サタン」である——に支払われた金額を表しているというように思い至った。ここで、私が読み取ったように、〈私〉とナンシーの手の動きを並べてみると次のようになる（図1-4）。

「サタン」—「そこに」	—	「サタン」—「男の人」—「20」—「びっくり」
〈私〉の手の動き		ナンシーの手の動き

図 1-4

　これらだけを論理的に結びつけようとしても、支離滅裂であることは明白である。だが、これだけ限られた手の動きをきっかけに、動画を見直していた私は、このインタビューに先立つこと2週間近く前に行われたあるイベントを思い出した。それは、K聾学校から徒歩で30分ほどのところにある町で行われた"農業ショー"だった。この"農業ショー"を、全校生徒と付き添いの一部の教職員と共に見学した。さらに、image 1-110 の直前はしばらく誰も手を動かさない間があったが、そのさらに前を見直してみると、〈私〉は農業ショー

4　農業ショーでサタンと生首、それは見世物小屋

image 1-121
N「20」、F「5」

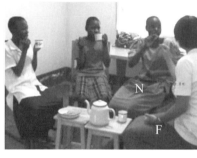

image 1-122
N「20」、F「20」

を話題にし、ワイセラやズマ、ナンシーがそれぞれ「羊がいた」とか「警官が馬に乗っていた」とか「たくさんの種類の花があった」とでも訳せる手の動きをしていた。そして、〈私〉の「サタンがそこに」という手の動きは、〈私〉にとっては"農業ショー"の話題の流れの中で行ったものだ、ということを、この動画を見直した私が思い出したのである。

　動画を見直していた私が、このようにして限られた手の動きをきっかけに解釈を行ってきた過程は、私だけがたどっているわけではない。例えばワイセラは、「サタン」「そこに」という手の動きをきっかけに「酔っぱらい」「ダメ」という手の動きを繰り出した（それらの動きは、〈私〉によって無視されてしまっているが）。またナンシーの場合は、「男の人」「20」「びっくり」という手の動きを繰り出し、その後ナンシーと〈私〉の間でおしゃべりが連なっていくことになった。

　ナンシーは「20」という手の動きをするのと同時に〈私〉は「5」という手の動きをする（image 1-121）。だが、ナンシーは、image 1-122で再び「20」という手の動きをし、〈私〉もまた「20」という手の動きをしていた。この間、ワイセラとズマはナンシーや〈私〉の方を向いていた。

第 1 章　共在する身体

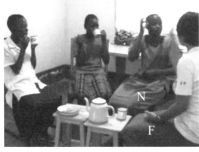

image 1-123
N「男の人」、F（手を下ろす）

image 1-124
N《不明（翻訳できない）》、F（手を下ろす）

image 1-125
N「私」

image 1-126
N「びっくり」

4　農業ショーでサタンと生首、それは見世物小屋

image 1-127
N「男の人」

image 1-128
N「サタン」、F「そこに」

image 1-129
N「そこに」、F「そこに」

image 1-130
N「男の人」、F「そこに」

101

第 1 章　共在する身体

image 1-131
N《不明（翻訳できない）》、F「そこに」

image 1-132
N「サタン」、F（手を引く）

image 1-133
N「びっくり」

image 1-134
N「男の人」

4　農業ショーでサタンと生首、それは見世物小屋

image 1-135
N「力強い」
ナンシーは「男の人」という手の動き（1-134）のあとに「力強い」と（私には）訳せる手の動きをした。

image 1-136
N「男の人」、F「上半身」

image 1-137
N「力強い」、F「上半身」
再び 1-136 でナンシーは「男の人」という手の動きのあとに「力強い」と（私には）訳せる手の動きをした。加えて〈私〉がナンシーの手の動きと同時に「上半身」と（私には）訳せる動きをした。

image 1-138
W（Fに注意を促す）、Z（Fに注意を促す）、N「上半身」、F「上半身」

103

第1章　共在する身体

　image 1-121 と 122 では、ナンシーと〈私〉が数字と（私には）読み取れる手
の動きをしていた。ここまでの情報では、"農業ショー"と、「サタン」、「男の人」、
「20」、「5」、「びっくり」がどのように結びついているか、読んでいる人にはわ
からないだろう。だが、それらの限られた情報の間を想像で埋め始めた人もい
るかもしれない。引き続きナンシーと〈私〉の手の動きを並べたのが、image
1-123 ～ 1-133 である。この中でナンシーは「男の人」「びっくり」という手の
動きを繰り返し、「びっくり」の前に自分を指したり（image 1-125）、〈私〉の「サ
タン」という手の動きと同じ動きをしたりした（image 1-128, 1-132）。途中、ナ
ンシーの手の動きが私には翻訳不可能な場面もあった。

　ナンシーと〈私〉が手を動かしている間、ワイセラとズマは紅茶をのみビス
ケットを口にしておとなしくしていた（～ image 1-137）。だが、この2人も、ナ
ンシーの手の動きをきっかけに動き始めることになった（image 1-138）。

　ナンシーは「男の人」という手の動き（image 1-134）のあとに「力強い」と（私
には）訳せる手の動きをした（image 1-135）。

　再びナンシーは「男の人」という手の動きのあとに「力強い」と（私には）
訳せる手の動きをした（image 1-137）。加えて〈私〉がナンシーの手の動きと同
時に「上半身」と（私には）訳せる動きをした（image 1-136, 1-137）。

　ずっとおとなしくしていたワイセラとズマがようやく手を動かすにあたり、
直接のきっかけとなりえたナンシーと〈私〉の手の動きは、動画を見直した私
には翻訳不可能だった手の動きを含めてもひじょうに限られていた。あくまで
私による区切り出しに従い、image 1-121 から 1-138 までの手の動きを記号と
して解釈し書き連ねると次のようになる（図1-5）。

【凡例】
"／"はナンシーと〈私〉の手の動きが同時の場合
例：「サタン」／「そこに」という記述は、「サタン」がナンシーの手の動き、「そこに」が〈私〉の手の動き。
これ以外はすべてナンシーの手の動き。
《　》は翻訳できなかった手の動き

―「20」―「5」―「20」／「20」―「男の人」―《　》―「私」―「びっくり」―
「男の人」―「サタン」／「そこに」―「そこに」／「そこに」―「男の人」／「そこに」―
《　》／「そこに」―「サタン」―「びっくり」―「男の人」―「力強い」―
「男の人」／「上半身」―「力強い」／「上半身」―「上半身」／「上半身」

図1-5

4　農業ショーでサタンと生首、それは見世物小屋

　動画を見直した私による上述のような区切り出しの間（"―"の部分）をワイ
セラとズマは区切り出して見ていたかもしれないし、別の区切り出しをしてい
たかもしれない。実のところ、ワイセラとズマが、ナンシーと〈私〉の手の動
きのどの部分を区切り出し、さらに区切り出した手の動きのうちどれをきっか
けにしたかは検証不可能である。

　しかしながら、いずれにしても image 1-110 から 1-137 までのナンシーと
〈私〉の手の動きをすべて余すところなく最初から最後まで見通し、全ての動
きをそれが起きた順序通りに記憶にとどめた上で、再びそれらを逐一思い出
す作業を行って自分たちの手を動かし始めた、と考えるのは現実的ではない。
彼女たちは、目の前でナンシー〈私〉が繰り出した一連の手の動きの中から、
最小限の動きをきっかけに次のように動いたと考える方が自然なのではなか
ろうか。

　ずっとおとなしかったワイセラとズマだったが、image 1-137 で 2 人がほぼ
同時に動き出した。ワイセラは〈私〉に向かって手を伸ばして注意を促し、ズ
マは右腕を床と平行にしながら顎の下に手の甲がくるように動かした。

　町で開かれた"農業ショー"では一風変わったコーナーがあった。それは、
なにがしかの入場料を払うと「サタン」や「大男」などを見せてくれるという
見世物小屋だった。

　"農業ショー"のとき、私は見世物小屋に入ったわけではなかった。小屋に
よって 5 シリングから 20 シリングを出せば「サタンを見せてくれる」とか、「生
首を見せてくれる」とか、「大男を見せてくれる」とか、「人魚を見せてくれる」
とか、そう言う呼び込みの男たちがいたということを、一緒に行った K 聾学
校の男の子たちが"農業ショー"の会場で私に話してくれたのを見ただけだっ
た。実際に入ってみたという子もおり、その子は「嘘っぱちだった」と話して
くれていた。

　私は、直接は見世物を見ていなくても、男の子たちの話と会場で見かけビデ
オカメラに撮りおさめていた見世物小屋の立て看板から、見世物小屋の中で行
われていたことを想像していた。子供たちの話と立て看板の絵をつなぎ合わせ
ると、「生首」は、台の下から人が顔を出すという単純な仕掛けで、言ってみ
れば「子供だまし」(K 聾学校の子供たちはだまされなかったが) の見世物だった。

　ワイセラもズマもナンシーも、見世物小屋の中に入ったかどうかは定かでは
ない。〈私〉は、インタビューだというのに迂闊にも見たのかどうかを尋ねて
いなかった。だが、彼女たちが"農業ショー"の当日に「実際に」見世物小屋

105

第 1 章　共在する身体

image 1-139
W（F に注意を促す）、Z「生首」、N「上半身」、F「上半身」

image 1-140
W（F に注意を促す）、Z「生首」、N《不明（翻訳できない）》、F「上半身」

image 1-141
W「生首」、Z「生首」

image 1-142
W「生首」、Z「生首」、F「生首」

4　農業ショーでサタンと生首、それは見世物小屋

image 1-143
W「生首」、Z「生首」、N「生首」、F「生首」

に入ったかどうかは重要ではない。最初はよくわからなかった〈私〉の「サタン」「そこに」という手の動きからナンシーの「20」「男の人」「びっくり」等々を経て、最終的にインタビューの場にいた4人の手が一斉に「生首」の動きに至ったということの方が重要である。image 1-141 ではズマと共にワイセラが、次いで image 1-142 では〈私〉が、image 1-143 ではナンシーが加わって、全員で同じ手の動きをしていた。

　仮に、4人ともこの見世物小屋に入っていたとしても、それぞれの見世物小屋の体験の仕方は当然のことながら異なっていたはずである。しかし、このインタビュー中のおしゃべりを通じて個別の体験のチューニングが合わさり、体験していないことさえも体験しているかのようにいまここで経験する。同じ経験の場――それは、"農業ショー"当日の見世物小屋であり、同時に、その見世物小屋についてしゃべっているインタビューの場――に4人と、そしてこのときの動画を日本で見直している私も身を置くことになったと言えるのではないだろうか。

　おしゃべりをすることを通じて個別の体験のチューニングが合うまでの過程はそれぞれに異なるに違いない。ワイセラの場合は最初、〈私〉の「サタン」

　　　〈私〉：「サタン」―「そこに」―
　　　ワイセラ：　　　　「サタン」―「酔っ払い」―「ダメ」

図 1-6

を"見世物小屋の生首"とは程遠い「酔っぱらい」をアブダクトしていた[注3]。
　はじめ、彼女は〈私〉の「サタン」という手の動きを捕まえ、「酔っぱらい」―「ダメ」と続けた（図1-6）。彼女は、日頃の「酔っぱらい＝サタン」という

107

第 1 章　共在する身体

image 1-144　見世物小屋の前に設置された立て看板。点線の丸で囲った看板は「生首小屋」のもの。

考え方を思い出し、その2つを結びつけたと私は推測する。しかし、彼女の手の動きはインタビュー中の〈私〉ほかズマやナンシーによってもそのまま無視された。

その後、ナンシーの手がよく動き、ときどき〈私〉の手が動くことになった。ただし、ワイセラにとって、目の前で展開されたのは手の動きであって、それぞれの手の動きが「ナンシーの発言」なのか「〈私〉の発言」なのかということは関係ない。ナンシーがたった一度、「びっくり」の前に「私」という手の動きをした以外は、ナンシーも〈私〉も主語を入れていない。ナンシーと〈私〉は、おしゃべりを通じていち早く"農業ショーの見世物小屋"に一緒に身を置いていて、それぞれ「私は」と言う必要はなかった。第3章第2節におけるズマの独り語りとは異なり、手を動かしながら展開されていたのはナンシーだけの世界ではなく、"農業ショー"での見世物小屋という、ナンシーと〈私〉が協働で身を置ける世界だったのである。

他方、ワイセラやズマも、「生首」と手を動かすことでその世界の中に身を置いた。ワイセラの場合、既に述べたように最初は〈私〉のおしゃべりとは異なる世界、すなわち「サタン＝酔っぱらい」の世界に身を置いていた。しかし、ナンシーと〈私〉の手の動きが目の前で展開され、ズマと共に手を動かす（私は「生首」と訳したが）ことにより、ようやく"農業ショー"での見世物小屋の世界に身を置くことができたのである。

いま一度、ワイセラの「酔っぱらい」「ダメ」が無視されてから、彼女がズ

108

マに続いて「生首」という手の動きをするまでに展開された手の動きを並べて
みよう（図1-7）。

【"農業ショー"の話題】（文脈の決定）
↓
ー「サタン」ー「男の人」ー「20」ー「びっくり」ー
「20」ー「5」ー「20」／「20」ー「男の人」ー《　》ー「私」ー「びっくり」ー「男の人」ー
「サタン」／「そこに」ー「そこに」／「そこに」ー「男の人」／「そこに」ー《　》／「そこに」ー
「サタン」ー「びっくり」ー「男の人」ー「力強い」ー「男の人」／「上半身」ー
「力強い」／「上半身」ー「上半身」／「上半身」ー
「生首」（ズマ）／「上半身」ー「上半身」ー「生首」（ワイセラ）

図1-7

　これら、ワイセラの目の前で展開された手の動きの中で、「サタン」や「男
の人」がきっかけとなったのか、「上半身」がきっかけとなったのか、あるい
は「力強い」がきっかけとなったのかはわからない。「サタン」と「力強い」
をつなげたかもしれないし、「男の人」と「20」をつなげたかもしれない。あ
るいは、目の前で展開される手の動きを見ていて何かを思い出し、手の動きと
しては表に現れなかった何かがきっかけとなったのかもしれない。いずれにし
ても、ワイセラはそこで展開されていた手の動きの中に「生首」と私が訳した
手の動きを加えた。ズマに関しても同様である。ズマも、目の前で展開されて
いた手の動きのどれがきっかけとなったのかわからない。だが、彼女も「生首」
と私が訳した手の動きを加えた。

　最後に、この動画を見直した私は何をどのようにつなげたのか。私は、動画
の中のワイセラ、ズマ、ナンシー、そして〈私〉とは時間的にも空間的にも異
なるところからこのインタビューを眺めていた。そのため、〈私〉／自身の「サ
タン」「そこに」という手の動きを当初解釈しかねた。私は、インタビューの
中の4人からすれば、「過去」と「未来」を自在に行き来し、そこで展開され
ていた手の動きを区切り出し、そして以上のような解釈に至った。動画を巻き
戻したり、早送りしたり、またコマ送りにしたりしながら、以下に記述した中
で斜体の部分をつなぎ合わせた（図1-8）。

　私は、本節を記述するにあたり、"農業ショー"の当日の会場と、インタビュー
の場と、"農業ショー"を撮り収めた動画（「生首」の映っていた動画）と、インタ
ビューを撮り収めた動画の中に身を置くことになった。それらが重なり、「こ
れは、"農業ショー"での見世物小屋の話である」とした上で、これまでの迂

第 1 章　共在する身体

【"農業ショー"の話題 】（文脈の決定）
↓
「サタン」－「そこに」－「酔っ払い」－「ダメー「サタン」－「男の人」－「*20*」－
「びっくり」－「*20*」－「5」－「*20*」／「*20*」－「**男の人**」－《　》－「私」－「びっくり」
－「男の人」－「サタン」／「そこに」－「そこに」／「そこに」－「男の人」／「そこに」－
《　》／「そこに」－「サタン」－「びっくり」－「男の人」－「力強い」－
「男の人」／「上半身」－「力強い」／「上半身」－「上半身」／「上半身」－「**生首**」／
「上半身」／「上半身」」－「生首」／「生首」／《　》／「上半身」－「生首」／「生首」／
《　》－「生首」／「生首」／「生首」－「生首」／「生首」／「生首」／「生首」

⬇

【"農業ショー"の話題 】（文脈の決定）－「**サタン**」－「**そこに**」－「***20***」－「**びっくり**」－
「**男の人**」－「**生首**」－

（思い浮かんだ像）

⬇

これは、見世物小屋の話である。

図 1-8

遠な記述をするに至ったのである。
　このインタビューの動画を仮に現地通訳者に頼んだとしても、——たとえ、通訳者としてこの場にいた当の本人たちに、このインタビューの直後に見直してもらい内容を説明してもらったとしても——、同じ結果にはならないだろう[注4]。日常のおしゃべりとは、本来、そのようなもののはずである。おしゃべりの中の「インデックス」[Gell 1998] は常に変動する。その意味で、日常のおしゃべりは再現不可能な 1 回限りのものなのである。
　繰り返し強調してきたように、おしゃべりはこうしてその場で消える。「現地通訳者の訳」であっても、あるおしゃべりの訳の「正確さ」を保証するものは何もない。問うべきはむしろ、訳が正しいかどうかではなく、どのようにしておしゃべりが連なったと言えるのかであり、またそれをどのような過程を経ながら私が記述したのかであろう。
　このインタビューにおいて、ワイセラやズマ、ナンシー、〈私〉がたどった過程と、インタビューの動画を見ながら私が以上のように記述してきた過程と

110

の間で共通しているのは、アブダクションである。おしゃべりが連なるにあたり、また、記述を続けていくにあたり、展開された手の動きの中から任意の動きをインデックスとし、それをきっかけに自分の手が動くことでおしゃべりや記述が連なって行く。

　ただし、日常のおしゃべりと本書を記述する過程において起きるアブダクションとは、性質が異なる可能性がある。論文という形式に合うように記述するためには、私は論理的結びつきを念頭に置きながらアブダクションを行わねばならなかった。その一方で、日常のおしゃべりでは必ずしも論理的結びつきが念頭に置かれることでアブダクションが起きているとは限らない。特に、ズマが「生首」と私が訳した手の動きをした後、「生首」という意味と共にズマやナンシーや〈私〉が同じ動きをしたとは必ずしも言えず、手の動きは「生首」などという意味を付随せず手の動きのままに「つられて」同じ動きになった可能性もある[注5]（これについては次章で議論する）。インデックスとそれに引き続くおしゃべり（手の動き）との間には論理的な連関がなく、体の動きの連鎖だけがあるのかもしれない[注6]。

注
（1）　ただし、互いの関係性によっては「聞き返し」という行為を行わず、「聞こえたフリをする」ことが相手に不快感を与えることもある。また、この「聞き返し」に関する私の想定は音声日本語話者を想定しており、日本のろう者（日本のろう者同士）も同じかどうかはわからない。
（2）　言うまでもないが、私がそこに含まれている動画は、カメラと共にある私が撮ったのではなく、三脚を立てて定点で私自身も被写体に含めて撮ったものであり、私の姿を私が見るのはその動画を再生したときが初めてということになる。
（3）　インタビューでの話題は、ワイセラ、ズマ、ナンシーの帰省先での生活、家族構成といったことや、K聾学校での寄宿生活のことなどだった。インタビューに際して予め質問表を作り、私はそれに従って子供たちに質問を重ねていった。だが、このインタビューの動画を見直していくうちに、私自身が何を言い出したのかわからない場面があった。その場面で（動画の中の）〈私〉は「サタンがそこに」と訳せるようなことを言っていた。直前のおしゃべりからだいぶ間があり、動画を見直した私にとってその発言は唐突で、どのような脈絡で〈私〉がそう言い出したのかわからなかった。
　　　　この「わからなさ」に留まって考えてみると、インタビューの場を離れてしまえば、自分自身の発言でさえもどういう脈絡で言ったのかということに関して透明性を保ちながら「正しく」解釈し直すことは不可能だということに気づかされる。その後、私の「サタンがそこに」という発言以降の子供たちの反応を見ていき、初めて、

第1章　共在する身体

どういう脈絡で私がその発言に至ったかということを「思い出す」ことになった。

そこで、私はアルフレッド・ジェルによる「アブダクション」（"abduction"）という概念を援用しつつこの過程について考えてみることにした。「アブダクション」とは、もとはチャールズ・サンダース・パースが使用した語で日本語では「推論」と訳されるが、私はこの訳語を自明のものとして用いることはしない。というのも、ジェルによると、パースが「インデックス」を「自然的記号」とし、その「インデックス」を見た者が「因果的推測」をおこなう（例：煙＝「インデックス」、煙を見た者はそこに「火」があると推測する）としている一方で、ジェルは煙＝「インデックス」があってもそこに火があるとは限らないとしているからである［Gell 2008: 13］。

ジェルの用いた「アブダクション」という語は、例えば内山田康がジェルの意図を汲んで（「因果的推論」ではなく）「仮説的推論」［内山田 2008: 160］と訳している。だが私は、ジェルがいう「アブダクション」とは「仮説」を立てたり「推論」を行ったりという迂遠な過程を経るようなものではなく、直観／直感的なものだと捉えている。同様のことを、パスカル・ボイヤーが『神はなぜいるのか』［ボイヤー2008］で述べている。「……直感的物理システムと目標指向的運動システムの例で考えてみよう。獲物を追いかけるイヌを見る時、両方のシステムが活動し、特定の手がかりに注意が向けられる。『直感的物理』システムは、たとえば、イヌが進路を変えないとフェンスにぶつかってしまうと予測するし、『目標指向的運動』システムは、獲物が突然向きを変えたことに気づき、イヌも同じように向きを変えると予測する。どちらのシステムも、計算を行なって直感的期待を生み出す。しかし私たちは、この場合には純粋に機械的なものと目標指向的なものとを区別する意識的なルールをもっていない。それと同様に、私たちには、ほかの相手との相互作用に関連する状況の側面に特別な注意を向けさせるルールは必要ない。これが必要ないのは、<u>私たちの推論システムが自動的にこの情報を追い、それを特別なやり方であつかうからである</u>」［ボイヤー 2008: 207］（下線は引用者による）。

さて、フィールドで撮った動画を再度見直し、そこで何が起きていたのかを記述・分析するというノンリニアな作業は日常のおしゃべりでは起こりにくい。しかし、別の視点で考えるならばこの主張は正しくない。録音機にとった声を文字に書き起こす作業では、声のすべてを言葉として（あるいは「単なる声」と「言葉」を分けた上で）書き起こすために、ノンリニアといっても時系列に沿った直線的な作業となる。

日常のおしゃべりでも、同じようなことは起きるだろう。ただし、おしゃべりの始点から終点までを直線的にたどり、余すところなく理解した上でおしゃべりを続ける——例えば、話し手のおしゃべりを「聞き漏らした」のでもう一度言ってくれと依頼し、それを聞いた上でおしゃべりを続けていく——ということが起きるとは限らない。話し手のおしゃべりが全て届かなくても、聞き手のおしゃべりの「きっかけ」がありさえすれば、その後のおしゃべりは自在に展開していく。

聞き手は話し手のおしゃべりの中の任意の何かをインデックスにし、おしゃべりを連ねる。インデックスはあくまで次のおしゃべりを続けるためのきっかけに過ぎ

112

ない。聞き手は、話し手のおしゃべりの中の任意の何かをインデックスにするが、それ以外のほかの何か——（過去 → 現在 → 未来という時間観念が染み付いているとするならば）過去に起きた出来事かもしれないし、いま目の前にあるものかもしれないし、あるいは未来への予測かもしれない——とつなげることでおしゃべりを続けていく。そして、それらがつなげられた結果は、話し手のおしゃべりの内容とは論理的な結びつきがあるとは限らない。従って、話し手と聞き手のおしゃべりを書き起こしても、極端な場合「支離滅裂」な状態でおしゃべりが続いているように見えるだろう。

　例えば、私の 3 歳になった息子は、病院の待合室で私に向かってしゃべっている最中、電話が鳴ればそちらを向いて「電話？」と尋ね、外で車がバックする音がすればそちらを向いて「バックしてる」と言い、大画面で赤ちゃんが出てくる CM になれば「かわいい赤ちゃん」などとしゃべる。彼にとってインデックスとなり得るものはそこここにあり、いつでもそのときしゃべっていることの中に取り入れられる。

　私は、本節において、話し手のおしゃべりの中から何らかのきっかけを見出し、それ以外の何かとつなげる過程をアブダクションと呼ぶことにする。聾者同士（＋私）のおしゃべりなので、インデックスはほぼすべてヴィジュアルな何かということになる。注意しておきたいのは、本節での記述は、やや込み入っているということだ。インタビューは、私とワイセラとズマとナンシーの 4 人で行われた。だが、インタビュー中の私は、インタビューの動画を見ながら分析を行おうとしている私とは異なる。そこで、インタビュー中の私を統一して〈私〉と記述し、カッコをつけない場合は、動画を見ながら記述・分析を行っている私として記述してきた。

　さて、動画の中の〈私〉による「サタンがそこに」を解釈するにあたって私は、〈私〉がこの発言の前に行った発言を“過去”に遡って見直した。「サタンがそこに」という〈私〉の手の動きの直前はしばらく間があり、さらに少し遡ると私には「羊」や「警官」、「馬」、「花」などと切り出せた動きがワイセラたちの手から繰り広げられていた。私はそれらを「サタンがそこに」とつなげてみたが、依然として解釈不可能だった。

　また、私は「サタンがそこに」を解釈するために、その発言の前に生じたワイセラらの“過去”の手の動きに遡るだけでなく、動画の特性を生かして「サタンがそこに」の時点から言えば“未来”へと視点を移し、3 人の動きを見直した。そうしてようやく「サタンがそこに」を解釈することができた。

　これまで記述してきたのは、私が動画の中の〈私〉の「サタンがそこに」という手の動きが何を意味しているのかを解釈するまでの過程だった。もちろん、日常のおしゃべりではこのような迂遠なやり方で「サタンがそこに」という手の動きを解釈しようとするとは限らない。「サタンがそこに」と私が訳した手の動きは、その場で消える。受け手はその動きのどの「部分」にも立つことができるし、その手の動きをすべて見逃すこともあるだろう。しかし、それでもおしゃべりは連なるのである（第 3 章第 3 節）

(4)　別稿で議論したが［古川 2011a］、映像は見るたびに毎回異なる経験をする。私は、動画を見直すたびに、違うところに目が行き、異なる経験をしがちであった。その

第 1 章　共在する身体

　　　　　過程を無視すれば、ここまで迂遠な書き方をせずに済んだだろうし、読み手にはもっ
　　　　　と理解しやすい形で、つまり整然とした形で事例を提示できただろう。

(5)　　ただし、いまこれを書いている私もまた、論理的な結びつきを考えるだけで記述を
　　　　　行えたわけではない。私はいわば"過去の出来事"（"農業ショー"および"インタ
　　　　　ビュー"）と"現在の出来事"（"農業ショー"の動画とインタビューの動画）の中に
　　　　　身を置きながら、インタビューの動画の中で展開されていた手の動きのいくつかを
　　　　　たどることもした。鉛筆を持ち、あるいはパソコンのキーボードを打ちながらでは
　　　　　なく、「サタン」や「20」や「男の人」などと手を動かしながら、インタビュー中に
　　　　　何が起きていたのかを思い出そうとしたのである。言い換えれば、私はフィールド
　　　　　で起きた出来事を思い出すために、手を動かす必要があった。手を動かしていると
　　　　　きは、頭の中はからっぽである。

(6)　　私がジェルの言う「アブダクション」を「仮説的推論」とも訳さなかった理由もこ
　　　　　こにある。パースは推論の概念を拡張して、科学には演繹と帰納のほかに、アブダ
　　　　　クション（またはリトロダクション）というもう 1 つの種類の推論が存在すると唱
　　　　　えている［米盛 2007: 4］。このアブダクションは、「すぐれた発見的機能を有するが、
　　　　　しかし、可謬性の高い推論であり、帰納よりも論証力の弱い種類の蓋然的推論」［前
　　　　　掲］である。それでも、やはり推論であるのに違いない。そうではなく、より「直
　　　　　観／直感的」、あるいは「反射的」な身体的振る舞いの可能性があることを、ここで
　　　　　は強調しておきたい。

ダイアローグ（1）

チェッカーの男

　私がケニアで「聞こえない人」にはじめて出会ったのは、2003年3月、K聾学校を知る前のことだった。Kタウンから車で20分ほどのところにあるNという町で行く当てもなくぶらついていたところ急に雨が降り出し、私は慌てて近くの小さな食堂に駆け込んだ。

　停電の薄暗い食堂の片隅で、2人の男が何かに夢中になっていた。近づいてみると、碁盤のように線を引いた段ボールの板にコカ・コーラやスプライトの瓶のフタを並べ、チェッカーに興じているところだった。一方が駒を連続して獲っていくと、もう一方が「ああ〜……」と呻く。ほとんど勝負はついたようだった。

　私が勝者に話しかけようとすると、負けた男はフタを並べ直しながら言った。「聞こえてないよ」。彼によると、その「聞こえない男」は、普段は紅茶農園で働いているという。「コイツ強いからやってみな」と言われ1戦交えたが、あっという間に私の駒は全て吸い取られてしまった。

　雨が通り過ぎ日差しが戻ると、食堂から次々と人が出て行った。2人はまたチェッカーを始めていた。2人に別れを告げた私は、食堂を出た。そして、チェッカーが強かった男のことはすっかり忘れてしまった。

　K聾学校に住み込み調査を開始してから、時折このときのことを思い出すようになった。だが、その男の名もどこに住んでいるのかもわからない。どの聾学校出身なのか、そもそも聾学校に通っていたかどうかもわからずじまいで、結局、行方を知ることはなかった。

　今でも思い出されるのは、トタン屋根に激しく雨が打ちつけていた午後、小さな食堂の一角で2人の男がチェッカーに興じていた姿だけである。

めぐりあわせ

　初めてケニアを訪れたとき、私はケニアで「障害者」とされる人々にとって「障害」という経験がどのようであるかを調査するつもりだった。ナンディ県でWHOが推進するコミュニティ・ベースト・リハビリテーション（CBR）のプロジェクトが行われていたことを日本で知り、そのプロジェクトに関わった人たちについて調査をしようとしていた。ナンディ県の隣のウアシン・ギシュ

第1章　共在する身体

県にあるケニアで5番目に大きな都市エルドレット近郊にあるという聖公会（Anglican Church）を拠点としたプロジェクトだったため、まずはその教会を探すことから始めなければならなかった。しかし、エルドレットの右も左もわからず、当てもなく徘徊する毎日だった。

　ある朝、私が宿を出ようとすると、従業員に声をかけられた。何をしているのかと問われ、答えると彼女は次のように言った。「ハンディキャップの人たちのことを知りたいのなら、Kという町に聾学校があるから行ってみれば」。ホテル以外の拠点を必要としていた私は、早速エルドレットからミニバスで1時間ほどのK町に移動した。

　K聾学校にはK町の食堂でたまたま知り合った若い女性マリーが案内してくれた。しかし、3月は学校が長期休暇に入っており、迎えがまだ来ていない数人の子供たちと寮母しかいなかった。寮母はせっかくだからと校内を案内してくれた。彼女は設備について説明するたびに「古いけどお金がないから新しいのを買えない」ということばを付け加えた。調理場では「この大きな釜で子供たちの食事を作るのよ。だいぶ古いんだけどお金がないから買えないの」と言い、寮内では「このパイプベッドも壊れかけだけど、なにせお金がないからね」と言った。教室内を案内してくれたときも埃をかぶったヘッドホンを指しながら「あれなんかだいぶ前に使えなくなったけど、お金がないから取り替えられないのよ」と言った。

　私が校長の許可を得てK聾学校に住み込ませてもらえるようになったのは、日本に一時帰国して4ヶ月あまりたった8月のことだった。3月にK聾学校の外で出会った人たちと再び会うことはなかった。私をK聾学校に連れて行ってくれたマリーは、聾学校を訪ねた数日後に行方しれずとなっていた。

いつもいない

　私は入学したばかりのケモイの家に居候した。彼にはきょうだいがおり、あまり年の離れていない姉と1歳くらいの赤ちゃんがいた。姉は親戚の家で過ごしているとのことで、私が滞在中はケモイと赤ちゃんしかいなかった。ケモイはベッドに寝かされている赤ちゃんを「バッバー」などと言いながらあやした。赤ちゃんがぐずって泣くと、「マーマー!!!」と大声を出して呼んだ。

　彼は、学校では教員が立ち話しているといつの間にか傍におり、いつの間にかピューっと駆け出してどこかへ行ってしまうことが多かった。「あのちっちゃな男の子は、我々のことをよく観察している」とある教員は言っていた。「い

ダイアローグ (1)

image 1-145

つの間にか傍らにおり、じっと僕らを見ていて、気づくといつの間にかいなくなっている」、それが学校でのケモイだった。

　ケモイの家は小高い丘の上にあり、そこから見下ろすと一面に茶畑が広がっていた。茶畑のさらに下には小川があり、その向こうには森があった。両親はこのとき、茶摘みで1日中家を空けることが多かった。

　家の1室に居候させてもらっていた私が朝起床したとき、たいていケモイの姿はどこにも見あたらなかった。母親に尋ねたところ、「川にでも行って友達と遊んでいるんでしょう」ということだった。茶畑をくだって川の方へ行くと、確かに、ほかの子供たちにまじってケモイがいた。

117

第1章　共在する身体

　別の日に、ようやくケモイに密着することができた。外に出たケモイの後を私はひたすら追った。彼は近所の家々をめぐっていった。途中で拾った長い棒きれを手にずんずん歩いていった。家の中に入って部屋を一巡しその家の出口で家人と出くわし挨拶をするということもあった。何軒か通り過ぎるときに家事をする女性たちに会ったが、彼女たちはケモイのことをよく知っているようだった。ケモイはちょこまかと家々をめぐり歩き、ごく稀に、私に何事かを言いながら（その家の主人がいまどこにいるのか、誰と誰とがどのような関係かを言っているように私には見えたが）、丘をのぼり、丘をくだった。目の前に大きな牛がいるときは棒きれを使って牛を脇に追いやってからさらに進んだ。しばらくして、どこをどう歩いたのか、いつの間にかケモイの家にたどりついていた。

　次の日の朝、私が起きたときはすでにケモイの姿がなかった。

大丈夫、振り向くから

　K聾学校の子供たちは、自分に誰かの注意を向けたいとき、声を上げることもあれば机を叩くこともあり、注意を向けたい相手に向かって伸ばした手を振るということもあった。外にいる場合、やはり相手に向かって両手を伸ばして振ることもあったが、それほど遠くも近くもない相手に対しては手近な小石を見つけ軽く放って相手の背中に当てることがあった。聞こえる者同士では鋭い「スッ」という呼気を出して振り向かせることがあったが、これはあくまでごく親しい友人同士など「同輩」と言える相手に対してできることだった。何もわからなかった私は、少し遠くにK聾学校の校長を見かけたとき、うっかり「スッ」と彼が振り向くまで繰り返してしまったが、振り返って私を見た彼の顔は少し困惑していたようだった。私はあとで彼に何度も謝り、彼は静かに笑いながら気にするなと言ってくれたが、今でも思い出すたびに私は恥ずかしい気持ちになる。

　アレックスの家に居候していたとき、彼と兄のキプラガット、姉のチェロップ、私で少し遠くにある彼らの知人の家に行くことになった。私とチェロップが一緒に歩き、私たちの前を兄弟2人が歩いていた。チェロップと私、前を歩く兄弟は手を動かしていたが、チェロップが前の2人に用事を思い出したようだった。彼らは私たちよりも10メートルほど先におり、手を振っても全く気づかなかった。

　私は立ち止まって小さな石ころを拾い、彼らに向かって投げようとした。そのとたん、チェロップが私を制止した。チェロップを見ると、「投げる必要は

ない。必ず振り向くから」と言う。何にどう気づいて振り向くのか、なぜそれほどまでに「振り向く」ということに自信があるのかわからなかった。だが、それから少しして、本当に彼らは私たちの方を振り向いた。チェロップは私を見て「ね、振り向いたでしょ？」と言わんばかりの顔をした。

あとで話してくれたが、彼らは外を歩いているとき、後ろから車が来るということにもたいてい気づくという。「ただ、1度だけ全然気づかなかったことがあってね」とアレックスは話した。「気づいたらすぐそばに車が来てビビったよ」。刺すような日差しの中、ぼんやりしながら馴れない道を歩いていた私を、この3人はよく道の端に導いてくれた。そのすぐあと、車が土埃を立てながら私たちを通り越して行くのだった。

女王の新しい服[注1]

ある日、アメリカのボランティア団体から1人の女性がやって来た。K聾学校にはこれまでも同じ団体からボランティアが派遣され、彼女たち（多くは女性だった）は2年間学校敷地内のゲストハウスに住み込み授業を受け持った。

「ユタカの姉妹じゃないのか」と、彼女の到着を知らせに来てくれた先生が言った。行ってみると、アジア系の顔立ちをしたきれいなロングヘアの女性が校長と話しているところだった。名前はエミという。

当時私はゲストハウスに住んでいたが、寝室が2部屋あるかなり大きな住まいだったので、校長は私たち2人で一緒に住めばよいと言った。何人かの先生と共に一通り学校敷地内を案内し、彼女の荷物を家に運び込び込んでから、校長はエミに「何かわからないことがあればユタカに聞けばいいでしょう」と言った。

先生たちがいなくなると、彼女は「ボランティア団体からは1人で住めると言われて来たのに」と言った。部屋を案内したところ、「ダイニングは、それぞれが使う場所の境界を決めたい」と彼女は言い出した。しかし、話し合いの結果ダイニングは共用スペースとなった。彼女は毎日水を求め、湯を沸かし、洗髪をした。私は子供たちにも手伝ってもらいながら、歩いて10分ほどのところにある崖下の川に水を汲みに行った。

ゲストハウスの隣には教員シチエネイ氏一家が住んでいた。エミが来た日、シチエネイ氏宅を訪ねると、妻がK聾学校の教員をしているセレム氏もおり、そこに私が加わると、エミについての質問攻めとなった。シチエネイ氏は、「アメリカ人は手強いから、スパイして情報をアメリカに送るんじゃないか」と

第 1 章　共在する身体

言った。

　エミが来てから 3 日後、私は校長と相談のうえ彼女との同居をやめることにした。私たちの同居生活はたった 5 日間をもって終わりを迎えた。

　同居中、K 聾学校から車で 10 分のタウンに 2 人で買い物に出たときのこと、車がつかまらず歩いて帰ってくる道すがら、私の知り合いと出くわした。彼は私に、「お、姉妹か？」と尋ねた。するとエミがすごい剣幕で、「違うわ!!　私アメリカ人よ!!!」と言った。また、あるとき、私がエミに「名前が日本人みたいだね」と言ったところ、「違う！　ドイツ人の名前よ！」と怒りだした。

　初日は私が、翌日はエミが夕食の支度をした。エミが前日夜につくったものが大量に残っていたので、それを翌昼に別のものに作り直して一緒に食べようとしたところ、「私、外で食べる」と言って出て行ってしまった。昼下がり、校内で私を見かけた子供が「エミ、お昼何にも食べていないんだって」と知らせてくれた。このようなすれ違いはいくつも起きた。その後だんだんと私たちが顔を合わせるのは夕食の時分くらいになっていき、食事中は匙と食器が触れる音しかしないくらい静かなものとなった。

　それでもいくらか話したことはあった。彼女は幼少のころ韓国からアメリカの家庭に養子に入ったという。「祖母に韓国料理を食べさせてもらったことはあるけど、私は作れないわ」と言った。私はそれ以上、彼女の出自に触れることはなくなった。

　エミは、海外はこのケニアが初めてだと言っていた。同居を始めたばかりのとき、彼女は K 聾学校でどう活動するか熱心に話していた。ボランティア団体の研修でケニア手話をみっちり学んだと言い、その頃まだ自分の言いたいことが手話であまり伝えられないと感じていた私は彼女が非常に羨ましく、ときに嫉妬すら覚えたくらいだった。エミが K 聾学校の教員に配布したニュースレターによると、彼女はアメリカの大学で聴覚学と音声言語病理学の学位を取り、またアメリカ手話と聾研究（Deaf Studies）の修了証を取得している。彼女は私に「アメリカに聾の友だちがいる」と言っていた。また、ニュースレターには、ボランティア団体に入った理由として「(1)私の文化と異なる文化での生活を経験したかった」「(2)私の技能と業績を海外で活用したかった」「(3)今後も聾者と一緒に働きたいと思った」と記載されている。

　エミは研修があると言って、私と同居を始めてから 5 日後に K 聾学校からナイロビに向かって車で数時間かかる N という町に行ってしまった。それは2004 年 9 月のことだった。K 聾学校の教員たちによると、ボランティア団体

120

ダイアローグ（1）

の本部がN町にあり、そこで彼女らはキャンプをするのだという。彼女はそれから1ヶ月間、K聾学校に戻って来なかった。

　その間、今度はK聾学校から車で2時間ほど西に所在するM大学から女学生ワウェルが教育実習のためにやって来て、エミが戻るまでゲストハウスで一緒に住むことになった。1ヶ月たち、エミが戻るという知らせを受けたワウェルと私は急いでゲストハウスを離れ、男子寮の一角の物置を改造した部屋に移り住んだ。ワウェルとの共同生活は、彼女が実習を終えるまで続いた。エミが戻るという一報を受けた時、ワウェルは私に囁いた。「エミって女王みたい。これからエリザベスって呼ぼう」。

　エミが学校に戻ってくると、シチエネイ氏の娘レンシーや息子タヌイが、私と会うたびに彼女の生活ぶりを話した。「この間冷蔵庫を運び込んでたよ、すげーや」、「今度は子犬を飼い始めた」、「何かでっかい荷物をたくさん運び込んでた」、等々。

　K聾学校の子供たちはエミが来て大喜びだった。「すごく美人だね」、「手話がうまいんだよ！」。中には、エミに手紙を書いた女子生徒もいた。はにかみながら「エミ大好き。手紙も書いちゃった」と私に言った。しかし、その日の夕刻、エミは「この手紙、なんて書いてあるかわかる？　私、全然意味がわからない」と言ってその手紙を私に見せた。"love" などの英単語が並んでいた。

　シチエネイ氏は折に触れ私に言った。「彼女は、スパイをしに学校に来ているのではないか」。彼はボランティア団体の名称を指しながら「あれは "軍隊" という意味だし」と言った。

　エミが来る3ヶ月ほど前、私は2日間誰にも何も言わずに家に閉じこもっていたことがあった。何度もシチエネイ氏や彼の妻から携帯にメッセージが入ったが、プリペイドカードを使い切っていたこともあってすべて無視してしまった。後日、シチエネイ氏と彼の家の向かいに住むシニアの教員コスゲイ氏は私を呼び出して苦言を呈した。コスゲイ氏曰く、「アフリカ、とりわけナンディでは隣人をとても大事にする。隣人がどこに行ったか、どうしているのかを知らないのは大変な問題だ。特にここでは校長が記録をつけている。だから、校長に尋ねられて誰も答えられないのは大問題だ」と。シチエネイ氏も「私たちは常に周りのために祈る。1人ずつ名前を挙げて。それだけ隣人は大事だ」、「問題の内容を共有しようというのではない。問題の内容は誰しも秘密にするかもしれないから」と続けた。それからというもの、私は逐一彼らに自分の居場所を知らせるように努めることとなった。この一件について、私は同居を始めた

121

第1章　共在する身体

その日にエミに話していた。

　年が明けて新年度が始まった1月、エミは学級担任を受け持つことになった。あるときエミは、職員室で、A4版で10枚にわたるニュースレターを先生たちに配布した。彼らはめいめい手に取って一瞥すると、そのままそれぞれが担当する授業の教室に散っていった。ニュースレターには、先に引用したエミの自己紹介や抱負などと共に次のような項目の記事が掲載されていた。「手話についての抄」、「カルチュラル・ノート：聾文化入門」、「学習と言語」、「言語発達についての比較表」、「（聾者による）詩のコーナー」、「むすび：いろいろな神話を一掃する」。2段組にしたり、コラムを入れたりとレイアウトに工夫を凝らしていた。コラムの中には、次のようなものがあった。「あなたは知っていましたか……　ここK聾学校では、6つ（そう、6つ！）の言語体系が使われています。Signed English、Signed Exact English[注2]、ケニア手話、アメリカ手話、書記英語（アメリカ英語とイギリス英語の両方）、書記スワヒリ語」。

　2月に入って、子供がこんなことを私に言った。「エミの手話は違うからよくわからないけど、ユタカの手話はみんなと一緒だからよくわかるんだ」。エミの授業を見学させてもらったことがあったが、子供たちはほかの先生の授業とは異なってどういうわけか声を漏らさず、とてもおとなしかった。

　1学期が終わり、休暇に入る3月末から4月初めにかけて、全国聾学校スポーツ・文化活動競技会の州予選のため、一部の生徒や教職員と共にK聾学校とナイロビの中間地点、ナクルに行った。エミもそれに同行したが、このとき事件が起こった。

　強い日差しの下、会場となっていた陸上競技場の脇の芝生に座って私が先生や寮母と3人でしゃべっていたときのことだった。エミがものすごい形相で近づいて言った。「水はどこ！　子供たちには水が必要なんだから、水はどこにあるのよ‼」。教員のミセス・ラガットがだるそうに、乗ってきたバスを指しながらあそこにあるんじゃないのと言うと、「とにかく水はどこにあるの？　子供たちには水が必要なのに！」とエミは続けた。私はうっかり、「水が必要だと思うなら、すぐそこに店があるからちょっと行って買ってくればいいじゃない、私がしたみたいに」と言ってしまった。エミは黙って私を睨み、踵を返して行ってしまった。

　エミを見送りながら、寮母スーザンは「彼女、すっごいいじわるね」とつぶやいた。しばらくして、私が2人と別れ、K聾学校や他校の子供たちと一緒に話していたとき、エミが近づいてきてこう言った。「ユタカ、私、あなたに一

122

言言いたいことがあるの！　ものすごく腹が立ったのよ!!」。彼女は涙目で続けた、「みんなみんな、ここの人たちは私がアメリカ人だからといってリッチだと思ってるけど、私は両親を亡くして貧乏なの。だから子供に水を買うお金なんてないのよ!!」。

　これを聞いて、「じゃあ、なんでソファや冷蔵庫を買ったの？　団体からお金が出てるんじゃないの？」と私が尋ねると、「団体からは一銭もお金は出ないのよ」と言った。彼女が研修先のN町から聾学校に戻ってくるとき私にくれた携帯メールには、「ボランティア団体が、ゲストハウスを塗り替えるペンキ代を出してくれたの！どんな色にしようか考えるだけでわくわくするわ！」と書かれていた。私はそのことを思い出したが黙っていた。

　エミは別の聾学校に派遣されているボランティアに何か囁いたあと一緒になって私を睨みつけ、その場を去った。私と一緒にいた子供たちは呆然としていた。しばらくして少し離れたところにいたシチエネイ氏を見つけた私は彼の元へ行った。彼は一部始終を見ていたと言い、「てっきりユタカが泣き出すと思っていたら、そんな素振りをまったく見せず、僕の方を向いた瞬間笑顔になったから驚いた。日本人は手強いねぇ」と言った。そして、「彼女は僕にも『ものすごく不愉快。この学校の先生たちみんなが私を憎んでいる』って言っていたよ」と続けた。「アメリカ人には十分注意しなくちゃいけない。うちの子供たちにも、言動にはよくよく気をつけるように言ってある。彼女の家のものには絶対に触るな、とかね。毎回こんな具合に当たり散らして帰って行くから、気にしない方がいい」。

　彼は最後に、"Remember Pearl Harbor." と囁いてクスクス笑った。

　翌日、私たちはエミを探さねばならなくなった。誰にも何も告げずに行方不明となったからである。携帯に電話しても全くつながらず、行き先がつかめなくなってしまった。彼女の行き先がわからぬまま、私たちは全国大会の会場となる海岸部の大都市モンバサまで一昼夜かけて移動した。そしてそこでようやく彼女と連絡がつき、ことの顛末をシチエネイ氏が話してくれた。彼によると、エミは次のように語ったという。彼女はそのままナイロビに出たが、途中で携帯を落としてしまった。それで連絡がしばらくできなかったが、親切な女性がそれを拾ってわざわざ彼女の行方を追い、宿まで届けてくれた。そして、「2学期が始まる5月まで、ボーイフレンドと一緒にタイに滞在するらしい」とシチエネイ氏は言った。

　私は全国大会が終わって少ししてから帰国した。それから半年後の10月に

第1章　共在する身体

再びK聾学校に戻ると、既にエミは去っていた。シチエネイ氏の妻によると、ある日、一晩中隣でひどい物音がしていたという。また、女子寮内に住み込む寮母コンスタンチンの家で夕食を食べていたとき、女の子たちがエミの去った日のことを時折エミになりきった所作で次のように話してくれた。

　ある朝突然、エミは全ての荷物をまとめてほかの白人たちと共に車でずらかってしまった。車の天井には大きな荷物がたくさん積まれてロープでくくりつけられていた。びっくりしながらも手を振ったのに、エミは無視してリュックを背負ってふくれた顔で行ってしまった。エミはナクルでたくさん写真を撮って後であげるって言っていたのに、1枚もくれないで行ってしまった、等々。コンスタンチンは、センター（聾学校の近所にある商店街）でエミを見かけたときのことを女の子たちと同様ときおりエミになりきって付け加えた。エミはボーイフレンドを連れて来たけど、自分は威張りくさった感じで先に歩いて、その後ろにたくさんの荷物を抱えたボーイフレンドがへこへこしながらついて行ってたわ。見ていて恥ずかしかった。

　後日、副校長のチェプシロール氏にエミのことを尋ねると、彼はこう言った。「彼女は、ここのスタッフが彼女にどんな仕打ちをしたかひとりひとりについて書き出してリストにし、その書類をボランティア団体の本部に提出したそうだ。そういう連絡が団体から来たよ」。

通訳

　2003年12月9日、シチエネイ氏が「裁判所に通訳のために召還されたから一緒に行こう」と誘ってくれた。ある男が亡くなった。彼には妻が2人おり、59エーカーの土地が残された。第1夫人はそのうち32エーカーを手にしたが、第2夫人に夫の土地から出ていくことと彼女の手にわたった27エーカーの土地のうち12エーカーの土地を譲り渡すように言ったので第2夫人が第1夫人を訴えたというのだ。その第2夫人が聾ということでシチエネイ氏が通訳者として召還されたのだ。

　その第2夫人には実子がなかったが、養子はいるとのことだった。第1夫人の訴えはこうだった。第2夫人の結婚は慣習法に従ったものだから結婚そのものが違法であると。「でもケニアでは合法だ」とシチエネイ氏は言った。シチエネイ氏は第2夫人の方が多分勝つという見込みをもっていた。

　裁判所へ行く道で彼は、「ケニアには手話のできる弁護士がいない。だからお金ができたら大学の法科へ行きたい。この通訳の仕事は弁護士事務所から依

124

頼された。自分へは交通費と昼食代だけ支払われる。（報酬を望めば）結局聾の人に負担がいくわけだから報酬は求めていない」と話した。

裁判所の前でかなり待たされた。裁判所内では見覚えのある茶色い表紙の小さな本を手にしている人がいた。G.S. Snell 著『ナンディの慣習法』[Snell 1986 (1954)] で、私もナイロビの大型ショッピングモールに入っている書店にて 68 シリングで手に入れることができたものだ。中にはマーカーでたくさん線が引かれていたが、それを熱心に読んでいたのは弁護士だとシチエネイ氏が教えてくれた。

シチエネイ氏は、待っている間に手話について話してくれた。彼が卒業した聾学校などの教員養成学校 KISE（Kenya Institute of Special Education）では、*Sign Language for Schools.* という辞書で手話を習った。これは KISE がケニア教育省の傘下にあるからだ。しかし、ケニアの聾コミュニティによるケニア手話がある。他方アメリカ手話もケニアで使用されており、「アメリカ手話は明示的だから好きだ」とシチエネイ氏は話した。そして、今回必要なのは「伝統的な *traditional* 手話」だと言う。これには「アルファベットを用いたフィンガースペリングはない」と言い、"very common signs" だと言う。

そして、次の話は別の機会にも何度か聞いた。「例えばメル（Meru、ナイロビから北東に 300km 弱）に行けばこれまでに習った手話を頭から取り除き、頭を切り換え、そこの手話に適応する必要がある。しばしば教員は自分が習った手話に固執するがそれはよくないことだ」。「今日のケースでは、女性は伝統的な手話しか知らない。見ていてごらん、今日使う手話はいつもと違う手話だから」。

彼女とシチエネイ氏が話すのを見ていると、シチエネイ氏の口の動きと顔の表情がいつもよりもさらに大きいようだった。手話は私のわからないものばかりだったが、ナンディの耳が聞こえる人、特に年長者が使うこともあるという数を表す手話があり、それだけは私にわかった。

かなり長時間待たされた割には、ごく短い時間で終わってしまった。シチエネイ氏によると裁判は続くのでまた連絡がくるはずだとのことだった。だが、この日以降、何度も何度も審理は延期された。相手側が通訳の公正さに異議申し立てをした。シチエネイ氏が「通訳ついでに入れ知恵している」と主張したのだという。「相手側の弁護士は以前私と同じサイドで仕事をしたことがあり自分のことを知っている。この異議申し立てに対し、第 2 夫人側の弁護士が何もアピールしなかった」とシチエネイ氏は話した。

結局「ナイロビから通訳を呼ぶ」ということで決着してしまった。2004 年 2

第1章　共在する身体

月、私が一時帰国する間際のことだった。シチエネイ氏は弁護士にナイロビ在住の通訳者を紹介したが、「彼女（新しい通訳者）はアカンバ人だからね」と言い、次のように続けた。「今回告発した女性は50歳近くで、学校で身につく手話を知らない。その代わり、ナンディ語をある程度読唇できる。だからナンディ語もわかる通訳者が必要なんだ。それなのに……」。シチエネイ氏は言った。「公正さに欠けるというなら、私が通訳したのを別の通訳者がチェックすればそれでいいだけなのに」。

学籍番号22番

　「今日は今度100歳になるアグイ（おじいさん）のところへ行こう。いろいろ話してくれるはずだ」と、K聾学校の寮父を介して知り合った彼の弟から言われ、K聾学校のすぐ近くの村に行った。2004年2月4日のことだ。彼は教員養成学校を出て結婚もし子供もいたが、そのときはまだ職にありつけておらず、その翌年、ようやく近所にある初等学校で教鞭をとることになったのだった。彼によると、教員養成学校で「出身コミュニティの文化について調べてレポートにまとめよ」という授業課題が出たという。学生たちはめいめい自分の住んでいる村の老人に話を聞くことになったそうだが、そのときに彼が話を聞いたのがこの老人だったということだ。

　私にとって「村の老人」に会うのはこれが初めてのことだった。フルメンシという名のその老人は、1904年2月14日に生まれたという。所作ひとつひとつはゆっくりしていたものの、とても闊達だった。私がナンディ語で挨拶をすると、彼は英語で挨拶を返してきた。また、この老人と同世代の人は男女問わず両耳たぶに大きな穴をあけているが、彼は違った。K聾学校の教員ケメイ氏によると、耳たぶに穴をあけていない老人は「学校に通っていたから」だとのことだった。

　いくつか質問事項を英語で用意し、教員を目指していた彼がナンディ語に通訳してくれた。質問事項の中には、「いつ頃から時計を持つようになったのか」という、フルメンシをはじめ通訳してくれた彼にも周りに集まっていた他の老人たちにも笑われるようなバカな質問もあった。しかし、そのとき私にとって人々の時間観念はまことに不思議なものだった。アフリカ大陸に限らずさまざまな地域に出向いた先人たちから聞いた話とはまるで違ったからである。私の相手をしてくれた人たちは時間におおよそ几帳面ないしは時間を気にする人が多く、人が集まる際に誰かが遅れると、たいてい「アフリカン・タイムだ」と

ダイアローグ (1)

image 1-146　100 歳を祝うパーティーにて

先に来ていた者の誰かが苦笑しながら言い、時間通りに着くと「イギリス人みたいだろ？」と半分揶揄するような言い方をしたのだ。

さて、フルメンシと彼と私のやりとりは概ね次のように進んでいった。英語で書いたメモを私が読む。それを彼がナンディ語に通訳する。そしてフルメンシが通訳者ではなく私に向かってスワヒリ語で答える、ときおり英語を交えて。あれこれ質問していくうちに、フルメンシがこの地域に最初に設置された学校である、工業学校に在籍していたことがわかった。

その工業学校は 1925 年に設立され、初代校長はナンディを含めいくつかの民族誌的記録を残している G.W.B ハンティンフォードだった。フルメンシは、工業学校に在籍していたことに大きな誇りを持っているようだった。「1926 年 1 月 20 日、学籍番号 22 番で入学し、1930 年まで在籍していた[注3]」、「学校でサッカーもしたが自分はゴールキーパーだった」。植民地時代のことを尋ねたかった私が、植民地行政府による課税について尋ねたところ「税金は高かったが、その代わりに学校がつくられたからね」と話していた。

彼はまた、1984 年、その工業高校が改組してできた現在の男子中等学校に招かれたので、GHC（*Geography, History and Civics*）の授業で生徒たちを前に講義をしたと言う。そのときに自らまとめたという講義ノートを見ながら答えてくれた。名前を再度尋ねられ私が答えると、その場で "*Chelagat Yudaka From Japan*" と書き留めた。

私は彼との別れ際のことをいまでもよく覚えている。私が敬意を表しながら握手を求め、"*kongoi missing.*" とナンディ語で礼を言ったのに対し、彼は手を握り返し、私の目をしっかり見ながら明瞭な発音でこう返したのだった。"*Thank you very much.*" と。

127

第1章　共在する身体

よそ者

> 私たちアフリカ人、とりわけナンディ人は客人を手厚くもてなすんだ。
> ——シチエネイ氏、イグナシャス氏、ベン、パトリックの母ほか
>
> 　　　　　　　　　　　　　　　　　　　　　　（いくつかの居候先にて）

　M大学から来た女学生ワウェルは、1ヶ月あまりの教育実習を終えてK聾学校を去った。彼女が去ってしばらくして、私はシチエネイ氏宅を訪ねた。彼の妻メリッサに会うのは久しぶりのことだった。

　挨拶を交わすと、メリッサは「昨日、ムキモを作ったのよ、来ればよかったのに。（手話で）とってもおいしかった」と言った。「ワウェルがいなくてさみしいわ。元気にしてるの？」。

　ムキモとは、ワウェルが私たちに教えてくれた料理だった。トウモロコシとジャガイモ、千切りにしたかぼちゃの葉などを一緒に茹でて水気を飛ばしマッシュしたもので、あるとき彼女が「今日はキクユの料理を振る舞うわ」と言って、私たちに作って見せてくれたものだ。

　ワウェルが来るまで、私はK聾学校でキクユに関して悪い話しか聞いたことがなかった。ある先生は、「ケニアの犯罪者の大半がキクユだということを知っているか。キクユとルィヤだったらルィヤの方がいい」と言っていたし、別の先生は、クイズ番組を見ながら「見ててごらん、当たるのはみんなキクユだ。ほら、キクユ。ズルしてるんだ」。ある人は、宝くじの当選者発表番組を見ながら「100万シリングが当たるのはキクユだけよ。昨日、1人だけカレンジンが当たったけど、たった1000シリングだったわ」。またある人は、ナンディでの土地相続の仕方が話題にのぼった折、「ナンディは誰でも歓迎する。でもキクユなんぞは …… 例えばリムル（Limuru、ナイロビから北西に約40km弱）などは今やキクユしか住んでいない。エルドレットだって昔はカレンジンのものだったのに……、キクユは人を追い出す」と言った。

　ワウェルが去ってからも、キクユの話と言えば相変わらずよい話ではなかったが、「彼女はキクユの中で最もいい人だ」とか「ワウェルは例外だ。彼女は本当に良い子だ。連絡とってる？」などと、私はよく言われたものだった。

　ワウェルの出身地区は当時の大統領キバキと同じところであった。その前の大統領モイの支持者が多いK聾学校周辺ではキバキの評判が極めて悪く、子

128

ダイアローグ（1）

供たちも「キバキは最悪」と話していたことがあった。ワウェルがそのキバキと同じ出身地だということが教員に知られるようになったのは、職員室での世間話からである。ある先生がワウェルの出身地を尋ね彼女が答えたところ、「お、キバキと一緒じゃない」とその先生は言ったのだった。

　ある日、私がワウェルと連れ立って女子寮に行くと、寮母スーザンとコンスタンチンがおり、彼女たちもワウェルの出身地を尋ねた。彼女が答えるや「あら、キバキと一緒だわね」と言った。以降、私たちが女子寮を訪ねるたびに「お、キバキが来た、キバキ、キバキ」と笑いながら言ったものだった。ワウェルが K 聾学校を去ってから、あるときコンスタンチンは言った。「これまで教育実習生にしろ××団体（エミの所属団体）にしろ、寮の中まで来てくれることはなかったけど、キバキは違ったわ。この学校の教員ですらあまりこっちに来ないし、ましてや入って来ることなど滅多にないのに」。

　こういった類いのことは教職員だけの話ではなかった。ワウェルが教育実習中に在籍していたアレックスが M 大学にやや近い職業訓練校に進学するというので、私は兄ベンと共に彼を途中まで見送ったことがあった。3 人で M 町に近い大都市キスムに立ち寄って買い物をしようとしていたとき、たまたまワウェルから私に電話がきて、4 人で会うことになった。キスムに慣れているというワウェルは買い出しを手伝ってくれ、スムーズに買い物を終えた。アレックスは以前、「キクユは女が威張ってる。自分はふんぞり返って茶を持ってこいって旦那に命じるくらいだ」と話したことがあったが、ワウェルが K 聾学校に来て以降、キクユを話題にするとき「ワウェルは違う」と言うようになった。ベンも、「キクユは最悪で、キバキ夫人ルーシーなんか旦那より前に出ている。アメリカでハリケーン・カトリーナが話題になっていたとき、ケニアではハリケーン・ルーシーって言ってたんだよ」と笑いながら言った。が、「でも、バニス（ワウェルのファーストネーム）は違う」と付け加えることを忘れなかった。

　ワウェルが K 聾学校で実習をしていた頃、彼女は折に触れ自分がしようとする振る舞いが妥当かどうかこっそり私に尋ねた。例えば、「ここってやっぱりスカートじゃなきゃダメだよね？」と確認した。「私、大学ではズボンを履いてるけど、自分の家とかリザーブでは履かないようにしてる。ここでもやっぱりそう？」。夜になって用を足しに外に出るとき、寝間着としてズボンを履いていた彼女は「誰かに見られたらまずいかな？」とわざわざ私に尋ね、提案どおりズボンの上からレソ（腰巻き布）を巻いて外に出た。

　挨拶の仕方も、彼女はいち早く覚えた。カレンジン系の女性同士、とりわけ

129

第1章　共在する身体

年長者に対して、また久しぶりに会った者同士で、「アーサイ、アーサイ」と言って右、左と交互にハグをして挨拶する習慣があるが、ワウェルもいつの間にかこの挨拶の仕方を覚え、実践した。初めてその光景を見た教職員はそんな彼女の姿を見て感嘆した。何ヶ月か経ってK聾学校に遊びに来た折、彼女は自らスーザンやコンスタンチンに対しその挨拶を始め、2人は喜んで彼女を迎えた。

　調理の仕方の違いについても彼女は自分の知っているやり方に囚われるようなことはなかった。例えば、ウガリの調理の仕方である。ウガリはケニアの多くの地域で見られる、トウモロコシの粉を熱湯で練ったものである。彼女は私がウガリを練っている時間があまりに長いことに驚き、何でそんなに時間をかけるのかと尋ねた。私が「コンスタンチンとかメリッサとかレベッカ（秘書）とか、みんなに、『遠くにいる人が匂いをかぎつけ、つられてやって来るくらいまで練らなければならない』と言われた」と言うと、へえ、そうなの、と言った。彼女は私の作ったウガリを食べながら使った粉のことを尋ねるので、チェプシロール氏が自分の畑でとれたトウモロコシを挽いてくれたものだと答えた。すると彼女は「そっかあ、どうりで。私たち、ウガリのためのトウモロコシ粉は市販のものを使うのよね。市販のものは長く練ってると苦くなるから、短時間でさっさと練ってまだ粉っぽくてもお構いなしに食べる。ここは粉が違うから、長く練った方がおいしいんだね」。

　ワウェルがこのように振る舞い、語った一方で、K聾学校の教員の中には、出身トライブの違いに依拠しつつ振る舞いの違いをむしろ強調して見せる人がいた。学校敷地内に住む教員ムホンベ氏は、真っ昼間にこれ見よがしに学校内の貯水タンクからバケツに水を汲み家まで運ぶことがあった。ある昼下がり、彼の家に行くと、紅茶やパンを勧めながら「妻は出払っているけど、僕はルィヤだから自分で水も汲みに行くし、紅茶も入れるんだよ」と言っていた。また、職員室でほかの教員と一緒に休憩していた折、よもやま話のなかで「ナンディの男は水を汲めないだろうけど、僕たちルィヤは水を汲むのも平気さ」と言っていたこともあった。

　カレンジン系の既婚の男性からしばしば、成人儀礼を通過した男が人前でそういった家事をするのはとても恥ずかしいことだという話を聞いた。シチエネイ氏など日頃のムホンベ氏の振る舞いに言及し「これ見よがしに水を汲んだりするからねえ……」と閉口ぎみに話していた。また、教員ケメイ氏は帰宅時に私と出くわしたとき、静かに「これから息子を迎えに行くんだ……妻がマラリアで寝込んでいるからやらなきゃいけないことがたくさんあって」と話し始

130

ダイアローグ（1）

め、さらに声のトーンを落として、「自分で乳搾りまでもしなければならない。でも、男が乳搾りをするのを人に見られるのはとても恥ずかしいことだから日が暮れてからコソコソやるんだ」と苦笑しながら言った。

自分の振る舞いをナンディとルィヤの習慣の違いとして強調してきたムホンベ氏が、ある日、ナンディに関係する本を持っていたら貸してくれと私にせがんだ。後日、授業の合間の休憩時間のこと。職員室に入ったらそこにいる人たちに握手して回るのが習慣となっていたが、ムホンベ氏はカレンジン系の人たちの挨拶のことば「チャムゲ！」と言いながらほかの教員に握手して回り、「僕もナンディ語をいくらか学んだんだよ」と言い出した。挨拶をされた教員は苦笑しており、少々シラケ気味のように私には見えた。

私は K 聾学校に 2003 年 8 月から 2004 年 2 月まで住み込み、一時帰国したのだが、学校を去る前に私のために昼食会が催された。昼食会が終わってから、ムホンベ氏がほかの教員がいないところで、これは異例のことだと話し始めた。「僕やゲチコ（キシイ出身の教員）でさえ、よそ者（foreigner）と見なされる。今日も誰かが言っていたけれど、アメリカ人なんかが来たら皆遠巻きに警戒して様子を見る。特に副校長はそうだ。だから、今日、副校長自身が 1 人 1 言ずつユタカに対して何か言わせたということは、副校長に認められたということだ。シャロンが入院したときユタカは病院に付き添って行った。他の白人はそういうことをしない」。そう言えば教員の 1 人が、「これまで海外から来たボランティアは子供の隣、ましてや病気の子供の隣には座らなかった。けれど、ユタカは隣に座った」と、昼食会でわざわざ言及したことを私はこのとき思い出した。わざわざ言及されるほどのことだった、ということをこのとき知ったのである。

そして彼は続けて言った、「表面では一緒に笑っているけど、離れたところであいつは悪いやつだと言うことがこの社会では多い。ルィヤは率直だから思ったことは相手に言うけどね」。

インター・カルチュラル・マリッジ

ある日曜日、私は一張羅（といっても、市場で買ったぶかぶかのブレザーに色褪せたロングスカート）をまとってエルドレットの教会へ向かった。その教会には、毎週日曜日の英語での礼拝の時間に、初等聾学校や中等聾学校を卒業したエルドレット近郊に住む人たちが十数人集まった。K 聾学校の教員 3 人が毎週交代で手話通訳をし、礼拝後には教会が発行した薄い教科書に基づいて教員が聖書

131

第1章　共在する身体

の内容を教えるという勉強会が行われた。

　その十数人の中でほぼ毎週出席していた2人が、めでたく結婚することになった。新郎は物腰がやわらかく、落ち着いた話しぶりで、私にとってはありがたいことに、彼の手話はひじょうにわかりやすかった。新婦の方は明朗闊達、とにかく元気な女性で、物事をはっきりさせるのが好きなようだった。彼女の話が止まらなくなると、彼は、まあ待ちなさい、と穏やかに諭すのが常だった。

　大勢が参列した結婚式は滞りなく行われた。牧師は「ルオとカレンジンのインター・カルチュラル・マリッジだが、互いに差別することのないように」としきりに言った。新婦のビアトリスがルオ人、新郎のエゼキエルがカレンジン系ケイヨ人だった。

　式後の食事会をかねた宴会では、大勢が（式に参列していなかった者も混じって）ともに食事をした。テーブルの上にはスプライトやコーラ、ファンタの瓶が並び、牛肉がゴロゴロ入ったトマトスープとごはんが盛られた皿が配られた。

　食事が終わり、親族が挨拶をしていった。挨拶が一通り終わると、誰からともなく女性たちが歌いながら前に出てきて、そのうち踊り始めた。「ルオ・ダンスだ！」という声が周りから上がった。そしてケイヨの女性たちによる歌も。最後は両者が入り乱れ、歌と笑い声が会場を包み込んだ。

　賑やかな宴会も終わり、日が落ちて肌寒くなってきた。私はシチエネイ氏と共にミニバスに乗り込み聾学校へ戻った。男子寮の一角の自室に入ろうとしたところで、コンスタンチンに出くわした。結婚式から帰ってきたところだと言うと、誰の？と尋ねるので、仔細を話した。すると、彼女は、「わーーーーー?! えーーーー?!」と驚き、"TERRIBLE!!!" と言った。そして、こう続けた。「ルィヤだったらともかく、ルオだなんて」。

混ぜないで

　シャロンが入院した。上級生の女子何人かが寮母らと共に病院で付き添い、食事などの介助をした。私たちがK聾学校に戻ってきたのは、日もとっぷり暮れ、校内での給食の時間もとうの昔に終わっていた頃だった。彼女たちは完全に食いっぱぐれてしまった。調理担当の職員は帰宅し、キッチンに明かりはなかった。「お腹すいたね」と言う彼女たちと私は別れて自室へ戻った。

　私はこれから自炊できる。そうだ、手持ちの小麦粉に、あり合わせの野菜を入れてお好み焼きにすれば作るのも食べるのも簡単だ。小麦粉を水で溶き、野

菜を切ろうとしかかったところで腹を空かせた彼女たちの顔が浮かんだ。

表へ出て女子寮を見ると、まだ明かりがついていた。彼女たちが腹を空かせたまま寝てしまうのではないか。小麦粉を溶いたものと、まだ切り終えていない野菜、そして持ち手のないフライパンを手に女子寮へ向かった。

中に入ると、やはり彼女たちは何も口にしていなかった。手にした物を見せる。コンスタンチンには炭に火をおこすことだけをやってもらった。彼女たちが手際よく野菜を刻む。そして……。刻まれた野菜を水で溶いた小麦粉の中に入れようとしたその刹那、ビオラが私の腕をつかんで「何で？」と言った。私は何事かと思ったが、そのまま野菜を小麦粉と混ぜようとした。それを再びビオラが素っ頓狂な声を上げながら制止する。彼女は私に示した。野菜は野菜、溶いた小麦粉は溶いた小麦粉、分けないといけない。それらを混ぜようとするなんて、信じられないといった顔つきだった。ユタカは料理もできないのか。

彼女は溶いた小麦粉だけをまず焼いた。焼けたものを皿に移し、改めて野菜を入れた。

彼女たちも私も、いかにもまずそうに、そうしてできあがったものを腹に押し込んでいったのだった。

病院にて

デイヴィッドが低学年の子供に押されて車椅子から転げ落ち、けがをしたことがあった。悪さをした子はすぐにほかの子供たちにつかまり、教員のもとにしょっぴかれ、長い枝で何度も足をひっぱたかれた。その子もまた、悪さをして叱れたときにほかの子がやるようにすばやく「ごめんなさい」「赦して」と何度も泣きながら手を動かしたが、そんなことにはおかまいなしに枝の鞭で仕置きがほどこされた。

デイヴィッドの傷は思ったより深く、血が止まらなかったため町の総合病院へ連れていくことになった。ベンソンほか上級生の男子が3人ほど付き添った。傷口を縫い、何日か入院することになった。上級生の男子はそのまま病院に寝泊まりし、身の回りの世話をした。

翌日、別の男子3人ほどと共に病院に向かった。デイヴィッドは徐々に元気になってきているようだった。ただ、一晩泊まったエドウィンが「この病院ダメだよ」と言い出した。「昨日の晩、向かいのベッドの人が死んで、朝になって、今度はとなりのベッドの人が死んだ。この病院最悪」。コンスタンチンにもそ

第1章　共在する身体

れを訴えたらしく、コンスタンチンは私の袖を引っ張り、ひそひそ声で「エドウィンたちが言ってたけど、この病院に入ったら最後、死んじゃうみたいよ。この病院はダメだわ」と言った。

　近くの病床に、数人の男性が見舞いに来ていた。それを見つけたエドウィンが彼らに寄っていった。おう、いたのか、といった風に握手で挨拶を交わしていた。エドウィンは、デイヴィッドのことを説明した後、またも彼らに対しても「人がどんどん死ぬ」と言っていた。彼は手の甲で下から顎をたたく所作（＝「死」）をしきりにやり、見舞いの男性は深刻な顔をしながらうなずいているようだった。

　エドウィンは戻って来ると、見舞いに来た男性のことを話してくれた。なんでも、帰省先の近所の人たちだという。「見た顔だと思ったら近所の人だったからびっくりしたよ」。

生きる術

　初等聾学校を卒業した子供たちの多くは、卒業資格試験の結果によって、成績がよかった少数の者は中等聾学校へ進学し、多くは職業訓練校に進学した。職業訓練校では、木工、電気工、自動車修理工、裁縫などといった手に職をつけるためのコースに分かれていた。

　ナイロビ近郊の職業訓練校を訪ねた折、何人かとしゃべることがあった。中にはK聾学校の卒業生もいた。彼らは職業訓練校のよさを次々に話してくれた。技術を学べば、仕事に就けて収入を得ることができる。自分たちはそれを目指していると。

　「試験がよくできて、へたに中等聾学校に行っても、卒業したらそれで終わりだ。連中の中で、中等聾学校を卒業したのに職業訓練校に入り直すヤツもいる。はじめっから職業訓練校に来ればよかったのに。カネの無駄遣いだよ」。

野菜売りのおばちゃんたち

　私は知り合いがすぐそばにいるにも拘わらず、時間に追われて早歩きしていたため気づかず、そのまま通り過ぎてしまうことがあった。後日、「挨拶もせず目すら合わせず、まるで警官のようにそのままものすごい勢いで歩いていたね」と咎められた。

　一時帰国した折に、より度数の高い眼鏡を購入し、たとえ急いでいても周囲に知り合いがいないか注意をするようになったのは言うまでもない。困ったの

134

が、日本でありがちだろうが「顔見知りだけれども、関係性はそれほど濃厚ではない」という相手に対してどう振る舞うかであった。

　たとえば、K聾学校の近くにある「センター」と呼ばれていた各種店舗が密集するところに、道路に面して横1列に野菜売りの店舗（売り物を並べる板の上に屋根がついている程度の小屋）が並んでいて、私は売り手の女性たちと挨拶を交わすようになった。なお、こうした店舗は日によって値段に若干変動があるものの、売値自体は相手によらず概ね決まっていたようだ。その代わり、値段ではなく野菜の個数や量を調整することはあり、「あの人はケチだ」とか「あの人は気前がいい」などと囁かれることがしばしばあった。

　ひとりひとりに握手やハグをして挨拶をして回ったこともあったが、そういうときはたいてい彼女たちに笑われた。挨拶するのが煩わしい気分のときに彼女たちの間近を通らず道路を隔てた道沿いを歩くと、私のあだ名を呼ぶ彼女たちの声が聞こえてくる。手を振っている彼女たちに両手を振り返すと、通りがかりの人に不審な目で見られることもあった。

　どうやっても気づかれるし、何をしても笑われる。それに慣れていくしかなかった。

注
(1)　日本では「裸の王様」として知られている、アンデルセン作の物語の原題は "Keiserens nye Klæder" で、直訳すると「皇帝の新しい着物」である。アンデルセンはこの物語の着想を、ドン・ファン・マヌエルによって14世紀に書かれた「ある王といかさま機織り師たちに起こったこと」（説話集『ルカノール伯爵』所収）に得ている（http://www.lib.hit-u.ac.jp/service/tenji/eu/andersen2005.html より）。アンデルセンによる童話では王が裸であることを子供が指摘するが、「ある王と……」では王の馬丁をしていた黒人が指摘する。嫡出子しか親の財産を相続できない国でいかさま機織り師たちが非嫡出子には見えない布を織ると申し出て王を騙すが、「別にこれといって失うものを持ち合わせていなかった」馬丁が王の裸を暴露するという物語である［マヌエル 1994］。
(2)　Signed English も Signed Exact English も ASL とは異なる「手指英語」である。Signed Exact English は、アメリカで聾児の英語学習を目的に英語に合わせて作られたサインで、1972年に Gustasen らによって本が出版された［Stephenson & Zawolkow 2014］。
(3)　古川［2007］で、フルメンシを指してこの工業学校の「創立時」に在籍していたと記述したが、それは間違いである。ここに訂正する。

第 2 章　協働する身体

K聾学校の女子寮の前がどうも賑やかなように感じられ近づいていくと、女子がダンスをしていた。まず音があってそれに合わせて踊るという経験しかなかった私には最初何が起きているのかわからなかった。ときどき鳴らされる手拍子の音と彼女たちの息づかいがときおり漏れ聞こえるだけだった。体の動きのタイミングも合っているように見えた。

　日本でこの事例を紹介するたびに言われたことを紹介しておこう。「何か振動を感じているのだろう[注1]」、「目でお互いに動きを確認できるから」、「人間はよく心拍音でリズムがとれるという」。しかし、彼女たちが動いていたのは芝生の上だった。お互いずっと見つめ合って踊っているわけでもなかった。心拍音でリズムがとれるなら、ペースの遅い速いがあったとしても人間みな同じように踊れるはずではないか。彼女たちがダンスをすることにおいて何が起きているのか、私たちは思い込みとそれに基づく憶測で理解＝誤解しようとしてしまう。

　もう1つわからないことがあった。何の前触れもなく、それはいきなり始まるのだ。このときだけではなく、私がK聾学校にいる間たびたび目撃することになった。また、K聾学校を離れ、子供の帰省先の村に滞在中も、気づいたら聾の子供を含め数人でダンスをしている姿があった。

　K聾学校に *music* という授業科目はあったが、たいてい自習時間になった。「音楽教師」の肩書きを持つ者はおらず、学期の初めに所属する教員（それに加え、アメリカからのボランティアや私）が、各学級の担任と4年次以上の各学級の科目を分担し、たまたまその分担を決める会議で割り振られた教員が *music* を教えていた。

　私が初めて *music* の授業を見学したとき、次のことが行われていた。教員が黒板に4分音符や8分音符などの記号を書いた。生徒は各自ペンを机に垂直に持つ。教師がそれぞれの記号を指さし、それに合わせて机をペンで叩く。8分音符は4分音符の半分の長さで。彼らは初めて見る演奏記号の意味を学んでい

第 2 章 協働する身体

たが、リズムを体験しているわけではないようだった。

　そんな彼らは、いかにして習いもしないダンスができてしまうのか、それも唐突に。

注

（1）　ある音楽系の研究会では、私がいくらケニアで撮影した動画を見せて説明しても、「音がなければ振動があるはずだ」、「耳が聞こえなくても、骨伝導で振動を感じられるというではないか」と、何が何でも音＝振動と結びつけて、この現象を捉えようとするベテランの研究者がいた。文字通り「音楽（おとがく）」を実践していることに誇りをもっているような印象を受けた。

第1節　すれ違いながら一緒にいる

　2004年9月、私はケモイの家に居候していた。ケモイは当時6歳で、ケモイよりも2歳ほど年上とおぼしき近所の男の子がケモイの家に入ってきた。そのときケモイは、私の携帯電話（以下「携帯」）をいじっていた。携帯にはロックをかけてありビニル製のカバーもつけていたので、ボタンを押しても何をしても音が出たり画面が変わったりといったことは起きないようになっていた。

　部屋にはベッドがあり、ケモイはその上にいた。そこに近所の子が入ってきたのだ。部屋の外には乳飲み子の赤ちゃんがいた。私はケモイと近所の子と向かい合っていた。近所の子はベッドの縁に座っており、その後ろにケモイがいるという状態だった。ケモイと近所の子と私は、こうして同じ部屋にしばらくいた。この3者の間で何が起きていたのか。

　この事例については、誰が誰に対して働きかけ、その結果がどうであったのかという観点で分析することが可能だった。記すまでもない当たり前のことのように思えるかもしれないが、「誰が誰に何をした」という形で分析することが難しい出来事は私たちの日常にたくさん転がっている（第3章）。

　事例分析に入る前に、ここで起きていたことを「カメラを持った私目線」で見ていただきたい。起きた順に並べてある（番号は動画ファイルの経過時間〈単位：1秒〉である。動画1秒間＝30枚の静止画で成り立っており、うち複数枚を掲載する際「0111-1、0111-2」というように記した）。0000から0006は左から右へ、0007以降は左列から1列ごとに上から下へと順に見ていただきたい。

動画ファイル経過時間　0000　　　　　0004　　　　　　　　　0006

第2章　協働する身体

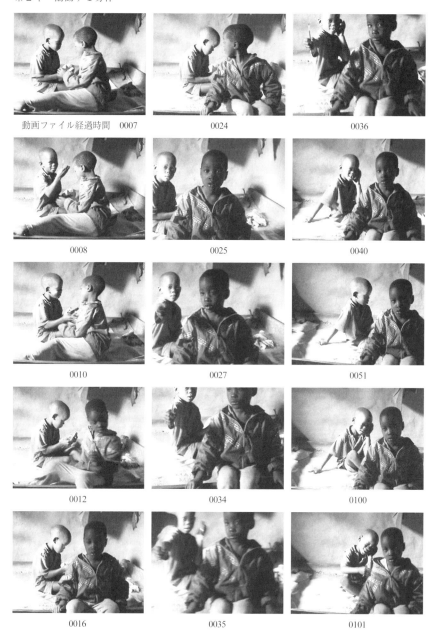

動画ファイル経過時間　0007　　　　　　0024　　　　　　　　　　0036

　　　　　　　　　　0008　　　　　　0025　　　　　　　　　　0040

　　　　　　　　　　0010　　　　　　0027　　　　　　　　　　0051

　　　　　　　　　　0012　　　　　　0034　　　　　　　　　　0100

　　　　　　　　　　0016　　　　　　0035　　　　　　　　　　0101

1 すれ違いながら一緒にいる

0102　　　　　　　　0111-1　　　　　　　　0112-2

0106　　　　　　　　0111-2　　　　　　　　0113

0107　　　　　　　　0111-3　　　　　　　　0114

0109　　　　　　　　0111-4　　　　　　　　0115

0110　　　　　　　　0112-1　　　　　　　　0118

143

第 2 章　協働する身体

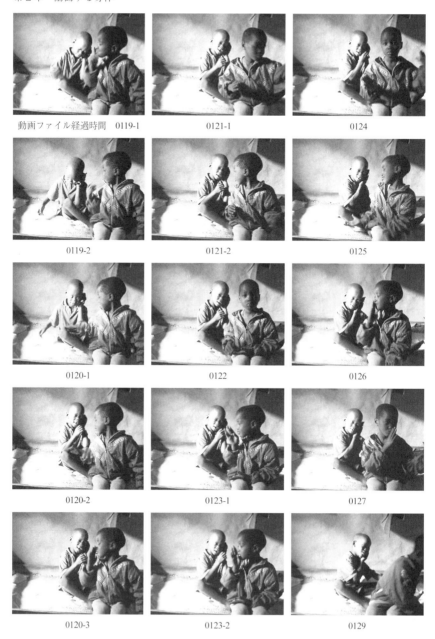

1 すれ違いながら一緒にいる

第2章　協働する身体

1　すれ違いながら一緒にいる

第2章 協働する身体

動画ファイル経過時間　0306　　　　　0310　　　　　　　　0320

0307　　　　　　　　　　0312　　　　　　　　　0322

0308-1　　　　　　　　　0315　　　　　　　　　0328

0308-2　　　　　　　　　0317

0309　　　　　　　　　　0318

1 すれ違いながら一緒にいる

　では、私目線でケモイと近所の子の「関わり方」に焦点化し、関わり方が変更される機会ごとに区切って分析してみよう。その区切り目は、(1)ケモイと近所の子が向かい合い互いに働きかけ合っている、(2)近所の子がケモイに背を向けている間、一方が他方に「一方的に」関わろうとしている、(3)近所の子が部屋から出て行っている間のケモイと私の関わり、(4)近所の子が部屋に戻ったあとのケモイと近所の子の関わりという4つの区切り目である。

　まず、(1)では、ケモイと近所の子が向かい合っている。両者の間にあるのは私の携帯であり、携帯を介して互いに働きかけ合っている。ケモイは最初から携帯の画面を見ていたが (0000)、近所の子は、ケモイが手にしている携帯の画面をケモイと一緒に見るだけでなく携帯やケモイの手に直接触れている (0004, 0007)。そこでケモイは、近所の子のことを掌で指すが (0008)、その視線の先にあるのはカメラを持っている私である。そこで私の存在がケモイの中で分節化されるとともにその分節化が私にもわかる形で表出している。その後、再びケモイと近所の子は向き合うがそれも束の間のことだった。近所の子がケモイに対して完全に背を向けてしまう (0016)。

　ここから、(2)近所の子がケモイに背を向けている間の「一方的」にも見える関わりが展開される。とはいえ、私がケモイに働きかけ、近所の子がケモイに働きかけている私を見るということがはじめに起きた (0025)。ケモイは私の働きかけに対し手を伸ばして「応答」している (0035)。近所の子は「ケモイと私の働きかけ合い」に、「私を見る」という形で関わっている (0036)。しかし、ケモイと私の間でそれ以上の展開がなくなると、ケモイは携帯に夢中になり近所の子は「ぼんやりと前を向いている」。三者三様にそこにいたのだ。

　その後、「一方的な働きかけ合い」が生じる。まずケモイが携帯を耳に当て「aaa」「aa」と言ったあとしばらくして、携帯を耳に当てながら近所の子の背中を蹴った。しかし、近所の子はケモイにとっては無反応で前を向いたままである (0100)。そこでケモイは強い調子で近所の子の腕をつかんで揺すった (0101)。そこで近所の子は振り向き両者は向き合う。このときケモイは携帯を持っていない方の手の人さし指を伸ばして数回自分の唇に当てては離し当てては離しを繰り返した (0102)。近所の子はケモイの方へと振り返りうなずくが、ケモイは近所の子とは別のところを見ながら携帯に再び夢中になり「aaa」「e?」などと言った (0106)。このとき私には赤ちゃんの声が聞こえていた。より正確に言えば、この場で展開しているさまざまなことのうち「赤ちゃんの声」を「赤ちゃんの声」として分節化したわけだ。その時点で、ケモイと近所

149

第2章　協働する身体

の子がこの「赤ちゃんの声」を分節化したかどうかは不明である。すなわち、「赤ちゃんの声」は万人にとって存在しているとは言い切れない。

　しかし、少なくとも近所の子が「赤ちゃんの声」を分節化したらしいということが、その後の彼の振る舞いによって私には認識できた。ケモイが携帯に「aa」と言う（0107）。（ここで再度赤ちゃんの声が私には聞こえた）。近所の子はケモイを見たり前を見たりしたが（0109, 0110）、ケモイにはっきりと働きかけ始めた。0111-1〜0111-4では、近所の子がケモイに体も顔も向け、まず「シッ」と空気音を発し、それから手のひらを立てて自分の唇の前へ、次に人さし指だけを立てて自分の唇の前でそれを当てたり離したりした。「しかし」、ケモイはよそを向いて携帯に集中し、比較的大きな声で「dabadaba」と言っている。注意したいのは、この「しかし」という接続詞があくまで「近所の子目線」であるということだ。こうした出来事を描写するとき、描写する側＝観察者目線では、あるときはケモイに、あるときは近所の子に無自覚になりきりがちだ。しかし、出来事はそう単純ではない。ケモイ目線で書けば、「自分が携帯で話している」ということ以外何も起きていないし、何も（近所の子も私も、ましてや赤ちゃんも）存在していないかもしれないのだ。ケモイと近所の子と私との間には数センチから数十センチほどの「距離」はあっても、一緒に同じ空間にいるが、互いに存在していたりしていなかったりということが起こり得るのである。

　近所の子はずっとケモイを見ているが、ケモイはよそを向いてさらに大きな声で携帯に「dabadabadaba」とか「aabaaa」と言った（0112-1〜0115）。赤ちゃんの声が私には聞こえている。近所の子はさきほどよりも勢いをつけて強い感じで立てた人さし指を自分の唇に何度かつけたり離したりし（0118〜0119-1）、掌を返し（0119-2）、ケモイの膝を何度か触った（0120-1）。そこでケモイが近所の子を「ようやく」（近所の子目線）見た。「aaa」と携帯に話すケモイだが（0120-2）、近所の子は手のひらを立てて（人さし指以外の指も立てて）唇に触れ（0120-3）、ケモイに背を向けつつ部屋の外を指さし（0121-1）、再びケモイの方を見た（0121-2）。そして、近所の子は私を見た（0122）。再び立てた手のひらを自分の唇に当て（0213-1〜0123-2）、私を見た（0124）。

　imageを並べ、迂遠な分析を待たず、「部屋の外に赤ちゃんがいて、ときどきぐずっていた。ケモイはそれに気づかなかったので、近所の子は必死になってケモイに静かにするように言ったが、ケモイは携帯に夢中で声は大きくなるばかりだった」と要約されて終わってしまう出来事だ。しかし、この要約には少なくとも「ケモイ目線」が欠落している。そもそも、並べたimage自体、一連

150

の動画から私が区切り出した＝私が分節化したものであり、出来事そのもので
はない。

　image の区切り出し方も、上述の迂遠な記述の仕方も、それぞれ出来事の「1
つ」の分節化の可能性を示したに過ぎない。その間、私は自覚的にではあるが、
ケモイになったり近所の子になったり、（動画の中の）〈私〉になったり、赤ちゃ
んになったりして記述している。しかし、その記述の仕方はこの場に居合わせ
た3人にとっては決して自明ではない。ましてや、読者のみなさんにとっても。
ところが、もし私が image 群よりも前に私の記述を提示していたとすれば、「そ
のように（私が記述したように）出来事が起きていた」と考えてしまいかねない。
自明ではないことは、image を読者のみなさんが観察した結果と、その後の私
の記述とのズレによって確認できるだろう。もし、あまりにも一致していたな
ら、それは奇跡としか言いようがない。どこでどう判断しているのだろうか。
今日の観察結果と明日の観察結果は同じなのだろうか。

　ところが、普段、私たちはそれを奇跡だとは思わない。あらゆる可能性を一
旦閉じることで、混乱せずに一緒にいられるのだ[注1]。もし「閉じすぎて」し
まえば、一緒にいられたはずの者同士が一緒にいられなくなるということが起
こり得る（e.g. 第3章第4節）。例えば、(3)の近所の子が部屋の外に出て行く直前
に起きていたことを次のように考えた場合どうなるか。

　ケモイはK聾学校に2004年1月に入学した、聾の子供である。こう書くと
次のことを前提にしてしまう。「ケモイは手話を用い、近所の子は音声言語を
用いる。この2人の間では言語コードが共有されていないはずだ」、「言語コー
ドが共有されていなければ、意思の疎通は難しいはずだ」。「実際、この2人は
お互いに通じ合っていない」。そして、次のような分析をしてみることになる。

　この2人の様子から言えることは、近所の男の子の手の動きは、（近所の男の
子からすれば）「受け手」であるはずのケモイにとってはただの「手の動き」で
しかなかったということである。彼はときおり近所の男の子の方を見るが、そ
の男の子の手の動きには私から見ればほとんど反応せず、いうなれば「話半分
（以下）」の様子で、ずっと声を出しながら携帯に向かってしゃべっていた（0125、
0126）。結局のところ、近所の男の子が伝えたかったと推測できること（私から
すれば、「赤ちゃんがぐずるから」「声を出して携帯に向かってしゃべるケモイを黙らせよう
とする」といったメッセージ）はケモイには伝わっていない。口を塞ぐように手を
口元に持って行っても、それだけでは「黙れ」を意味することにはならなかっ
た。ケモイがそれを見て声を出すのをやめたなら、近所の男の子の手の動きは

151

第 2 章　協働する身体

256　BORE (BORING)
chosha (a kuchosha)

260　BORROW
kopa, azima

1636　QUIET
kimya

image 2-01
上から順に "bore"（「退屈」）、"borrow"（「借りる」）、"quiet"（「静か」）

「『黙れ』を意味する記号として区切り出された」と言えるかもしれない。しかし、近所の男の子の手の動き、赤ちゃんを指したり口元に持って行ったりしたことは、そのこと自体では何らの意味を持たず、私がビデオに撮らなければそのまま消えてなくなっていた動きに過ぎなかった。現に、ケモイは近所の子の手の動きに対して、近所の子にとって意味のある反応を示さず、ただ携帯に夢中になり続け、近所の子が部屋の外を出るのを見つつもずっと携帯に向かって話していた（0129 ～ 0134）。

　近所の子がケモイに向かって行っていたことを言語コード／非言語コードという視点で捉えようとするなら、近所の男の子の手の動きを区切り出し、分類することになる。例えば、この近所の男の子の手の動きが別の同様と思われる場面で同じように繰り出された（＝パターン化した）と見るや、1 つの記号の誕生とみなされ、「××手話」あるいは「ホームサイン」というように分類されてしまうだろう[注2]。そして、その分類通りにそして分類する中で見出された語としてのまとまりや文章としてのまとまり、言い換えれば文法というルールに基づいて人々が言語を運用しているというように考えられてしまう。つまり、ルールが先にあり、そのルールを共有することで言語活動が行われると考えられてしまう。

　image 2-01 は、近所の男の子の手の動きを区切り出し、KSL の辞書［KNAD 1991=2001］と照合してみたものである。しかし、この照合作業は近所の男の子とケモイとの間で起きたことを説明してくれることはない。このことは単に近所の男の子が聾ではなく K 聾学校に通っていなかったから、あるいは彼が相手をしているのは K 聾学校に入ったばかりの（恐らく手話をほとんど「身につけていない」）新入生ケモイだったから、KSL として区切り出すことができない、ということを意味しない。仮に、事例が K 聾学校の子供同士のおしゃべりでも同じことが言える。

　この辞書は確かに、ケニアで聾の人が使用しているとされる手話をまとめたものである。しかし、だからといってケニアの聾の人たちの頭の中に辞書の中身がインストールされているわけではない。言い換えれば、ケニアの聾の人たちの間で KSL の辞書の中身が共有されているわけではない。

　ある手の動きが同じパターンで区切り出されていると（私のような観察者の側からは）「見て取れた」としても、受け手の側がそれをその区切りどおりに区切り出しているとは限らない。専門家であれば、ケモイに対して繰り出された近所の男の子の手の動きのみならず顔の表情も区切り出し、動きや表情ごとにう

第2章　協働する身体

まく分類していたかもしれない^{注3}。しかし、本節の例で言うならば、近所の男の子の手の動きは受け手であるはずのケモイにとっては区切り出しの対象にもなっていない。それは記号として区切り出される以前に"動き"のまま消えていった。このことは声で誰かにしゃべったことが聞き逃された事態と変わらない。手の動きであれ声であれ、あるまとまりで記号化するかどうかはそのときのおしゃべりの受け手の反応にかかっており、受け手なしに、単体では声も手の動きも意味あるものとして存在し得ないのである。

　この分析の視点は、それでもまだ「情報がやりとりされる」ことを前提としてしまっている^{注4}。重要なのは次の点、すなわち（一度は近所の子が部屋の外に出て行ったわけだが再び戻り）「3人がそこにいた」ということである。どうやって、この3人は「すれ違いながら」も「一緒にいた」のか。この事例において、この3人を結びつけたり離したりしているのは何だったのか。

　それは、携帯というモノである。(3)近所の子が去った後、ケモイはよりいっそう携帯に夢中になった。携帯に向かって「aa…aa…aa……dabadaba…aa」と話しかけ、1度自分の耳から携帯を離してその画面を見て (0147)、ボタンを押し (0149)、再び少し急いで「aa?」と言いながら携帯を耳に当て (0153-1, 0153-2)、その後携帯を耳から離しまた画面を見ながらボタンを押した。

　このとき、彼の発話と発話の間はあたかも携帯で話している相手が話しているかのように私には見えた。つまり私には彼の耳が聞こえていないことが信じられないほど携帯での通話が実際に行われているかのようだった。ボタンを押しても反応しないようにしてあったが、私は不安になって（発信されては困ると思い）、ケモイの方に手を伸ばして携帯を返してもらった (0204, 0205)。その携帯は、部屋に戻ってきた近所の子を介して再びケモイの手に渡った (0209-1, 0209-2)。ケモイはまた携帯に夢中になり、近所の子はケモイに背を向けて再びベッドの縁に腰掛けた (0210 ～ 0213)。

　(4)この後、携帯を結節点にしてケモイと近所の子が向き合うことになった。まず、ケモイが自分に背を向けている近所の子の耳に携帯を当てようとし、近所の子が振り返った (0214-1, 0214-2)。近所の子は、私から見れば戸惑っているようだった (0215 ～ 0216)。ケモイは近所の子の耳により強く携帯を押しつけ (0216)、近所の子の腕を触り (0222) 顎を使って働きかけた (0227)。ここで近所の子はケモイを見て微笑んだ (0230)。近所の子は、声は出さずに口を動かし (0232)、他方のケモイは近所の子に向かって小声を出した (0233)。私から見れば、ケモイは近所の子に向かって「何かしゃべれ」と促しているようで

154

あったが、それはあくまで私の解釈に過ぎない。ケモイは携帯を近所の子の耳から離し画面を見て（0235）、再び近所の子の耳に携帯を当てた（0237）。ケモイは携帯を近所の子の耳に当てている手とは反対側の手を外側に軽く振るのと同時に頭を少し振って小さな声を出した（0238）。ケモイの膝の下に置いていた手で近所の子はケモイの膝の裏を触った（0240-1）。ケモイは小声で近所の子に向かって「dabadabada」と少し長めの発声をした（0240-2）。近所の子は微笑みながら体ごとケモイの方に向いた（0242、0244）。近所の子はケモイが自分の耳に当てている携帯に自らも触れ空気音で発声し（0245-1）、ケモイはうなずいた（0245-2）。近所の子は小声を出し（0247）、ケモイは両手を使って近所の子に携帯を持たせ（0250）、携帯はケモイの手から近所の子の手に渡った（0252）。近所の子は自分の耳に携帯を当てていたが（0253）、携帯を耳から離し画面を見た（0254）。ケモイと近所の子は2人で携帯の画面を覗き込んだ（0255、0256）。ケモイは少し険しい顔をしながら「aaaaa!!」と大きな声を出しつつ携帯を近所の子の耳に当てた（0257-1、0257-2、0259-1）。ケモイは携帯を近所の子の耳に当てつつかなり大きな声で「daabaa!!」と言った（0259-2）のち、「aa!…aa!」と言いながら携帯を自分の耳に当てた（0301）。ケモイは近所の子から視線を外して携帯に向かって「aa!」と言って（0304）、自分の耳から携帯を外して画面を見て（0306）、再び自分の耳に携帯を当てた（0307）。近所の子はケモイの方に体を寄せ（0308-1）、ケモイは「dabadaba…dabadabada」と携帯に向かって言い（0308-2）、近所の子は少しケモイに背を向け（0309）、再びケモイを見た（0310）。ケモイは「dabadabadaba」と携帯に向かって言い（0312）、携帯を近所の子に向けて（0315）、近所の子の耳に携帯を当てた（0317）。ケモイは携帯を近所の子の耳に当てつつ部屋の外を見た（0318）。（このときケモイの母親が部屋の外に来たことを私はその声で認識した）。近所の男の子はケモイから携帯を受け取ろうとしつつも（0320）手を離し部屋の外を指さした（0322）。ケモイは近所の子の耳から携帯を離しそれを持ちながらもベッドの隅に行き、近所の子もケモイと一緒にベッドの隅を見た（0328）。

　彼らがベッドの隅を見に行くまで、ケモイと近所の子と私とを結びつけたり切り離したりしたのはほかでもなく携帯だった[注5]。なお、携帯からはただの1度も音が出てこなかったばかりか、画面もカレンダー表示のままであった。「物言わぬ携帯」だったわけだが、その存在はこの場に居合わせたどの3人よりも大きく確固としたモノだった。

　それにも拘わらず、日本語でこうして出来事を文章化＝文字で分節化する

第2章　協働する身体

と、どうしても人を主語に置いてしまう。そして、何を基準に記述するかがその都度ブレてしまう。それでも私はかなり辛抱した方だ。(4)でのケモイと近所の子がどう振る舞ったかを記述するとき、私は何度も「やっと（近所の子はケモイと向き合い）」、「とうとう（近所の子は自分で携帯を自分の手でもって自分の耳に当てたままにしようとし）」と書きそうになった。しかし、これらの表現は、ケモイと近所の子（と彼らを撮っている私）が一緒にいることにおいて、そこに居合わせた人間たちが向き合わねばならない、という強迫観念じみた思い込みを持っているからこそ出てきてしまうものだ。その思い込みは私にこう書かせるだろう、「ケモイが近所の子に働きかけているのに、近所の子はケモイに向き合おうとしなかった」と。

　この事例が教えてくれることは、人間同士が向き合わなくして一緒にいられたということだ。複数の人間が同じ場に居合わせるとき、必ずしも互いに向き合う必要はなく、働きかけが一方通行になりながらも一緒にいるという事態がこうしてありえるのである。そして、今回の3人を媒介することになったのは音声なり手話なりの言語ではなく、携帯というモノであった。このモノの存在が私たちをときにすれ違わせ、ときに協働させたのだった。

　では、携帯もなければ「似たもの同士」[木村 2015] でもない者がその場に居合わせたとき何が起きているのか。そこにいたのは人間同士ではなく、「意思疎通」ができると考えられている（人間のパートナーとしての）犬や猫の類いでもない、ケモイと雌鶏であった[注6]。ケモイの家で飼っていた雌鶏のうちの1羽は、毎朝、必ず同じ部屋に入ってくる。彼の母親によると「なぜだかわからないが、いつもこの部屋で卵を産む」のだそうだ。どうも産気づくとこの部屋のベッドの上にあがるらしい。なお、ケモイ一家はこの雌鶏を「人間のパートナー」としてかわいがっていたわけではない。「採卵できる雌鶏」というくらいにしか認識していなかったはずである[注7]。

　さて、この日はケモイもいた。その傍らで私がケモイと鶏の様子を撮影していた。鶏もケモイもベッドの上である。ちなみに、公益社団法人畜産技術協会の『アニマルウェルフェアの考え方に対応した採卵鶏の飼養管理指針　平成28年9月』によると、鶏は「周囲の環境変化に敏感に反応するため、……鶏がストレスを感じないよう、鶏以外の動物との接触を避けるとともに、管理者（経営者等）および飼養者（実際に管理に携わる者）は、鶏舎内で作業をしたり、鶏に近づいたりする際には、鶏に不要なストレスを与えるような突発的な行動を起こさないよう努めることとする」[畜産技術協会 2016: 3] そうだ。しかし、その

156

1 すれ違いながら一緒にいる

指針とは全く逆のことがこの日ケモイと鶏との間で起き、かつ鶏はいつもどおり卵を産んだのだった。この2者間で起きたことを具体的に見てみよう。

「(ケモイと鶏の)2者間」と書いたが、正確には彼らにカメラを向けていた私も含む3者間である。鶏にとって、ケモイと私の存在はどのようなものだったのかわからない。私たち(特にすぐ傍のケモイ)がいるということに馴染んでいたのかもしれないし、私たちが全く存在していないことになっていたかもしれない[注8]。しかし、これだけは事実として言える、この場に動く生命体が3体あったということだけは。

ケモイは当初、鶏に対して「何もしなかった」。彼はただ腹ばいでベッドの上に寝そべり、何かを書いたり読んだりし、ときおり私に向かって直接働きかけたが、鶏に向かって直接何かを働きかけたことはなかった。他方、鶏にとってケモイはいかなる働きかけを行っていたのか。ケモイはすぐそばに寝そべって比較的おとなしくじっとしていただけでなく、ときに立ち上がってベッド上を歩きマットレスは振動した。だが、「お構いなし」に「いつも通り」この雌鶏は卵を産んだ。

ケモイは終盤、鶏に直接的に働きかけた。鶏を手でどかし、卵を手に取り、部屋を出て行った。鶏は「されるがまま」に、ケモイを攻撃しようとする素振りも見せずに最後は壁際に佇んだ。しかし、「鶏目線」ではどうだったか。そもそも「鶏目線」があり得るのか。

これが、「ケモイと鶏と私が一緒にいた」ことの顛末である。

image 2-02
左からケモイの鶏、右下は私の足。

image 2-03
ケモイが起き上がって私に直接働きかける。

157

第2章　協働する身体

image 2-04
再び腹ばいになっているケモイと反対方向を向いている鶏。

image 2-05
ケモイはベッドに立ち上がった。

image 2-06
立ち上がって私を見るケモイと壁に向いている鶏。

image 2-07
ベッドの上を歩き窓に手をやるケモイ。

※鶏が卵を産むまでに1度録画スイッチを切っている（どれだけの時間が経ったか不明）。

image 2-08
立ち上がる鶏、気づかないのか無視しているのか無反応なケモイ。

158

1　すれ違いながら一緒にいる

image 2-09　　　　　　　　　　　　　image 2-10
初めて鶏と向き合い「ハッ」と息を吸いながら握　鶏に向かって文字通り「手を上げる」ケモイは大
り拳を口にやるケモイ。　　　　　　　　　　　声も上げた。

image 2-11　　　　　　　　　　　　　image 2-12
鶏が「ギャー」と声を上げる（それまでは「コッ　卵を自分の足元に転がす鶏。このときケモイは声
コッコッコ、コケーッ」と軽い鳴き声だった）。　を上げ大笑い。

image 2-13　　　　　　　　　　　　　image 2-14
鶏に手で直接触れて横にどかそうとするケモイ。　鶏を手で追い払おうとすること数回のケモイ。

159

第 2 章　協働する身体

image 2-15
壁際に追いやられた鶏。卵を手にしたケモイは"mama"と声を出しながら部屋を出て行った。

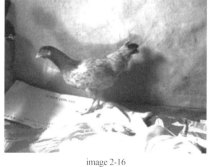
image 2-16
部屋に残された鶏（と、まだ鶏にカメラを向けている私）。

注
（1）　第1章第2節注（4）を参照。
（2）　聾者同士や聾学校という場面で使われたのではなく、家で使われた場合は「ホームサイン」すなわち（標準の）手話とは異なるものとして分類される。だが、音声言語に置き換えて考えてみると、同じように分類するならば、学校の授業で話すことばを「学校語」として、家（ウチ）で家族と話すことばを「ウチ語」として分類することになるのではなかろうか（同様のことは古川［2011b］で述べた）。
（3）　例えば、心理学者エックマンだったら、近所の男の子の手の動きや表情を「表象（エンブレム）」、「身体操作（ボディ・マニピュレーター）」、「例示（イラストレーター）」、「情動表出」、「規制的動作（レギュレーター）」［エックマン 1981］に分類するだろう。
　　「専門家」でなくても、人は相手のからだの動きを記号として、あるいは記号とそうでないものとして分類でき意味づけることが可能なものとして考え、どうにかその記号を共有できないかと考えがちである。わかりやすい例が、別稿［古川 2011b］で私が取り上げた玩具「バウリンガルボイス」（タカラトミー http://www.takaratomy.co.jp/products/bowlingualvoice/、現在リンク切れのため、古川［2011b］から再引用）の発想である。この玩具は、イヌの声（に現れた気持ち）を翻訳してくれるという。もしも、「声だけではまだわからないから尻尾バージョンが必要」とか、「尻尾バージョンでもまだわからないから目の動きバージョンが必要」、「目の動きバージョンでもわからないから鼻の動きバージョンが必要」だとして、「バウリンガル」とは別に「テイリンガル」、「アイリンガル」、「ハナリンガル」を新たに売り出したなら、自分の飼い犬とうまくいかないと悩んでいる飼い主がいるとすれば、彼らは喜んで買い込むかもしれない。だが、自分の犬と自分との間にそれら4つの「翻訳機」を並べたところで果たして飼い主たちはその犬とうまく"おしゃべり"ができるようになるのだろうか。（そもそも、犬と仲良くすることは犬とうまく"おしゃ

べり"をすることなのだろうかという疑問もある)。加えて「バウリンガルボイス」の発想は、声や表情やからだの動きを分節化し記号化するというだけでなく、例えばある声の質（高低や長短や大きさ）を記号として普遍化する辞書作成の発想だということも可能である。辞書作成が歴史的な出来事であることは古川［2007］で議論したのでそちらを参照されたい。

　なお、この「バウリンガルボイス」は 2011 年バージョンの時点で 50 種の「対応犬種」と 6 タイプの「MIX（雑種）（体の大きさと鼻の長さで区分）」に対応となっており、きわめて「相対主義的」である。

(4)　木村は、「発信者と受信者が同じコードを共有しており、それを介してコミュニケーションを行う」ことを前提とする「コード・モデル」［水谷 1997］を適用できない人間と動物のコミュニケーションを扱うにあたって、スペルベルらによる「関連性理論」とベイトソンの「情報」をめぐる議論を取り上げている。まず、「（人間と動物のような）似ていないもの同士」のコミュニケーションには、コード・モデルとは別のものを考えねばならない。その点、スペルベルらによる「関連性理論」は、コミュニケーションの過程に「推論」という観点を持ち込み、「コードという固定した枠からコミュニケーションを解放しようという試み」［木村 2015: iv］である。しかし、木村によれば、「関連性理論」でも「コミュニケーションの参与者の間で『何かが送られている』という描像は脱し切れていない」［木村 2015: v］。というのも「送り手と受け手の間で推論規則が共有されている必要がある」［前掲］からだ。

　他方、ベイトソンは、「送り手」（A）と「受け手」（B）の外部に何らかの規則を措定してはいない。木村も引用したベイトソンの主張をここに再引用しよう。「情報工学で、A から B に送られるメッセージを論じるさいには、観察者のことは考慮せずに、B の受信した情報量を、伝達された文字数と B に推測を許すテクスト内部の冗長性から決定するのが通例である。しかしわれわれの生きる宇宙を、観察者の視点によって姿が変わってくるような、より大きな視野において捉えるとき、そこに見えてくるのはもはや、"情報の伝達"ではなく、冗長性の蔓延（a spreading of redundancy）である」［ベイトソン 2000: 542、Bateson1972: 414、木村 2015: vi］。

　しかし、ベイトソンは、文字や木という「静的かつ可視的に存在しているモノ＝見ようと思えば見ることが可能なモノ」を想定している点で、彼の考えるところの「冗長性」（redundancy）がより限定的になってしまっているように私には思える。文字にせよ木にせよ、それらは動き回ることなく、ある地点に定着している。しかし、声や手の動きは、どこにも定着することなく、その場で消えてゆく。聞こう／見ようと思った瞬間に、もうそこには存在しないかもしれないのだ。

　ところで、小説家の山本周五郎は、自身の浦安での経験に基づいた（とされる）小説『青べか物語』の中の「留さんと女」で、「世間は狭い」のではなく「世間は広い」から人と人が交わる、という興味深い話を展開している。主人公の「私」は、知り合いの相撲評論家の家で「浦粕」（架空の地名）の話をしていた。すると、「私」が知っている浦粕のとある住民（留さん）をその相撲評論家の妻（彦山夫人）も知っているという話になった。以下は、小説からそのまま引用したものである。「要約すれば

第2章　協働する身体

平行線の定理なのである。私は私の人生の座標をもち、彦山夫人には彦山夫人の座標がある。留さんも同じことであって、おのおのはその人生の座標に即して生きている。平行線は相交わらない、というのはユークリッドの定理だったろうか。これに対して『無限大の空間においては相交わる』という非ユークリッド定理がある。つまり、世間が広大であるからこそ、それぞれの座標をもった3人がめぐりあう機会も生れる、というわけである」[山本 1967: 222]。「人と人」あるいは「人と動物」がコードを共有していなくても、また、それぞれの関係がいかに「平行線」をたどっているように見えていても、「一緒にいる」ことには変わりなく、交わる可能性はいくらでもある。

(5) 菅原は「ものの介入による主題化」[菅原 2011: 51] として、「(指輪についている) ダイヤ」が会話に「介入」してくる例をCA（会話分析）の手法を用いながら提示し、「身体がものに潜在していたアフォーダンスを新たに抽出することと連動して、言語レベルでものの主題化が起きる過程」を分析している。そのうえで「相互行為は言語的な関連性の制約から離れて、もの それ自体をバネにして思いがけない方向に跳躍しうる」[菅原 2011: 53] と考察する。また、「キリンオレンジ」（清涼飲料水のボトル）への言及を含む3者間の会話を分析し、「有用な資源としてものに関心が向けられるとき、それが言表によって主題化されることはしばしばある。だが、明示的な身ぶりがこうした主題化と連動するとはかぎらない。むしろ、身体は、非明示的な形でものへの関心を露呈し、ものをめぐる秘かな交渉に関与するのである」[菅原 2011: 56] と考察している。

　私は、菅原が「身体」を「相互行為」の主人公に据えようとしていることは理解できるが、結局のところ「身体行為」と「言語行為」との弁別を前提として議論している点で限界があると考えている。菅原は、ものないしは身体が「介入」する、「関与」すると表現したり、（テキスト化した）会話の論理構造では「不自然」な事柄が「相互行為においては身体によって自然な事柄として現実化される」[菅原 2011: 55-56] と考察したりしている。彼の分析・考察の通り、人の「相互行為」なるものについては、言語による（ものと信じられている）会話と身体的な相互行為とを切り離して捉えざるを得ないのだろうか。これは、彼の限界ではなく、こうした議論を文字言語で行うことの限界である [吉田 2016a]。

(6) ただし、食用・採卵用以外に「ペット」としての鶏も日本では存在している。ウェブサイト「ペットのおうち」の「里親募集」のページには、「鳥の里親募集×ニワトリ」の情報が 188 件（2017 年 8 月 2 日時点）掲載されている。その中には投稿者によって「甘えた鶏の男の子」、「ペットの鶏比内鶏オス」、「烏骨鶏の男の子」、「愛護センターからの保護ニワトリ（女の子）」など、ペットとしてさらには擬人化して捉えられている鶏ばかりである。また、投稿のためのフォーマットには現在所在地、年齢、募集経緯、健康状態、引き渡し方法に並んで「性格・特徴」とあり、例えば「ごはん時になると餌を要求してきますがそれ以外はいたって大人しいです。撫でると気持ちよさそうにします」、「とても大人しく人馴れしており、攻撃性など一切ありません」などと書かれている。また、同サイトの里親応募ガイドにある「応募者

用譲渡のルール」には「終生愛情と責任を持って育てることを誓約してください」
と明記されている。

(7) 聾の子供の帰省先で犬・猫を飼っている家がいくつもあった。概ね犬は番犬として、
猫は穀物を入れておく部屋でのネズミ対策として飼われていたようだ。犬には名前
がつけられ、かわいがられたが、「汚いので」決して屋内に入れられなかった。屋
内に入ろうとすると軽く脇腹を蹴飛ばされて追いやられることもあった。他方、猫
は室内外を自由に往来することが許されていた。ある家で私は生まれて間もない子
犬によくかまっていたせいで子犬についていた虫に大いに刺されてしまい、家人に
「しょっちゅう犬にかまうから」と苦笑されることもあったし、別の家で犬が室内に
入って来ようとしたとき、私は見よう見まねで軽く蹴って外へ追い出そうとしたと
ころ、その家の子供に「もう年老いているから」と窘められたことがあった。また
ある成犬が家の敷地の外に出たところを車に轢かれて死んでしまったことがあった。
後日、轢いてしまった者がどこからか子犬を連れて詫びに来たが、彼が去ったあと
「子犬を連れてこられてもね……」と犬を轢かれた側の家族は話していた。もっとも、
その子犬はすぐに名づけられてかわいがられることになったが。

(8) 「動物の意識」に関して、例えば動物行動学・動物生理学を専門とするドナルド・R.グ
リフィンは「行動主義科学者のなかに、動物に意識があることを頑として受け入れ
ようとしない人が非常に多い」[グリフィン 1995: 43] とし、彼らが次の3点を強調
してきたと述べている。「1. 動物の構造的な能力によって直接左右されない行動はほ
とんどすべて、学習と個体の体験で説明がつく。2. 動物（あるいは人間）の行動を
説明するとき、外的な影響と直接に観察できる行動だけを考えるべきである。行動
科学者は、有機体と呼ばれるブラックボックスに入力された、あるいはブラックボッ
クスから出力された観察可能な情報にのみ関心をもつべきである。3. 主観的な心的
体験とくに意識的な思考は、つぎの2つの理由で無視すべきものである。（A）主観
的な心的体験は測定できない「私的の」現象であり、体験者にしか知覚できない。
したがってそれについての言明は、独立に立証はできない。（B）主観的な心的体験
は行動に影響しない。したがってそれは脳の働きでたまたま生じた副産物か、随伴
現象である」[グリフィン 1995: 44-45]。ただし、1. の主張は現在ほとんど顧みられ
なくなり、2. の主張も「心理学の認知革命によって大幅に修正された」[グリフィン
1995: 45]。

　さて、グリフィンによれば、「動物のコミュニケーションは、動物の心について知
る有益で重要な『窓』になる」[グリフィン 1995: 257]。しかし、「行動学者がコミュ
ニケーション行動を動物の感情や思考の証拠として使おうとしないのは、1つには、
コミュニケーションは内的生理状態から直接起こることであって、どんな種類の意
識的な制御も受けないと確信するから」[グリフィン 1995: 258] と述べている。そ
れは「人間がまばたきしたり、赤面したり、驚いて息をのんだり、痛くてうめいた
りするのと同じようなものだと考えている」[前掲] ということである。これをグリ
フィンは「GOP（groans of pain、「苦痛のうめき声」）」と呼び、「GOP は直接なにか
生理的な状態からくるものと考えられるので、他の動物がいるかいないかは問題で

第2章　協働する身体

ないはずである。受け手がいてもいなくても関係なく、目は角膜が刺激を受けるとまばたきする」［グリフィン 1995: 258-259］と述べている。しかし、「多くの社会性動物のコミュニケーション信号は、他の動物がいるかいないかに左右されることが多く、他の個体から受けた信号に応じて変更されることもたびたびある」［グリフィン 1995: 259］と言う。ここで課題となるのが、「社会性動物」と言ったときの「社会」が何を指すのかであろう。鶏は果たして「社会性動物」と言えるのだろうか。

　もし、2つ以上の個体が集まった時点で「社会」と言えるのであれば、「人」と「動物」、そして「意識」、「社会」について、多くのことを議論する余地がある。

164

第 2 節　ことばを介さないやりとり

　入学予定の子供たちの多くは、これから何が起きるのかわからない状態で保護者によって K 聾学校に連れて来られる。そして、まず学校敷地内に併設されている検査棟の部屋で専門家によるオーディオメーターを用いた聴力検査を受ける[注1]。その後、ナーサリー学級の担任を含めた 3 〜 4 人の教員が保護者に対して面談を行うと共に、子供たちに対しても面談を行う。これらを経て、入学が決定される。

　面談では、教員 2 〜 3 人が保護者に対し家族や生活、当の子供について質問をする。その間に別の教員が、積み木やパズル、ボールなどの玩具を子供に与えて反応を見たり、黒板に数字やアルファベットを書いてそれを写させたりする。また、子供に玩具などを触らせている間に、別の教員が子供の後ろにそっと立ち、手を叩いて反応をうかがう。ほとんどの場合、後ろで手を叩かれても子供は振り向くことがない[注2]。

　私は、2004 年 11 月に、翌年入学予定の子供に対して行われた面談に同席したが、教員と子供の間で起きていることを傍らで観察していて気づいたことがあった。一見、まず教員が子供に対して何らかの働きかけをし、それに対して子供が反応するというように見えたのだが、徐々に 2 人の体の動きの間が縮まり、しまいにはどちらが動きのきっかけをつくったかわからなくなったのである。これについて、以下で 2 つの面談を取り上げ具体的に考えたい。

　はじめに、教員 A（以下 A）と子供 b（以下 b）の間で起きたことを例として挙げたい。A は座り、その傍に b が立っていた。b の横には教員 C がいた。以下で場面ごとに区切って何が起きていたのかを具体的に記述してみよう。

　まず、A の右手は本の中に描かれた図の 1 つを指した。b の脇に座っていた C は、画面上にはいない別の教員と話したり手元の書類を見たりしていたが、ときどき A と b の方を見ることがあった（image 2-17）。次に、A の手は「牛乳」と読み取れる動きをした（image 2-18）。（この「牛乳」と読み取れる所作は、image 2-18 を拡大した image 2-19〈左〉である。image 2-19〈右〉は、実際に乳搾りをしているところ

165

第2章 協働する身体

image 2-17

image 2-18

image 2-19

image 2-20

2　ことばを介さないやりとり

である。）その後、A の左手は b の右手首を摑み、前方に少し引っ張った（image 2-20)。なお、b の顔は、A の両手が「牛乳」と読み取れる手の動きをしたとき、本の方を向いていた（image 2-18)。

　ここで、「A は本の中で自分が指さした牛乳の絵を見るように b を促そうと b の手首を摑み引っ張った」「だが、b にとっては自分の右手首が引っ張られただけで、何が起きているのかわからなかったようだ」と記述することも可能かもしれない。この記述の仕方では、2 人（仮に X と Y としよう）の間に起きた出来事として、「X が××をした、それに対し Y が○○をした」というように 2 人の所作を分けた上でそれぞれの所作に意味を与えることになる。一方の人が他方の人に対して何かを働きかけ、働きかけられた側がそれに反応する。反応がないとみなされれば、例えば「A が図を示して『牛乳』と言ったにもかかわらず、b は『牛乳』の手話がわからずに無反応だった」というように記述されるだろう。

　規範的言語モデルに依拠するならば、このように「ことばの意味が伝わっていたかどうか」に注目し、出来事を記述することになるだろう。そして、「ことばの意味が伝わっていない」と見るや、そこでの "やりとり" は失敗したとみなされる。そして、"やりとり" に失敗した側は、うまくその場にいられなかったとみなされることもあるだろう。だが、ことばが "やりとり" の中心にいつもあるとは限らない。A が繰り出した手の動きが A の意図どおりに伝わることは、b が A と一緒にいるための不可欠な条件になるとは限らない（第 2 章第 1 節）。

　さて、体の動きに着目しながら A と b の間で起きていたことを改めて見ると、面談という "やりとり" ── "やりとり" と捉えることは、A に対して b と分けることが前提になっている ── が、徐々に "やりとり" とは言えない状態になっていったことがわかった。引き続き記述してみよう。

　その後 A の右手の人さし指が本の絵を指しそのまま静止している状態のとき、b の右手が前に出ては引っ込んだ。b の右手が前に出たり引っ込んだりという動作は 4 回続くが、回を重ねるごとに、A の右手が絵を指して静止してから b の右手が前に出るまでの時間が徐々に短くなっていった。

　まず、A の右手が絵を指したまま静止し、左手が b の右手を摑んで離した後に、b の右手が前に出るようになる。A の右手の人さし指が本の中の絵を指して静止してから b の右手が前に出るまでのタイムラグは(1) 2.640 秒、(2) 1.499 秒、(3) 0.52 秒、(4) 0.21 秒、(5) 0.06 秒というように、どんどん短くなっていった。

167

第2章　協働する身体

image 2-21　Aの右手が本の図を指さした直後に、bの右手が前に出るようになった。

image 2-22　bも人さし指を伸ばしている。

Aの右手の人さし指は絵のところで静止するまでは1つの図から別の絵へと移動しており、上述のタイムラグが短くなるということは、bの右手が前に出るタイミングがAの右手が絵のところで静止する前の動いているタイミングに近づいていることを示している。言い換えれば、bの右手の動きがAの右手の人さし指の動きと合わさっていくようになったと言える。そして、(5)では、それまで握り拳の状態だったbの右手から人さし指がのびAの人さし指と同様の形を成すようになった。この時点で、bの手は動きのタイミングのみならず、形もAとほぼ同じになっていたことになる（image 2-21, 2-22）。

　bの手は、当初はAの手の動きに導かれて動いていた。言い換えれば、bの動きはAの動きにつられていったと言えるだろう。そして、次第に「Aの手

168

2 ことばを介さないやりとり

image 2-23

の動きがbの手に働きかけ子供bの手がそれに応答する」というような、"やりとり"の様相は薄まっていき、動きばかりか手の形さえも同調していったのである。

　次に、2つ目の面談について具体的に記述してみよう。2つ目は教員C（以下C）と子供d（以下d）の例であるが、同様のことがこの2人の間でも起きていた。もし「人が何かを行う」という視点で記述するなら、Cとdとの間に起きたことは「Cがdに対して面談を行った」、「面談の中で、Cとdが握手をした」、「Cがdにボールを渡し、dがそのボールを受け取った」という一言で済んでしまうことを、Cとdの体の動きに注目して記述してみたい。

　はじめ、Cの右手は机の上に乗っており、dの手は自分の腿に置かれていた。まず、Cは机の上にあった右手をdに差し出し始めたとき、右手が少し上がった。そのCの右手が上がるのと同時に、dの右手も上がった。Cの手は、dの鼻の高さで止まった（image 2-23、左から右の順に参照）。

　このあと、Cの手がdに向かって伸びると同時に、dの手はCに向かって伸び、Cとdの手は握手をする形になった。「Cとdは握手をした」という結果から遡って考えたとき、Cの手の動き始めは不自然であったように思える。もし、最初からCが自らdに向かって握手をしようとしていたならば、Cの手は上には行かずdに向かって前に動いていたはずである。だが、Cの手はdの手が上がるのと同時に上がり、一旦dの鼻の高さで止まった。加えて、dの手の動きが先にあって、それに反応したCが自分の手を上げたようでもなかった。

　一方で、dの視点で考えると、dもまた自ら意図して手を上げたようではなかった。しかし、だからといってdもまたCの手が上がったことに反応して自分の手を上げたようではなかった。「Cの手とdの手が同時に上がった」、「結果、2人は握手をすることになった」としか表現のしようがないことが起きていたのである。

169

第 2 章　協働する身体

①Cの右手がやや上がりつつ掌が返り始める

②Cの右掌を返り終わる

③Cの右手がCの胸に向かって引き始める

④Cの右手が上がるのと同時にdの両手が上がる

⑤Cの手が下りる（画面下方に消える）のと同時にdの両掌が返る

image 2-24
00:00:56 から 8 フレーム（約 8/30 秒）ごとの動き（計およそ 1 秒間）

170

2 ことばを介さないやりとり

　その後、Cの右手はボールを握り、ボールはdの右手に渡った。dの右手が
ボールを摑むと、Cの右手はCに向かって引っ込められ、掌が返った。ここ
でもまた、「握手をする」前と同じことが起きていた。dの右掌が返る動作がC
の右手が引っ込みながらやや上がるのと同時に起きていたのである。これを、
8/30秒ごとにコマ送りにしたのがimage 2-24である。

　この事例から言えることは、Cの手の動きを、dの手がたどるより前に、C
とdの手の動きが同時に起き、かつ手の動く方向も同じだったということであ
る。ここで生じた手の動きは、もはや「Cの動き」と「dの動き」というよう
に分けられない。手の動きはとけあって1つになっていたのである。

　もし、自立的な個人を想定し、個人と個人の間でキャッチボールのように
〝やりとり〟が行われることを前提とするならば、Cが（何もわからない）dに対
して働きかけ、それに対してdがどう反応したのか（あるいは反応しなかったの
か）、言い換えれば、Cが発信したことをdがどのように受信したのか（あるい
は受信できなかったのか）という観点で分析が行われることになるだろう。だが、
両者の体の動きに注目すると、Cが「働きかけ」、それに対してdが「反応す
る」というよりも、むしろ動きのきっかけをつくったのがどちらなのか特定で
きないことが起きていたと言える。このことをことばで表現することは難しい
が、強いて表現しようとするならばCとdの体の動きが一緒につられていき、
とけあい、1つになったとしか言いようのないことが起きていたとした方が妥
当であろう。

　人が集まる場で何かが起きたことを認識するために、私たちはとかく行為者
として諸個人を分けようとしがちである。「共鳴」、「共振」、あるいは「オーケ
ストレーション」などと表現の仕方を変えても、前提となっているのはバラバ
ラに分かれた人の存在であり、本来バラバラに存在している人たちが一緒に何
かを行っているということを主張しているに過ぎない。「誰からともなく始ま
り、いつの間にか一緒に動いていた」という事態を目の当たりにすると、「一
緒の動き」を個々独立／自立した人の動きとして記述することはできないこと
に気づかされる。

注
（1）　ただし、オーディオメーターは見たところ使い古されたもののようで、部屋も外部
　　　の音を完全に遮断できるほど密閉された状態ではなかった。子供はされるがままに
　　　耳に受音器を当てられるが、それに対してどう反応してよいかあまりわからない様
　　　子だった。検査記録は、K聾学校の事務室にある物置に保管されるが、面接が終わ

171

第 2 章　協働する身体

れば参照されることはないようだった。私が記録を見せてもらった限りでは、保管
状況もよいとは言えず、記録が残っていない子供の方が多かった。加えて、聴覚検
査の数値結果はほとんど残っていなかった。

(2)　稀に、教員が手を叩いてから数秒間の間があいてから後ろを振り向く子供もいるが、
それは何に対して反応したのか定かではなかった。なお、在校生に「聞こえるか」
と尋ねてみたところ、在校生の中には自分でかなり強く机を叩いて見せた後に「少
し聞こえる」と言う子もいれば、「全く聞こえない」と言う子もいた。

172

第3節　ことば遊びのリズム

　私は2004年8月にジェプトゥムの帰省先に居候させてもらっていた[注1]。ある日、体の部位のナンディ語での名称について、彼女の母親が自分の体の部分を指し示しながら私に教えてくれていたとき[注2]、娘のジェプトゥムがそばにやってきた。それから、母親が娘と向き合って2人のやりとりが始まった。母親は自分の口を指で軽く叩きながら「クティッ *kutit*[注3]」と言ったら、娘も自分の口を指で軽く叩いた（image 2-25）。

　引き続き母親が自分の体を触りながらナンディ語でその体の部分の名称を発声し、娘が母親の示した体の部位に相当する自分の体の部位を触るというパターンでやりとりは進行した。私は、母親による体の部位の語彙の発声と体の部位を指し示すタイミング、そしてジェプトゥムが自分の体の部位を触るタイミングについて ELAN で分析した。その分析過程で、母親が体の部位の語彙を声に出し自分の体を触る際に上下運動が起きていたことがわかった。彼女は座っていたので、上下運動は腰を軸にして行われていたものと考えられる。

　その後、彼女はしばらくの間私のカメラのフレームから外れてしまったが、立っていたジェプトゥムは自分の体を触る際、膝ないしは腰を軸とした上下運動を行っていたが、伸ばし始めるもしくは屈み始めるのとほぼ同時に自分の体を触っていることがわかった（図2-1）[注4]。

　まず、頬に手が触れてから約0.1秒後に体が上に伸び始めた。それから、体が伸び始めて約0.4秒後に歯に触れ、舌に触れてから約0.1秒後に体が伸び始め、体を屈め始めて約0.1秒後に顎に触れた。さらに体を屈め始めてから約0.02秒後に首に触れ、腹に触れて0.08秒後に体を伸ばし始め、体を屈め始めて約0.1秒後に胸に触れていた。

　このように、娘のジェプトゥムが体の一部分に触れる動作と膝ないしは腰の屈伸の動き始めのタイミングを「秒後」と表現したが、ほぼ同時（どちらが先でどちらが後とも言いがたいタイミング）であるということができる。少なくとも肉眼では同時にしか見えないタイミングだ。他方、母親はただ平板にナンディ語

173

第 2 章 協働する身体

image 2-25

を発声していたのではなかった。例えば kutit を「クティッ」と発声したのではなく、「クーティーッ！」と、日本語でたとえて言うなら「クチ」(口) と言うのではなく「クーチッ！」というように発声していたのだ。(踊りながら歌う、童謡「アブラハムの子」の「あーたま！」「おーしり！」のくだりを思い出してほしい)。

　ジェプトゥムだけでなく他の聾の子供たちも、普段の会話でこのような上下運動を行うことはない。しかし、別の場面では、しばしば同様の上下運動が聾の子供たちに限定的にではなく、むしろ耳が聞こえる人たちに見られる。それは、歌うことが伴っているときである。歌うことと上下運動のリンク自体はそれほど珍しいことではないかもしれない[注5]。確かに、ジェプトゥムの発声と上下運動の同時性が何に由来するか (「生得的」なものなのか、何らかの「学習」によるものなのか) わからない。しかしながら、少なくともナンディの人々が歌うときには、膝の屈伸運動を伴うことが多い。いずれにしても、このやりとりの前半において彼女は直立不動の状態で体の部位を手で触っていっただけでなく、屈伸運動を伴いながらリズムを作り出していたのである。

　次に、母親がある体の部位の発声から別の体の部位の発声に移るまでの間隔と、ジェプトゥムの屈伸運動のセット (「伸 → 屈」ないしは「屈 → 伸 → 屈」) が次のセットに移るまでの間隔が徐々に短くなっていくことがわかった。母親は

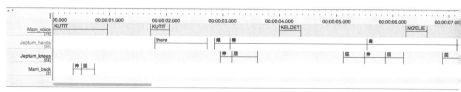

図 2-1　上から 2 番目の層がジェプトゥムの手の位置、3 番目の層がジェプトゥムの膝の屈伸のタイミング

174

3 ことば遊びのリズム

1.940 秒、1.862 秒、1.407 秒、1.135 秒、1.022 秒というように間隔が縮まっていき、ジェプトゥムも 0.899 秒、0.742 秒、0.275 秒、0.111 秒、0.065 秒というように間隔が縮まっていった。合奏の演奏テンポが「走る」という現象に似た現象が見られたのである[注6]。

その後、母親とジェプトゥムが隣り合ってカメラのフレームに入ってから、母親が自分ないし娘の体の部位に触ったのち娘が当該の自分の体の部位を触っていくタイミングにおいて、ほぼ一定の間隔に保たれた箇所が 4 ヵ所あった（次頁図 2-2[注7]の（1）～（4））。

西洋音楽における合奏とは異なり、母親とジェプトゥムは発声や体の動きのタイミングを合わせることを意図してはいなかったはずだが、そうであれば、間隔がまちまちになることもあり得た。母親が好き勝手なタイミングで発声し、娘も好き勝手なタイミングで屈伸運動をし、母親が自分ないし娘の体を触ったあと娘が自分の体を触っていくまでの間がバラバラになっても、決して不思議なことではない。しかしながら、母親と娘それぞれが 1 つの所作／発声から別の所作／発声に移るまでのリズムが走ったり、母親の所作のあとの娘の所作まで、ときにほぼ一定にリズムが刻まれたりするということにおいて、両者のリズムは同調していたのである。

いや、「同調」とは、厳密に一定のリズムを刻むことを必ずしも意味しない[注8]。重要なのは、この事例における母親と娘との間のやりとりのように、やりとりには何らかのリズムがつきまとうということだ。そしてそのリズムは、ときに「ことばとして翻訳しうる伝達内容」以上にやりとりがその先に展開していく引き金になり得ると考えられるのである。

そもそもこのやりとりにおいては、母親が体の部位のナンディ語での表現を調査者である私に教えるというのが当初の目的だった。彼女は私にナンディ語での体の部位の表現を正確に教え、私もまた正確に覚えるということを目的としたやりとりだった。発音が異なれば、発音のし直しを私は求められた。その途中で娘のジェプトゥムが来て、母親とジェプトゥムのやりとりに移行した。

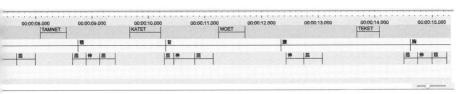

第 2 章　協働する身体

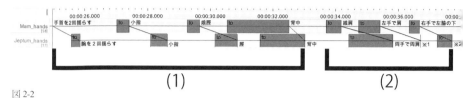

図 2-2

(1) 母親の「手首（を 2 回揺らす）」から「小指」へ、「小指」から「娘の脛」への移動と、娘の「腕（を 2 回揺らす）」から「小指」へ、「小指」から「脛」へ、「脛」から「背中」への移動時間が、2 秒〜 2.5 秒（差分は 0.5 秒）とほぼ一定である。
(2) 母親による「背中」から「娘（の）肩」へ、「娘（の）肩」から「左手で肩」、「左手で肩」から「右手で左脇の下」へという動きまで、間（"to"）も含めてテンポが走り気味になっている。このとき、娘もまた、「両手で両肩」から「※ 1（左手で右肩）」へ、「※ 1」から「※ 2（左手で右脇の下）」へという動きが走り気味になっている。
(3) 母親が「右手で左脇の下」を触ってから「左手で鼻」を触るまではやや時間がかかっているものの、「左手で鼻」から「左手で右目」へ、「左手で右目」から「左手で髪の毛」を触るまでのテンポが再び走っているが、娘もまた同様である。
(4) 母親の「左手で髪の毛」を触った後、「娘の尻」までの間、ある部位から別の部位に移動する時間が 3 秒前後（3 秒からのズレの最大幅は母親の「左手で髪の毛」から「左手で首の後ろ」までの動きにおける約 0.26 秒）とほぼ一定の間隔を保っている。

"to" は、ある部位から別の部位へ移動するまでの間（ま）を示す。
※ 1 左手で右肩　※ 2 左手で右脇の下

　ここで母親は、ジェプトゥムに厳密な意味でナンディ語を教えるということをしなくなった。自分のナンディ語の発声ぶりを読み取らせ、娘にも同じように発声させるということをしていないからだ。母親が発声したナンディ語は娘には届いておらず、娘は母親がやるままに当該の自分の体の部位を触っていく、そういうやりとりに移行したのである。そして、やりとり自体が展開していくなかでリズムが生成されていったのである。
　だからといって、母親と娘によるこのやりとりが身体所作の同調的リズムにのみ回収されるわけではなかった。母親は自分や娘の体の部位を触りながらその名称を声で放ち、それに対して娘は自分の体の部位を触ることで応えていたが、やりとりの終盤に「思いがけぬこと」が起こった。下記はそれを「ト書き」にしたものである（ナンディ語などの聞き取りおよび綴りは「間違っている」かもしれないが、「正しい綴り」を問うことはここではあまり意味のないことだ）。
　娘を見ながら母親が「アノ？ ano?」と言い両掌を返し、娘は少しの間母親を見た。母親が手を下ろし、「アノ？ ano?」と言うと、娘は右手で自分の右膝をつかんだ。母親は、「ウン」と言って大きくうなずき、「クトゥンド kudung'do」と言って、カメラの方を向き、エィエィエィと言って、笑い始め

3 ことば遊びのリズム

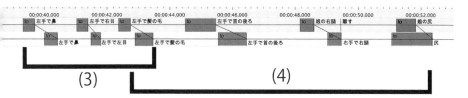

た。娘はしばらく膝を摑んでいた。いつの間にか集まってきた子供のうちの1人が「クワリヤッ *kwariyat*」と言い、続いて別の子供が「アクワリヤッ *ak kwariyat*」と言った。母親は右膝を摑みっぱなしの娘の腕を軽く叩き、「クワリヤッチュ *kwariyat yu*」と言い、娘の右足の腱を触り、また「ユ *yu*」と言って娘の右足の腱を見ながらそこを触った。娘は右足を上げて腱を触った。母親はうなずいた。母親が「アノ？ *ano?*」と言い片掌を返すと、娘は自分のワンピースのスカート部分を持ってひらひらさせた。すると母親が「クルギエッ、エ！トゥルー！ *kurugiet,e!, true!*」と言い、彼女のスカートをつまんで振った。母親が、「アゲァノ？ *age ano?*」と再び片掌を返しながら尋ねると、娘はスカートを少しめくり、下に着ていたスリップを引っ張り出して見せた。すると母親が笑い出し、娘は肩からスリップを引き出した。母親は笑いながら手を叩き、（ずっと芝生に座っていたのだが）芝生に倒れ込んで笑い続けた。そして娘も笑い出した。他の子供たちのうちの1人が「カムシッ *kamusit*」と言い、皆が笑った。

母親とジェプトゥムの間でも「体の部位のやりとり」で一応は進行していったが、このやりとりを締めくくったのはジェプトゥムによる自分のスリップを引き出すという所作だった。スリップは体の部位そのものではない。とはいえ、体に身につけているものだ。もし、このやりとりが最後まで「体の部位を教える／教えられる」ものとして展開していたのであれば、ジェプトゥムの所作は「エラー」ということになる。しかし、結果としての笑いであるが、同時にこの笑い自体がやりとりを構成している[注9]。ジェプトゥムは笑わせようとして笑わせ、自分でも笑っているのではなかったかもしれない（彼女の笑いは、「論理的不適合」[伊藤 2007] による笑いでも「感覚的不適合」[前掲] による笑いでもなく、母親らとは異なるもの、例えばつられ笑いかもしれない）。ジェプトゥムは真面目にやりとりの継続に参加し、その結果、笑いという要素がそこに付け加わったのである。

笑いが生じたのちやりとりは終息することになったが、もう1つ指摘しておきたいことがある。それは、いかにも母親のリードでこのやりとりが展開していったように見えるが、ジェプトゥムはこのやりとりにおいて必ずしも「受け

177

第 2 章　協働する身体

身」ではなかったということである。

　まず、前述の「テンポが走る」という現象は、文字通り「テンポが走る」のであって、母親（の発声）が一方的に走ったのではない。母親が 1 人で勝手に発声を速めていったというよりも、ジェプトゥムの体の動きとの相互作用があって初めて速まっていった。すなわち、母親とジェプトゥムのいずれかがテンポを走らせたのではなく、やりとりが展開していく中でテンポが走っていったと言うほうが妥当である。

　また、母親にはジェプトゥムの日頃の振る舞いが伝染していたということも付け加えておきたい。英訳すると "no"、"finish"、"nothing" に相当する手話[注 10]を母親はこのやりとりの終盤に繰り出した。そのとき、母親は発声／口の動きを伴っていなかった。ジェプトゥムは普段、手話に声／口の動きを伴わせることがなかった。娘の普段の身体的振る舞いが手話を使う瞬間の母親に乗り移っていたのである（第 1 章第 2 節参照）。

　「韻を踏む」。韻は発声するのではなく「足で踏む」のだ。音のありように回収されがちな現象は「踏む」という身体的所作を伴った表現だが、ここでは、音のありようが音にも足踏みにも回収されずに、同調的な手の動きという身体所作を伴っている。Hip-Hop で歌い手が「Hey」と言い客が「Hey」と応じ、「Ho」と言えば「Ho」と応じる現象について、おそらく大半の人は「客が歌い手の口真似をしている」とは言うまい。しかし、この母親と娘のやりとりに目を向けたとたんに「（耳が聞こえない）娘は（耳が聞こえる）母親の身振りに追従しそれを真似しているだけだ」と当たり前のように解釈してしまいがちだろう。

　この母親と娘のやりとりを、クラブ（語尾にアクセントをおくクラブである）での現象に類するものと考えたとき、K 聾学校の教室内での子供たちのおしゃべりも「いつもとは違う視点」で捉え直すことが可能になる。あるとき K 聾学校で子供たちが話題にしていたことを私なりに要約してみよう。教室内にカレンダーがあり、そこにキバキ大統領（当時）以下閣僚の顔写真が印刷されていた。ナンシーはキバキを指さして「キバキは悪い」と言い、道路・公共事業大臣（当時）の「オディンガが良い」と言った。これ以降の彼女たちのおしゃべりを傍から私が撮っていた。子供たちはひたすらキバキの悪口を言って盛り上がっている風だった。子供たちの手の動きを翻訳するならば、彼らはキバキの顔写真を指しながら「田舎臭い」とか「貧乏人」というように言っているようだった。

　image 2-26 の右で、リディアが右手の人さし指を上に伸ばしその手を頭に乗

178

3 ことば遊びのリズム

image 2-26

image 2-27

せたが、この表現は、K聾学校の教員や子供たちによると、カレンジン系住民の住まいの形に由来する。カレンジン系の住民の家の敷地内には *kot* と呼ばれる円形の小屋があり、その屋根の中心に *toloita* と呼ばれる屋内を貫き地面まで伸びる支柱がある（屋根の上にのみ出ているのは *monjok* という）。K聾学校の子供たちは、人さし指を屋根の上から顔を出している *toloita* ないしは *monjok* に見立てている。しかし、子供たちは、この *kot* や *toloita* ないし *monjok* それ自体を言うためにこの表現を用いるのではなく、比喩的に使っているようだった。K聾学校の周辺地域や子供たちの帰省先では、都市部から離れたところでも *kot* と呼ばれる円形の小屋のほかにトタン屋根の家も普及しているが、人やモノ（服装等）をやや小馬鹿にするときにこの表現を使う傾向にあった。従って、私はこの表現を「田舎」あるいは「田舎臭い」と訳せるとした。

次に、image 2-27で同じくリディアが左肘のあたりに右手を持ってきている

179

第 2 章　協働する身体

image 2-28

image 2-29

image 2-30

が、より正確に記述するなら、左肘の中間あたりから下に向かって右手先をもやもやと動かしながら下げていくという所作である。これは、服の肘のあたりが破れて糸がほつれていることを示し、そのような服を着ている者＝「貧乏人」を表すときに用いられた。

　これら「田舎臭い」とか「貧乏人」と訳せる動きが何度も出てきたのがK聾学校の5年生の教室内でのおしゃべりだった。ここで、子供たちは「キバキは田舎臭くて貧乏人」というメッセージを互いに伝え合うことを目的として教室内で騒がしくおしゃべりをしていたと言えるのだろうか。否、子供たちに

180

3 ことば遊びのリズム

とって一緒に騒がしく過ごすこと——手がひっきりなしに動くだけでなく、体の向きが変わったり、動き回ったりすること——、それ自体が日常のおしゃべりに見られることではないか。

例えば image 2-28 ～ 2-30 で、リディアに始まってワイリム[注11]まで「田舎臭い」と訳せる動作が連動していた。それだけでなく、ナンシーから始まってリディア、ワイリムも頭上に人さし指を伸ばして置く瞬間に軽く膝を曲げるという屈伸運動も連鎖していった。このことから、「田舎臭い」という意味＝メッセージを互いに伝え合っているというよりも、この動き自体を次々にやること自体に楽しみがある、というように窺えないだろうか。

実のところ、image 2-28 ～ 2-30 に出てくる 3 人の女の子たちが、「田舎臭い」というメッセージを伝え合っているのか、「田舎臭い」とでも翻訳できる動作自体を楽しんでいるのか、解明・証明することはできない。強調しておきたいことは、こうした日常のおしゃべりにおいて、必ずしも意味の伝達だけが行われているとは限らず、動きが連鎖することで一緒にいる者たちの間でおしゃべりがおしゃべりとして展開していることもあり得るということである。

市場での値段交渉（第 1 章第 2 節）とは異なり、日常のおしゃべりは無目的であったり、四方八方に話題が散ったりすることが往々にしてある。しかし、「韻を踏む」という視点で捉え直せば、たとえ話の内容が「支離滅裂」に展開していても、そこではリズムが生成されている。日本語で表現されるところの「話が合う」／「話が合わない」は、話の内容だけのことではないかもしれないのである。

これに関連して、例えば image 2-28 と 2-29 のリディアとナンシーのように互いを見ていないにもかかわらず、同時に同じ動作でしゃべり出している例が見られる。このように互いの動作が見えていない状態での動きの「同時性」は、日常のおしゃべりというのが、流れに乗じたりつられたりするという、人の意思を超えたところで進んでいく可能性を示唆している（第 3 章第 2 節）。

注

(1) この事例は、古川［2011b］で扱ったものだが、事例の記述の仕方と議論の進め方に若干の変更を加えた。

(2) ただし、母親は「尻」について、それを直接表す語彙を声に出さなかった。ジェプトゥムがそばに来る前に私が自分の尻を指し示したところ、「バヤカビサ *mbaya kabisa*」（スワヒリ語で「とても悪い」）と言った。その後ジェプトゥムとのやりとりではジェプトゥムの尻を触ったものの「オリ *oli*」（ナンディ語で「あそこ」）とい

181

第 2 章　協働する身体

う表現を用いた。

(3) 体の部位を表す語の表記については、クレイダーの辞書［Creider & Creider 2001］に概ね従ったが、この綴りを当のナンディ語ユーザーたちが一様に共有しているとは限らない。長母音の場合、例えば a を重ねて書く人もいればそうでない人もいる。声は自動的に文字に転写できるわけではない。確認しておかねばならないことは、たとえある事物についての文字表記を自分とは異なる綴りで書いた人がいても、「何を書いたか想像がつく」ということだ。日本語入力ソフトが人間による綴り方の間違いを「想像する」精度が高まる以前に、人は「何と何を打ち間違ったのか」かなりの精度で推測可能だ。

(4) この部分は、木村［2015］で引用されている『こぎつねコンとこだぬきポン』［松野・二俣 1997］の 1 シーンとほぼ同じである。コンとポンは渡ることのできない深い谷を挟んで 2 つの山にそれぞれ住んでいた。あるとき偶然、谷の崖っぷちで 2 人はやっと相手の姿が見えるほどの距離で出会う。木村は「この時点で『2 人の間には共有されたコードは存在していない』」［木村 2015: ix］と述べている。確かに、互いに歌い合うシーンはあるが、それは次の表現になっている。「(コンは) しっている　うたを　つぎからつぎに　うたいました。ポンも　いっしょに　うたいました。しっている　うたは　おおきいこえで、　しらないうたも　おおきいこえで (以下略)」。この絵本ではほとんどの表現が平仮名になっており、その意味では「歌詞 (＝コード) の共有」というよりも「声」の投げ合いと解釈することが可能だろう。ただし、木村が注目したのは、この「うた」ではなく動作の応酬である。

　　木村は次のように記述している。見えるのは相手の体のシルエットのみだが、なにげなく始めた、頭を出す―ひっこめるという行動が、やがて「相手のしたことをまねる」という形で規則性を帯び始める。そのうち、このやりとりは変形され、さっと手を上げる、という動きが導入される。木村によればこの変形は「一種のばくち」である。なぜなら、「そういった新しい行動を導入した時点で、これまでの『当座のルール』は崩壊するかもしれないから」である。しかし、「『それが何であるにせよ、相手と同じことをする』という、一段上位の規則性にもとづく予期がなされるなら、やりとりは破綻することなく続いていくだろう」。重要なことは、「このような予期の先行きは、もちろんコン一人で決定することはできないし、そしてポン一人でもできない」点である (木村はこれを「行為のもつれ」と呼んでいる)。ここにおいて、人間と動物や異種の動物同士といった「まったく似てないもの同士」が行為をもつれ合わせても一向にかまわないことになり、コード・モデルの困難は解消される［以上、木村 2015: ix］(ただし、コンとポンはのちに手をつないでぐるぐる回るくらいまで接し、その場面では「言葉による会話」がしっかり展開しており、「異種の動物同士の行為のもつれ合い」の例としてこの絵本を出すには限界がある)。

　　なお木村が (敢えてそう表現しているにせよ)、きつねとたぬきに「一人」という表現をあてている点は興味深い。原本でも「いっしょに　あそぶ　ひとのこと」と「ひと」(人) という表現がある。

(5) 乳児の喃語発声と上下運動の関係について、Locke et al.［1995］や江尻［1998］を参照。

3 ことば遊びのリズム

(6) 岡野らは、「演奏／テンポが『走る』」現象について、次の実験課題から「演奏者の緊張や高揚よりも、タイミング調整メカニズムが原因の1つとしてある」ことを明らかにした。まず、メトロノームと同期させた指タッピングから始め、メトロノーム停止後も同じテンポでタッピングを継続する課題を、成人24名についてソロ、ペアの2つの条件で実施した。ペア条件では、最初のテンポを維持することに加え、パートナーのシンクロの維持も求めた。その結果、ソロ条件では徐々に速くなっていったり、遅くなっていったり、加速・減速を繰り返したりと、さまざまであった。それに対し、ペア条件では、どの初期テンポでも徐々に速くなり続けた。それだけでなく、連続する2つのタップ間隔の差が、直前のパートナー間でのタップ間隔の差と相関し、タップ間隔の調節量のばらつきが、その直前のタップ間隔の差によって 36 ～ 55% 決定していたことが明らかになった。つまり、ペア条件では参加者が互いのタップ間隔の差にもとづいて自分の次のタップ間隔を調節し、その結果、「テンポが『走る』」という現象が起きたことを示している［Okano et al. 2017、岡野ほか 2017］。

(7) ELAN の注釈画像の中の直線・斜線を目で追うと、電車内から「動く電線」を見ているかのような感覚に陥る。幼い頃、総武線快速電車（稲毛駅から東京駅まで）に乗る機会が多かったが、車窓から見える電線が「波打つ」さまが幼心におもしろく、じっとそれを見入ることが多かった。そのときはただ電線の（実際には電線自体が動いているわけではない）「動きの変化」がおもしろいという意識しかなかった。2016 年に映画『LISTEN』（日本のろう者の音楽経験を表現した作品）の監督の一人で自身もろう者である雫境氏が、同映画の上映後のトークで、「電車から見える電線の動きのリズムに魅了された」と話され、幼かった頃の私も電線の動きのリズムに魅了されていたのではないかと後付けではあるが解釈することになった。「電線の動きのリズム」を想像していただけるかわからないが、読者のみなさんには、視覚的な「動きの変化」のリズムとして ELAN 上の線を目で追っていただきたい。

(8) 例えば、音楽心理学・感性情報心理学を専門としている河瀬諭は、単純に「ズレがない＝優れた演奏」となるわけではないとし、旋律を担当するパートがほかのパートよりも数ミリ秒ほど早く演奏される「旋律先行」（Melody Lead）についての研究［Rasch 1979］や、ジャズにおけるドラムとベースの間のごく小さなズレが、「演奏の一体感を抱く『グルーヴ』という現象を生む」ことについてのチャールズ・ケイルとスティーブン・フェルドの研究を紹介している［河瀬 2014］。河瀬が引用したケイルらによる研究、*Music Grooves*（河瀬は初版を参照しているが、本書では 2005 年の改訂版を参照した）で、ケイルらは次のように述べている。「チャールズ・シーガーの問いは、『音楽は何を伝えるか（What does music communicate?）』であり、それに答えるために、彼は次のように尋ねる必要があった。『音楽についての発言は何を伝えるか（What does speech about music communicate?）』。（中略）コミュニケーションにおけるスピーチのモードと音楽のモードの間にある違いというロジカルな先入観によって、彼は、スピーチが「現実に関する思考（intellection）としての世界観」のコミュニケーションであり、他方で、音楽が「現実に関する感覚（feeling）として

183

第2章 協働する身体

の世界観」のコミュニケーションであると考えることになった」［Keil & Feld 2005: 77］。ケイルらは、シーガーが「口話（verbal language）の1つの側面しか勘案していない」［Keil & Feld 2005: 92］と批判している。

(9) 「笑い」がいかなる出来事なのか（あるいは、ジェプトゥムたちの間で起きた「笑い」がいかなる出来事だったのか）ここで深く論じることはできないが、「笑い」をめぐる議論をいくつか取り上げておこう。まず、ゴッフマンは、「笑い」も含めた感情の「あふれ出し（flood out）」について次のように説明している。「参加者の外から見える感情の状態はその調子とテンポにおいて相互行為で保持されるメロディと合っていなくてはならない。しかし、一定の状態のものでは個人はもはや隠しだてをすることなく自分のマナーを感情のあふれるままにまかせることがある。彼が不関与を装ってきた事柄が、突然彼にとって耐えきれないものになり、そして彼は瞬間的にであるにせよ、現在の相互行為での適切な表現的役割を保持するために動員されていない人に崩壊してしまう」［ゴッフマン 1985: 51-52］。

ジェプトゥムと母親の周りにいた子供たちの「笑い」は、もしかすると、J.モリオールが論じている「ズレによる笑い」として捉えられるかもしれない。モリオールは「笑いの情緒的あるいは感情的側面」から「認知的あるいは思考的側面」へ焦点を移動させ、「予期されざる、非論理的な、また他の何らかの意味で不適切な何ごとかにたいする知的反応」［モリオール 1995: 28］としての「笑い」を次のように説明している。「……われわれは秩序だった世界に生きており、そこでわれわれは、事物やその特性や出来事のあいだには一定のパターンが存在すると予期するようになっている。そうしたパターンに合致しない何ごとかを経験するとき、われわれは笑う」［モリオール 1995: 29］。

(10) この節で指摘することはあまり意味のないことではあるが、母親が使用した手話はケニア手話とアメリカ手話の両方があった。

(11) ワイリムはカレンジン（Kalenjin）系ではなく、「キバキと同じ」キクユ（Kikuyu）出身である。

第4節　同調は時空を超えて

　2004年12月、私はケモイの家に居候していた。ケモイがK聾学校に入学して、1年が経とうとしていた。あるとき、ケモイは家の居間でいきなり踊り出した。それは、競技会の男子ダンス部門のための練習で私もK聾学校内で一時期何回も見た動きだった。「モラン・ダンス *moran dance*」といって、かつてナンディの戦士たちが敵を打ち倒したのちに踊ったものだ[注1]。

　もちろん、私はこのときケモイの家でケモイの動きだけを見ていたのだが、1人の彼の身体において一定のリズムが刻まれているように見えただけでなく、その「一定のリズム」がK聾学校で上級生たちが踊っていた際のリズムと共にあるように思えた。しかし、両者は時間的にも空間的にも離れている。一方が他方を手本にしながらその場で踊るという「見ながら合わせる」ということは全く起きていないのだ。

　帰国して、ケモイのこのときの身体の動き（2004年12月撮影）とK聾学校の男子によるダンスの練習時の身体の動き（2004年7月撮影）について、画面を左右に分割して何度も再生しなおした（image 2-31）。

　動画を何度見ても「同じタイミング」で動いているように私には見えたが、実際、どのくらいの間隔で「同じタイミング」になるのか、ELANを用いてより細かく分析したのが図2-3である。具体的にはケモイ君の膝の屈伸運動（同Kemoi_knees）の始まりのタイミングと、K聾学校内での練習時の統率者の膝の屈伸運動（同Leader_knees）、太鼓奏者の膝の屈伸運動（同DRUM_knees）、そしてこの練習中は14人だった踊り手のうち任意の1名ジョエルの膝の屈伸運動（同Joel_knees）の始まりのタイミングを1コマ＝1/30秒ずつ見ていき、膝を伸ばし始めるか屈め始めるかは問わず、いずれかの動きの始まりの時点を比較した。撮影した動画は1秒間に30枚の静止画で成り立っており、1コマずつ静止画を送りながら膝の動きに着目して注釈をつけていった。このELANの注釈図を見ると4人それぞれの膝の屈伸運動が完全にバラバラに見えるかもしれない。だが、1目盛は約0.1秒であり、実際の動きのズレはごくわずかである。

185

第2章 協働する身体

image 2-31 「立てひざ」の振り付けに入っているところ（左：ケモイ、右：練習中の男子）

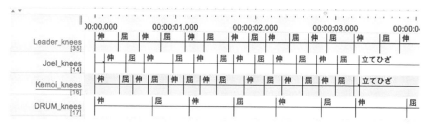

図2-3 画面の左右幅を縮めたため一部の字が隠れているが「屈」と「伸」が交互に行われた。

　注釈を付した後、それぞれどのタイミングで膝が伸びたり屈んだりし始めたか算出したところ、肉眼で動きのタイミングがほぼ合っているように見えたのは次の時間的に連続する①〜⑨のタイミングであった。⑨の時点で踊り手である練習中のジョエルが「立てひざ」の振り付けを行ったためジョエルの膝の屈伸運動は一旦なくなった。なお、帰省先のケモイが「立てひざ」を行ったのは3.301秒でのことで、ジョエルに遅れることわずか0.009秒であった。肉眼では「同時に立てひざをした」と認識することになるだろう（表2-1）。
　すべての動きがぴったり一致しているわけではなかったが、肉眼では「ほぼ揃っている」と認識できたのはズレ幅が0.2秒以内だったからだと考えられる。第1に、①〜⑨における個体間のタイミングのズレで最も大きなものは、①（リーダーとケモイ）が0.183秒、②（リーダーとジョエル）0.158秒、③（リーダーとケモイ）0.199秒、④（リーダーとケモイ）0.197秒、⑤（リーダーとケモイ）0.203秒、⑥（リーダーとケモイ）0.163秒、⑦（リーダーと太鼓奏者）0.162秒、⑧（リーダーとジョエル）0.134秒、⑨（ジョエルとケモイ）0.061秒であり、最大でも0.203秒のズレであり多くは0.2秒未満で⑨に至ってはわずか0.061秒しかズレていなかった。

4　同調は時空を超えて

表 2-1 (単位＝秒)

	Leader_knees	DRUM_knees	Joel_knees	Kemoi_knees
①	1.125	1.180	1.229	1.308
②	1.362	—	1.520	1.513
③	1.665	1.740	1.790	1.864
④	1.919	—	1.997	2.116
⑤	2.132	2.265	2.225	2.335
⑥	2.431	—	2.517	2.594
⑦	2.665	2.827	2.767	2.800
⑧	2.893	—	3.027	3.000
⑨	3.234	3.259	3.292	3.231

表 2-2 (単位＝秒)

	Leader_knees	DRUM_knees	Joel_knees	Kemoi_knees
①→②	0.237	0.560	0.291	0.205
②→③	0.303		0.270	0.351
③→④	0.254	0.525	0.207	0.252
④→⑤	0.213		0.228	0.219
⑤→⑥	0.299	0.562	0.292	0.259
⑥→⑦	0.234		0.250	0.206
⑦→⑧	0.228	0.432	0.260	0.200
⑧→⑨	0.341		0.265	0.231

より重要なことはズレ幅が少ないことよりも、人間の反射運動の平均が 0.2 秒だと言われていることだ。ランプがついたらボタンを押すというような動作でも約 0.18 ～ 0.2 秒かかる [Thompson et al. 1992; Shelton & Kumar 2010] とされており、もし視覚だけを頼りに動きを揃えようとしていたのなら 0.2 秒のズレ幅では済まなくなる (もとより、ケモイは 1 人で踊っていた)。

第 2 に、各個体の①から②、②から③……⑧から⑨という動きの転換点に着目すると、各個体ともにほぼ一定のリズムを刻んでいたことがわかった。リーダー、ジョエル、ケモイは概ね 0.2 秒の間隔でリズムを刻んでおり、太鼓奏者はその約 2 倍の概ね 0.5 秒間隔でリズムを刻んでいた (表 2-2)。

第 3 に太鼓を打ち鳴らす音がほぼ等間隔だったことも指摘しておきたい。太鼓は (1) 0.670 秒、(2) 2.780 秒、(3) 4.900 秒、(4) 7.030 秒に打ち鳴らされている。次の図の中で波形の縦幅が最も大きい時点であり、波形を一瞥すると「ほぼ等間隔」と見て取れるが、実際に (1) から (2) までの間、(2) から (3) までの間、(3) から (4) までの間を算出するとそれぞれ 2.11 秒、2.12 秒、2.13 秒であった。

さらに、この奏者が太鼓を打ち鳴らすタイミングと膝の屈伸運動のタイミングを比較してみよう。膝の屈伸運動をちょうど 2 セット繰り返して次に膝を屈

187

第 2 章　協働する身体

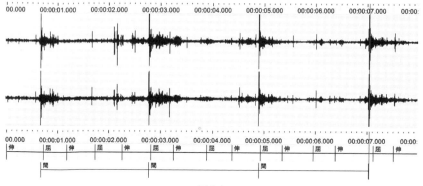

図 2-4

表 2-3　　　　　　　　　　　　　　　　　　　　単位＝秒（＊は「立てひざ」の状態）

	DRUM_sound / DRUM_knees	Leader_knees	Joel_Knees	Kemoi_knees
(1)	0.670/0.720	0.820	0.969	0.914
(2)	2.780/2.827	2.893	3.027	2.800
(3)	4.900/4.938	5.133	＊	＊
(4)	7.030/7.125	7.159	＊	＊

め始めるタイミングで太鼓が打ち鳴らされており、太鼓が最大音で鳴った時点＝バチを通して奏者の手が太鼓と最大限の力で接した時点と膝を屈め始める時点とを「太鼓の最大音の時点／膝を屈め始めた時点」というように組み合わせて記述するなら、(1) 0.670 秒 /0.720 秒、(2) 2.780 秒 /2.827 秒、(3) 4.900 秒 /4.938 秒、(4) 7.030 秒 /7.125 秒であり、それぞれのズレは (1) 0.050 秒、(2) 0.047 秒、(3) 0.038 秒、(4) 0.095 秒というようにごくわずかであった。分析したのは確かに「太鼓の音」と「膝の屈伸運動」の同調具合だが、その音を作り出しているのはほかでもなく太鼓奏者の「手」であり、より正確に言えば太鼓奏者の「手の動き」と「膝の屈伸運動」との同調が起きているのである。言い換えれば、彼は膝の屈伸運動と共に太鼓のリズムを刻んでいたのだ（図 2-4 および表 2-3）。

　最初の表ではリーダーの膝の屈伸運動を基準にして比較検討したが、今度はこの太鼓奏者による前述の「太鼓の最大音の時点／膝を屈め始めの時点」を基準に比較検討してみよう。なお、私は聴覚への刺激の影響を受けないよう無音の状態で膝の屈伸運動のタイミングに注釈をつけていった[注2]。

　もし太鼓の音（の振動）に合わせて踊っているのだとしたら、時空間を離れたケモイの動きのタイミングがもっと大きくズレてしかるべきであろう。この

188

4　同調は時空を超えて

事例に登場している者たちはすべて聴覚にも視覚にも頼っておらず、膝の屈伸運動によりリズムを刻んでおり、そのタイミングがほぼ同調しているのである。

　この踊りの事例について研究会（音楽系、人類学系の学会）で発表したところ、「音の振動を感じ取っているはずだ」とか「動きを目で確認しているはずだ」と主張する人が必ず出てきた。それらの主張は、リズムを刻むことにおける聴覚への絶対的信頼と「聴覚機能を視覚機能が補完する」という思い込みによるものである。しかし、この事例ではそうした「聴覚」や「視覚」中心の考えでは説明できない同調現象が起きているのである[注3]。

　では、この同調現象をどのように捉えればよいのか。「同じ出身『部族』だから」同調するのか、「同じK聾学校に在籍しているから」なのか、「日常的によく踊られるダンスで実際に踊らないまでもいつでも見ることができるから」なのか。ケモイに至っては「K聾学校で上級生の脇で一生懸命練習していたから」なのか、「物真似が上手だから」踊れたのか。最も考えられるのはマルセル・モースの「身体技法」で議論されていることと同じことが起きていたという説明であろう［モース 1976］。競技会のためのダンスにおける体の動きはまさにそうだ。身体の動きの型を繰り返し練習していくことで各人が身につけるだけでなく、動きの転換のタイミングまでも練習を積み重ねて互いに合わさるようにする。しかし、ケモイはこの過程をたどっていない。それなのに、彼はなぜ動きの転換のタイミングまでも同調できてしまうのか。

　振り付けの相違を無視するなら、私は「同調的なダンス」をK聾学校内で何度も目撃することになった。ダンスをしていた者の多くは女子だった。彼女たちが同じ村出身だったかというとそうではない。いわゆる「出身部族」もいくらか異なっていた（image 2-32, 2-33）。

　では、同調的な動きになったのは、K聾学校に（学年こそ違え）同時期に在籍していたからなのかというとそうではない。image 2-34 は、当時K聾学校に在籍していた子供の帰省先の村で、聾の子供とそのきょうだい4人、そして近所の子供1人が入り乱れて躍っている様子である[注4]。強いて言及するなら、ナンディ人ばかりの村だ。

　ダンス自体は日常生活でありふれた光景であるが、それぞれの動きの型やテンポは場面によってまちまちである。これらのダンスに見られる同調現象について、「出身の集団」（「民族／部族」、同じ村、同じ学校、競技会向けダンスのメンバー、「聾者」等々）を共通項として考えるのは難しい。先の競技会向けのダンスは「ナンディのダンス」として紹介されたものだが、K聾学校で選抜されたメンバー

第2章　協働する身体

image 2-32　ある日の食堂にて。左からキクユ出身（6年）、ルィヤ出身（3年）、ナンディ出身（3年）、ナンディ出身（5年）

image 2-33　夜の女子寮にて。ルオ出身（ナーサリー）、ルィヤ出身（1年）、ナンディ出身（ナーサリーから4年）の総勢10名

の中にはナンディ人の他にルィヤ人、ルオ人、ポコット（Pokot）人、ケイヨ人が含まれており[注5]、ケモイ自身はキプシギス（Kipsigis）人である[注6]。また帰省先の村が同じ子供は1人としていなかった[注7]。そもそもモラン・ダンス自体、現在はほとんど見られない。村での生活で同じ型とテンポで踊り慣れていた（動きが身にしみついていた）ということは考えられないのだ。

　競技会向けのダンスのメンバーは、「練習を重ねる」という共通項で同調できているという説明も可能だ。同じ時空間で練習を重ねていけば、「身体技法」的に、振り付けだけでなく動きのテンポまでもが学習されると考えられる。だ

190

4　同調は時空を超えて

image 2-34

が、時空間を離れて同調できてしまったケモイは「少しの間じっとそばにいて私たちのことを見ていると思ったら次の瞬間にはいなくなっている」とK聾学校の教員たちが評したように、すばしこいところがあった。K聾学校内で上級生たちが踊りの練習をしているとき、長時間にわたってあるいは何度も上級生が踊りの練習をしている様子をケモイがじっと観察したりその場で真似をしたりというところに遭遇することはなかった。つまり、ケモイの身体が時空間を超えて同調したことは、本人が動きの型やテンポを身につけて（学習して）それを実践したというようには説明できないのだ。

　ここでは、ケモイと上級生の踊りが同調していたことにおいて「なぜそれが可能だったのか」というよりも、「何が起きていたのか」という視点でより詳しく考察を加えてみたい。そもそも、K聾学校の上級生たちが踊るということにおいて同調していることと、ケモイの踊りが時空間を離れて上級生たちの踊りと同調していたこと、その両者の「同調」は質の違うものだということを確認しておかねばならない。

　まず、上級生たちの動きの揃った踊りは「集団規準や社会規範の方向に向けて個人が意見、態度、行動などを変えることを意味する概念」としての"conforming behavior"［中村・長岡 2009: 81］であるのに対し、ケモイの動きに見られる同調現象は「一方的に統率されて起こる現象ではなく、他者との相互作用関係において個々人が主体的に行動する事によって生じる一種の共振」［中村・長岡 2009: 81］だと考えられる。この現象は、非線形力学を専門とするスティーヴン・ストロガッツの言う「利己的行動」による「自生的秩序（*spontaneous*

191

第2章　協働する身体

image 2-35

order)」[ストロガッツ 2005] である。ケモイはただ一人で踊っているだけであり、そこに同調を見いだしたのは私である。彼はふと思いついて踊って見せたにすぎない。そもそも彼は「踊った」とか「ダンスをしている」という意識さえもないかもしれない。

　ここで多くの人は言うだろう、子供がよくやる物真似であり、偶然にも動きのタイミングが合っていただけだと。時空間を離れたところで同調してしまったケモイは一を見て十を摑んで吐き出すことができるほどの物真似上手だったのか。否、同調現象は物真似現象とは異なる。物真似は常に同調を含んでいるわけではない。そもそも「子供がよくやる物真似」自体、どういう現象なのかということを考えなければならない。

　ここで挙げる事例は、体育の準備運動をしている上級生たちとそれを遠目で見て真似をしている当時新入生だったウィスレイである。教員（指揮者）の動きに倣う11人と、そこにいる合計12人を見ながら（そのどこに焦点が定まっていたか不明だが）動きを文字通り真似しているウィスレイの動きの転換のタイミングをELANで分析した。なお、教員と上級生が対面状態にあり、ウィスレイは教員の背と上級生の正面が見える位置にいた（image 2-35）。準備運動は両手を腰に当て、腰を左右にねじる動作である。右ないしは左にねじったあと、一旦正面に戻り、今度は左ないしは右にねじるという運動だった（図2-5）。

　同じ空間・同じ時間に「対面状態」で身体を動かしていたこの準備運動で、腰を左にねじり始めるタイミング、右にねじり始めるタイミング、正面に戻り始めるタイミングで注釈をつけていったのが次のELANを使った注釈である。

192

4　同調は時空を超えて

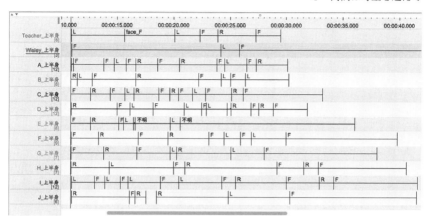

図2-5　L＝左側にねじる、R＝右側にねじる、F＝正面を向く、不明＝カメラのフレームから外れたり人と重なったりしたことによる観察不可能な部分

　教員と対面状態にある10人は教員の動きを真似、教員を背に離れたところで10人と「対面」しているウィスレイは彼ら（11人）が視界に入っていたと考えられる（そのうちの誰を見ていたかは不明だが）。ELANの注釈図だけ見ると、先の競技会のダンスとケモイのダンスにおける同調と同じように見えるかもしれないが、ケモイたちの事例で提示したELANの1目盛は約0.1秒であるのに対し、ウィスレイによる準備運動の物真似事例の1目盛は0.5秒である。
　手本になる動きをしている者（教員）に合わせようとしている10人がいる。教員を含め11人の動き（もしくは11人のいずれか）を真似しているウィスレイは、上半身を右にねじるのか正面に戻すのか左にねじるのか、そしてそれぞれの動きを起こすタイミングがズレる。例えば、一度教員の動きを確認するために、上半身を右にねじっていたものの正面（F）を向き直って教員の動きを見て確認し再び同じ方向に上半身をねじるなど、手本となっている教員を見てその動きに合わせようと自分の身体を動かしている。そのため動きを起こすタイミングに大きなタイムラグが生じる。動きを合わせようとするからこそ、動きのズレが作り出されるのだ（第3章第3節）。
　ケモイの身体の動きにいまいちど戻ろう。彼の身体はよどみなく動き、動きに迷いが一切なかった。ただ身体が動くままに動いている。ある動きから別の動きに身体が動いており、本人の意図も時空も超えて、身体が競技会のダンスの練習場面と同調してしまっているのだ。鳥や魚の群れに見られる自生的な同

193

第 2 章　協働する身体

調（*spontaneous synchronization*）について、先のストロガッツは、TED でのプレゼンテーション中に次のように解説している。第 1 に「それぞれの個体は一番近い仲間だけに注意し」、第 2 に「全部の個体は隊列を組む傾向にあり」、第 3 に「互いに近づこうとするが最低限の間隔を保とうとする」、そして最後に「『捕食者が来たら逃げろ』というルールがある」[注8]。重要な点は、各個体が群れ全体としての統制を考えているのではなく、統率者がいるわけでもなく、各個体が自己中心的に動いているだけだということだ。

　K 聾学校の子供たちが、ダンスをダンスとして唯一習い覚え訓練を積み重ねていったのは、競技会の準備においてであった。競技会ではまず州大会が開かれ、そこで各種目・各部門の上位の者が全国大会に進む。予算によって競技会自体が開催できないこともあったし、開催されていても旅費が捻出できない場合は学校として参加できないことも生じた。

　競技会の「文化活動部門」においては、パントマイムやダンス、演劇、楽器演奏（合奏）が審査員の前で披露され順位がつけられた。ダンス部門は男女別になっており、それぞれの聾学校が所在する地域における「伝統的なダンス」が競われる。K 聾学校では、放課後、ナンディ出身[注9] の教員が「ナンディの伝統的なダンス[注10]」として 4 年次以上の在校生（ただし一部は選抜されない）に教え、競技会の州予選が近づくにつれ熱心に練習を重ねていくことになった。「ナンディの伝統的なダンス」とはいえ、既に言及したように選抜されたメンバー（教員が子供らの踊っている様子を見てメンバーを入れ替えることもあった）の中に「ナンディ人」以外の者も含まれていたし、ナンディの村々で現在このダンスを日常的に見ることもない。それでも競技会のダンスメンバーはダンスの振り付けや全体のフォーメーションを練習し文字通り各自が身につけたうえで、さらに全体として動きが揃うように訓練を積んでいく（第 3 章第 3 節）。そのときケモイも含め 3 年次以下の下級生は、その練習の様子を少し遠巻きに見る。「見る」といっても見たり見なかったりという感じであった。それぞれがどれだけ「見ている」のかあるいは「観察している」のかわからない。

　それでも同調してしまっている。ときに時空を超えて。本節では「時空間を超えて同調している」ということ、それがいかなる特徴を持つ同調なのかを示すということにとどめなければならない。安易に何らかの共通項に基づいて同調していると思っては都合が悪いことだけは提示できたと思う。大して学習していないはずの彼の身体はなぜこのように時空間を離れて同調できてしまったのか。この点は領域を横断して今後の研究課題となる。より深く追究するに

194

は、「共通項」を各個人に見いだす発想から「いまここで同調してしまっている出来事」中心の発想への転換が必要であろう[注11]。

注

（1） K聾学校でこのダンスを指導した教員が競技会の州大会でおこなった説明による。ナンディの人々によれば、ナンディとキプシギスとの間には言語や儀礼の手続き（特に男子割礼）などにおいてさまざまな違いがあるという。ケモイの名前である *Kemoi* もナンディであれば *Kemboi* になる。

（2） 次のような経験をしたことがある。BGMつきのシューティング・ゲームでどうしてもクリアできないとき、ふと思いついて無音でやってみたところ、すぐにクリアできた。おそらくBGMのリズムとシューティングで必要とされるリズムとが微妙にズレるようゲーム製作者がプログラミングしたのではないかと想像している。

（3） 何らかの機械と共に演奏することにおいても、音を中心に実践されているわけでは必ずしもない。東京藝術大学、ヤマハ、ブラザー工業、順天堂大学、立命館大学など産学が連携した舞台「憂飼」が、2017年8月に東京藝術大学のホールで行われた。バドミントン選手の腕に筋肉の動きを読み取るセンサーが装着され、ラケットを振るとその信号をピアノの自動演奏システムに送信する。ピアノは、バドミントン選手の筋肉の動きに合わせた音楽を即興で奏でる。また、最後に演奏された「ボレロ」の打楽器奏者は、人間の片腕のような形をした2体のAIスネアドラマーだが、共演したオーケストラ奏者（人間）は整然と座っているわけではなく、目線の先の小画面に楽譜が映し出される仕組みの眼鏡型端末（「エアスカウター」）を装着し、自由にステージ上を闊歩しながら演奏した［以上、市岡2017］。

また、東京郊外のUR団地の夏まつりで活躍した太鼓サークルのメンバーが興味深い話をしてくれた。盆踊りの音源（CD）があり、そこに太鼓音も含まれる。しかし、太鼓が合わせないといけないのは音源だけではない。むしろ踊り手と合わせる方が大事だと言う。太鼓サークルのあるメンバーは「踊り手（踊りのメンバー）たちの踊りの邪魔をしてはいけない」と話してくれた。基本的なリズムは「ドドンガドン、カラカッカ」だが、1曲につき1つの叩き方ではなく、叩き手によっていくらかアレンジが加わる。実際、同じ曲目でも叩き手が異なると、特に前奏部分や1番と2番の繋ぎ目などで微妙な違いがあった。しかし、「太鼓の音の大きさだけでなくリズムも踊りを邪魔して太鼓だけが目立つことになってはならない」とのことで、事前の練習時（当該団地の夏まつりでは、太鼓メンバーと踊り手たちは事前に1度合わせる）に踊り手のメンバーから「踊りにくい」と言われることもあるという。音はあくまで身体が動いた結果のものであり、音を出すまでの踊り手と叩き手双方の身体の関わりが重要になることを示している。私たちが「音に合わせている」と思い込んでいるさまざまな音楽的パフォーマンスにおいて、むしろ「音中心」に行われることの方が少ないのかもしれない。

（4） 「躍る」と「踊る」の違いについては第3章第3節を参照。

（5） そもそもこのような「民族」というまとまりは、自生的に存在していたわけではな

第 2 章　協働する身体

い［e.g. 松田 2000］

(6)　ナンディ出身の者とキプシギス出身の者は互いのことを「かなりの違い」があると
　　　語ることが多い。

(7)　私が千葉市内の小学校に在籍していたとき、運動会で「花笠音頭」を 1 学年（5 年次）
　　　全員で披露した。しかし、山形で生まれ育った生徒はいなかったように思う。それ
　　　でも「山形の花笠音頭」として披露された。また徳島の阿波おどりや高知のよさこ
　　　いなど、地元を離れてそれぞれの地元（出身）の人ではない人たちが踊るケースが
　　　よく見られるようになった。地元の人の中には、地元から離れたところで「全く同
　　　じ名称」ないしは「似た名称（『YOSAKOI ソーラン節』など）」を用いた「民俗芸能」
　　　に対して（さらにはそもそも徳島や高知からの「借り物」であることを知らない人
　　　がいることに対して）反感をもつこともあるようだ。ナンディのモラン・ダンスと
　　　は異なり、花笠音頭も阿波踊りもよさこいも現在脈々と地元で踊り継がれており、
　　　東京などの「よその地」で「よそ者」が「それっぽく」（ないしは原型がわからなく
　　　なってしまうほどに大きなアレンジを加えて）踊ることへの地元の人たちの違和感
　　　はナンディ人のそれよりも強いかもしれない。

(8)　イアイン・カズンが生物の群れの動きと捕食者がその群れに突如侵入したときの群
　　　れの動きの変化についてのコンピュータ・モデルをつくった際の条件をストロガッ
　　　ツが解説したもの。

(9)　「ナンディ人」なのかどうかを決めるのは父親の出身であり（父系でたどっていく）、
　　　男性の場合は成人儀礼（割礼）を通過すればナンディ人になれる。なお、使用言語
　　　とその人の帰属意識とは結びつかない［古川 2007］。

(10)　このダンスにおける動きを歴史的に遡ることや、動きの「意味」、このダンスがどう
　　　いう場面で踊るものなのかについては本書で追究しない。それよりも、このダンス
　　　における体の動きを K 聾学校の子供たちが行っている、という点に着目して分析を
　　　進めた。なお、このダンスには声による歌が付随するが聾の子供たちはダンス時に
　　　声を出さない。

(11)　「身体のリズミカルな同期的現象」を掘り下げるにあたって、以下に、今後関連づけ
　　　て考える必要のあるアプローチを挙げておきたい。1 つ目は、喃語とリズミカルな
　　　身体運動の同期である。正高［2001］では、喃語の発声と手足のリズミカルな動き
　　　とは同期するが、「大人並みに子音が発せられるようになると、発声と手の運動との
　　　間の同期は、急速に消失してしまう」［正高 2001: 78］。なお、正高［2001］でも紹
　　　介されているが、ペティトらによると、聾児も喃語としての手の動きがあり、その
　　　ほとんどが体の前で繰り出される。聴者の両親を持つ聾児も手による喃語を繰り出
　　　すが、両親共に聾者で ASL 使用者の子供の方がより多くの手による喃語が見られ、
　　　その手の形は ASL といくつか共通している［Petitto & Marentette 1991］。2 つ目は、
　　　リズムを刻むことと歩行運動の関係についてである。前提として、河島［2010］で
　　　議論されていることを取り上げておきたい。河島は、歩行運動を開始すると、特に
　　　体肢の動作を意識することなく、半ば自動的に運動を継続できることについて、脊
　　　髄に内在する中枢パターン発生器（central pattern generator, CPG）が、上位中枢と脊

4　同調は時空を超えて

髄運動ニューロンの中間に位置し、歩行運動の基本となる屈筋－伸筋間の周期的な
運動出力を脊髄運動ニューロンに与えると述べている［河島 2010］。つまり、脳か
らの命令なくして歩行は可能である。London［2006］では、音楽的なリズムや動き
に関する私たちの感覚が、私たちの身体動作をコントロールする感覚運動システム
と密接に関係していると述べている。そのうえで、「アンダンテからアレグロ」への
速度の移行が、（比喩的にではなく実際に測定して）「歩くことから走ることへの移
行」とほぼ同じテンポであることを明らかにしている。

　既にお気づきだろうが、聴覚や視覚が中心になくても、人はリズムを刻むことが
できる。ケニアの聾の子供たちが自在にダンスすることは、その点において不思議
なことではないのである。なお、聾の子供たちの「リズム」に関する研究としては、
彼らに対するダンス教育のための方法論的著書である Benari［1995］が挙げられる。
ベナリは、イギリスのラバン・センターで舞踊学の修士号をとっており、「内なるリ
ズム」の理論を用いて先天的な聾の子供にダンスを教えている。ベナリはまず、音
楽とダンスとは密接に関係していると述べた上で、人の内部にリズムがある以上、
誰しもダンスができると述べている。加えて、ダンスを self-expresson（自己表現）
だと捉えた上で、ダンスは批評能力と self-discipline（自己訓練）を要するとしてい
る［Benari 1995: xv-xvi］。注意したいのは、ベナリの議論は明らかに、self（自己）
という概念が核となっている点である。

197

ダイアローグ（2）

歌うコーゴ

　あるとき、聾学校の門の前で、1人のコーゴ（婆ちゃん）に出くわした。その
コーゴを見たのは初めてのことだった。

　コーゴはわたしと目が合うや、足踏みと共にからだを上下にゆらしながら歌
い始めた。

　　　　オロニ　バイバイエー　キトゥニエッ

　「ムズング!!（ヨーロッパ人!!）」とかすれた声で言いながら私の腕をひっぱた
いた。ちょっと怖い顔をしていたので私はまた何かしでかしてしまったかと
思った。すると再び、

　　　　オロニ　バイバイエー　キトゥニエッ

　私を見ながら足を前に踏み出し、歩みながら歌っている。私はよくわからな
いままに、同じように足を踏み出し、復唱した。コーゴはフッフッフと笑いな
がら、ムズングがどうとかと言った。私はコーゴが何と言っているのかわから
ず、ひとまずこう言った。

　　　　ニナ　イトゥワ　チェラガット　（私、チェラガットって言うんだけど）

　コーゴは言った「チェラガティ？（チェラガットだって？）」。ハハハとコーゴ
が笑ったとき、酒の匂いが漂った。

　しばらくの間、門の前で歌い踊っていた。外出先から戻ってきた教員のムホ
ンベ氏が笑いながら「チェラガット……」と言って通り過ぎた。彼に話しかけ
ようとすると、コーゴが「チェラガット!」とまたちょっと怖い顔をしながら
私の腕をひっぱたき歌い続ける。

　　　　オロニ　バイバイエー　キトゥニエッ

199

第 2 章　協働する身体

image 2-36　コーゴと近所の子供たち

　一緒に歌い踊ると、コーゴの表情が緩む。しかし、私は日が落ちる前に買い物に行かねばならなかった。「コーゴ、私、センターに行くの」。聾学校近辺の住民は、近所のちょっとした買い物のできる商店が建ち並ぶところを「センター」と呼んでいた。コーゴは言った。「ゲベツ（一緒に行こ）」。私は従った。
　歩きながらコーゴはムカテ（パン）がほしいと言った。だけどお金がなくってね。私は野菜だけ買うつもりだったのだが、野菜売りを通り過ぎて雑貨屋に足を伸ばすことになった。「よう、チェラガット、今日は何がほしいの？」、「ムカテ」、「ムカテね」。コーゴが私の服を引っ張り耳元で囁いた。「チェラガット、スカルーッ」。「ナ　スカルーッ（砂糖も）」。店を出て、コーゴに渡すと、コーゴはさっきとは打って変わった恐縮顔で私の手を握り「コンゴイ（ありがとう）、コンゴイ、チェラガット」と繰り返した。
　以降、私が買い物に出る夕刻、聾学校の門の前でコーゴに出くわすことが何度かあった。1度、見知らぬ別の、同じように酒の匂いがするコーゴがくっついてきて一緒に歌い、3人でセンターに行き、恐縮顔になった2人から何度も礼を言われたことがあった。そのうち、門の前で出くわしても歌うことがなくなり、「イウェンディ　アノ？（どこ行くの？）」「センター」「ゲベツ」という手続きを経て一緒にセンターへ行くことが増えた。
　聾学校の教員の間で私とこのコーゴのことが話題になった。コーゴは聾学校のすぐ近くに住んでいるという。私たちを目撃したムホンベ氏は、「婆ちゃんと一緒に踊ってるからおっかしくって」と言った。ポーリンは、「あのコーゴ、おっかしいわよね」、「酔っぱらいだけど、私もあのコーゴのことは大好きでね」

と言った。後でポーリンが私に囁いたことには、彼女もコーゴにパンを買うことがあるという。

　しばらく経って、一緒にセンターに行くことはなくなった。私がセンターに行こうと言うと、コーゴは「ゲベガ（うちに一緒に行こ）」と言った。私が「ムターイ（明日ね）」と言うと、「ア、ア。ゲベ（いやいや、行こ）」と私を引っ張る。今度は私がコーゴを聾学校の方に引っ張って「ゲベガ」と言う。そんなことが繰り返されるようになった。

　コーゴには、聾学校付近からミニバスで10分くらいかかるタウン（K聾学校周辺の人々はK町の中心部を単に「タウン」と呼んでいた）の近くで出くわしたこともあった。私はタウンに向かっており——私はミニバスを使わずに30分くらいかけて歩くことがあった——、コーゴはタウンの病院から家に帰る途中だった。「どこへ行く？」「タウンへ」。コーゴは足をさすりながら「病院に行ってきたんだ」と言い、処方されたという薬を出して見せた。「お金がなくなっちゃって」。バスを使うようにと10シリングを渡すと、「ええ？いいのかい？チェラガット。ありがと、ほんとにありがとね」と神妙な顔つきで言って両手で私の手を握るのだった。

　ポーリンがある日、私を手招きで呼んで声をひそめて言った。「あなたの友達のコーゴがね、私たちを家に招きたいって。2人揃って来てほしいって」。日を決めると、ポーリンは「じゃあ、コーゴに言っておくから」と言った。ポーリンから聞いたのであろう、訪問する日が近づいた頃、コーゴは私に「何を食べたいか」と尋ねてきた。私は何も考えず、うっかり「ムルシック（発酵乳）」と答えてしまった。「ムルシックか……わかった、用意しておこう」。私がコーゴの家を訪問すると聞き知ったある教員にこの話をしたところ、「この時期はあまり牛の乳が出ないから、ムルシックを用意するのは難しいかもしれないよ」と言われた。そこで初めて、「しまった」と思った。大乾季のさなかで、K聾学校周辺地域でも、牛の乳の出が悪くなる時期だった。私はそのことに考えが及んでいなかったのだ。

　ポーリンと2人でコーゴの家を訪ねると、コーゴはミルクティーとパンを用意してくれていた。そして、ムルシックも。

　　「トゥオンベ（祈りましょう）」

　コーゴは多くのことを神に感謝していた。

第2章　協働する身体

デイヴィッドとベンソン

　私がK聾学校に住み込み始めたとき、いつも松葉杖を使っていた男の子がいた。彼の名はデイヴィッド。彼の授業の受け方はほかのクラスメートとは異なっていた。ほかの子供たちと同様にノートを開いているが、教員がボールペンを彼に持たせノートを指さすと、丸やら何やらぐちゃぐちゃと書いていた。

　デイヴィッドはいつも、同じクラスのベンソンと一緒だった。ベンソンは彼を手伝っていた。教員によると、ベンソンはデイヴィッドの友達だという。

　「友達」とは、何か物をくれるなど自分のために何かをしてくれる人を指すようだった。それ以外は「知り合い」程度のようだった。キリスト教学の授業で、教員があるとき「友達は誰？」と子供たちに尋ねたところ、ある子は「ジュリアス。パンをくれたから」と言ったし、別の子も、誰かを名指してから「ビスケットを分けてくれたから」と言った。その意味で、デイヴィッドにとってベンソンは1番の友達だと、教員だけでなく周りの子供たちからもみなされていた。のちに、海外からの支援でデイヴィッドに車椅子が贈られたが、段差があるところなどはベンソンがデイヴィッドの車椅子を押すなど何かと手伝っていた。2人が何やらしきりに手を動かしてしゃべっている光景もよく見かけた。

　デイヴィッドの手指の動きは私からすればいささか不明瞭だったが、それでもよく動いた。夕食前のひととき、車椅子に座ったデイヴィッドは、真剣な面持ちで1人で何やらさかんに手を動かしていた。ベンソンやほかの男子が私に、「彼は闘っているんだ」と笑いながら話してくれた。どうやら私たちには「見えない相手」と何かをしているらしい。

　休み時間に、デイヴィッドは教室内でいつもと違う表情や姿勢で何やら体を動かしていた。「マイヨ（K聾学校の教員）の物真似してる」。男子が教えてくれた。「デイヴィッドは先生の物真似が得意なんだ」。何人かのレパートリーがあったようだ。

　私もデイヴィッドとしゃべったことがある。しゃべったように思っているが、何をしゃべったかは覚えていない。あるいは、何もしゃべっていなかったかもしれない。でも、2人でしきりに手を動かしていた。

お仕置き

　あるとき、ある男子が別の男子の指先をカッターの刃で傷つけるということが起きた。両人が教員の前に「出頭」した。教員が2人に事情を尋ねると、指

に血の出ている方がまず先陣切って何事か訴えた。他方、カッターで手を出した側も何事か話していた。2人の手の動きは普段とは違って、力がこもっていたように見えた。

両人の訴えを静かに見守っていた教員は次のように言った。「刃物で人を傷つけたら警察に行かねばならない。法律でそう決められている」、「警察に捕まったら、監視されながらずっと畑を耕し続けなければならなくなるぞ」。そして切った側を、外から鍵のかかる副校長の部屋（個室）に閉じ込めてしまった。その部屋には窓があり、外から中の様子を伺うことができた。

1時間ほどたって、同じ教員がその部屋を開け、再び言った。「警察に行かねばならない。一緒に行こう」。その男子は半べそをかきながら「ごめんなさい」と「赦して」という言葉を続けていた。握りこぶしを胸に当てさするように回し（「ごめんなさい」）、上に向けた左掌を右掌で2〜3回払う（「赦して」）、これを繰り返した。しばらくそれを見ていた教員が「もう行っていいよ」と言ったが、閉じ込められ警察に連れて行くと言われたその男子はかなり堪えたらしく、しおらしくなりトボトボと男子寮へ去っていった。

別の男子2人が喧嘩したときは両人ともに副校長の部屋に閉じ込められたが、そのときは2人とも立て膝にさせられ両腕をまっすぐ上げたままにするよう教員に指示された。教員が出て行くと、上げた腕が少し下がったが、外から教員が両腕をまっすぐ伸ばすようやって見せ、中の2人はしゃくりあげながら腕を伸ばした。

2人は部屋から出されると、夕食のために一同が集まっていた食堂に連れて行かれた。みんなに向かって赦しを乞うように教員に促され、2人は「ごめんなさい」「赦して」を繰り返した。教員はみんなに向かって尋ねた。「2人を赦してよいか」。あちこちから赦すという言葉が放たれ、2人はようやく夕食の席に着いたのだった。

夜の上映会

毎週金曜日の夜は、食堂でビデオ上映会が行われた。子供たちのほかに敷地内に住む教職員の子供たちも集まり、ほかには宿直の守衛が一緒にいた。K聾学校にあったビデオは2本、『コマンドー』（1985年）と、もう1本、タイトルはわからずじまいだったが勧善懲悪の（そして悪人を倒す過程でヒーローが悪人に捕われた女性と愛を交わす）映画だった。子供も教職員の子供らも飽きずに何度も見ていた。誰かが殺されそうになったりキスシーンになったりする場面では、

203

第2章　協働する身体

image 2-37

手で顔を覆いながらも指の隙間から画面を見る子が少なからず出てくるのだった。

　私も何本かAmazon.UKからビデオを取り寄せた。ジャマイカからボブスレーチームを組んで冬季五輪に参加したという実話に基づいたコメディ『クールランニング』(1993年)、スタジオジブリによるアニメ映画『魔女の宅急便』(1989年)、『七人の侍』(1954年)、『大脱走』(1963年)。子供が映画を見終わってから何度も話題に出したのは『クールランニング』で、一部の子供は登場人物たちの振る舞い——初めて経験する寒さに震えている場面や、競技中に転倒してしまいボブスレーを持ち上げてかぶりながら歩いてゴールする場面——を真似しては笑い転げていた。『魔女の宅急便』については、上級生を中心に「うさんくさい妖術」と言って馬鹿にされた。『七人の侍』は退屈きわまりない様子で、『大脱走』では、私が涙してしまうシーン——列車から降りた仲間が検問でゲシュタポに捕まりそうになったとき登場人物の1人（エリック）がゲシュタポを射殺して逃げるものの背中から返り討ちされ、その場に崩れ落ちるさま——を真似しては笑い出す始末であった。

　いずれも、聾の子供たちは彼らのやり方でそれぞれの映画を楽しんでいたようだ。そこに字幕はなかった。

私の妻

　ムホンベ氏は、K聾学校の敷地内にある彼の家に「お茶でも」と私を2度招いてくれた。1度目は2003年、2度目は2012年のことだ。初めて彼の家に行っ

204

ダイアローグ (2)

たとき、彼の妻は外出中だった。「僕はナンディ人と違って（男だけれど）、お茶を入れることができるし料理だってするよ」と言いながら、ミルクティーを出してくれた。

後日、ムホンベ氏宅の近辺で会った女性が「ムホンベの妻だ」と自己紹介してくれた。彼女は快活でよくしゃべった。あるとき、コンスタンチンといつものように噂話をしていたとき、彼女は言った。「ムホンベの妻は夜になると着飾って外出するらしいのよ。どこに行っているのやら」。コンスタンチンのいる女子寮とムホンベ氏宅はK聾学校の両端にあり、どうやってそういう情報を仕入れているのかわからなかったが、ともかくもコンスタンチンはムホンベ氏の妻の素行をあまりよくは思っていなかったようだった。

2012年。ムホンベ氏は10年近く前と同じように私を自宅に招き入れたがった。約束の時間になって家を訪ねるとムホンベ氏が迎え入れてくれた。中へ入ると、見知らぬ物静かなうら若い女性がいた。私はメイドでも雇うようになったのかと思った。夫婦そろって学校の教員をしているなどの「共働き」の家では、若い女性をメイドとして雇うことが通例だったからだ。

そのうら若い女性が紅茶をトレイに載せて客間に入ってきたとき、ムホンベ氏は言った。「僕の妻だ」。明らかに、私が以前会ったことのあったあの女性ではなかった。

シチエネイ氏宅でお茶を飲んでいたとき、私は思いきって尋ねた。「この間ムホンベ氏が彼の家に私を招いてくれたけれど……彼の妻が……」。シチエネイ氏は例によって、フフフフフフと笑った。「違う女性だったの？」。「違った」。彼はまた笑った。しかし、自ら何か補足してくれることはなかった。「……前の妻とは離婚したの？」と尋ねてもただ笑うだけだった。このときもやっぱり、私はそれ以上何も問いただせなかった。ムホンベ氏にもシチエネイ氏にも。

××人についての小咄

K聾学校の子供同士の語りの中で他の「部族」が登場するとき、からかいを含んだ笑い話になることがあった。K聾学校で子供3〜4人1組でお茶に招き、あれこれ話をしてもらったときのこと、当時6〜8年生のカレンジン系の男子4人に話をしてもらった中で、ルオやルィヤの話題が出た。「ルオなんてさあ、歯抜けなんだぜ。（私を見て）知ってる？　前歯取っちゃうんだよ（笑）」、「ルィヤなんか、ウガリをでっかい皿に盛るんだぜ（笑）」。同じ話を別の所でも聞いた。3人のきょうだいがK聾学校出身という一家の長男ベンは手話を交えつつ、

205

第２章　協働する身体

「ルィヤはウガリをテーブルの中央の皿にこーんなでっかく山盛りに盛ってそれを囲んでみんなでガツガツ食べて、食べ進んで初めて（ウガリの山を挟んで向かいにいた人に対して）『あ、お前いたのか？』ってなるんだよ（笑）」。

賢いインド人

　人々はよく、「インド人は手強い」とか「インド人は金持ちだが、何せ彼らは私たちとは違って土地を持っていないからね」と言った。都市部にチェーン店を持つ大型スーパーマーケットのほとんどはインド系住民が経営しており、金銭的に富裕な者が多いように感じられた。Ｋタウンにも、都市部の大型店ほどではないが大抵の品物は揃っているスーパー「カプシレ」があり、店主はインド系住民だった。シチエネイ氏は「インド人はとても賢い」とか「すぐリッチになる」と言いながら、次のように語った。「例えば、タウンのカプシレもそうだけど、店の名前をつけるときヒンドゥ系の名前をつけるのではなく、ナンディの地名っぽくしたり、“ナンディ××”にしたりと、まるでナンディのための店のような名前にする。ナンディの人たちはそれでパッとその店に入っちゃうんだ」。

別人

　ワウェルは自分のファースト・ネームがよく間違えられると言っていた。彼女のファースト・ネームは“バニス”といい、私に「聖書にもちゃんと載ってる名前なんだよ。どこだっけかな。ほら、これこれ」と言って、「使徒言行録」を開いて見せた。しかし、「ビアトリス」とか「バンシー」などと言われてしまうという。

　彼女がＭ大学に戻ってから、彼女を訪ねたことがあった。その日、彼女が所属しているキリスト教サークルの集まりがあるというので一緒に行った。彼女は、これから大勢の人前で話をしなければならないから緊張すると言いつつ、「でも、名前を間違えられたら自分のことじゃないって思えるから緊張しないで済む」と囁いた。彼女が言った通り「ビアトリス・ワウェル」と呼ばれた。彼女は私を見てニヤっと笑うと、そのまま壇上に向かった。

サル仲間

　ときどきヨーロッパや北アメリカからＫ聾学校を視察に来る人たちがいた。カメラを手にした彼らは、校長などに案内されながら聾学校内の設備をたくさ

ん撮影した。コンスタンチンやほかの寮母たちとおしゃべりをしていたとき、コンスタンチンは言った。「ムズング（ヨーロッパ人）は私たちの写真を撮りまくって、家に帰ったらきっと、私たちのことをプアなモンキーだと言って笑いものにする気だわ」。私は大急ぎで付け加えた。「モンキーなら私も一緒、ヨーロッパ人は日本人のことイエロー・モンキーって言うもの」。

「あら私たちいいサル友ね」とコンスタンチンは言い、一同笑ったのだった。しかし、私だけは脂汗をかいていた。

語りの手口

ランゴックはK聾学校の最初の卒業生で、調理場担当の職員をしている。私が初めてK聾学校を訪れ住み込ませてもらえることになったとき、久しく空いていたゲストハウスを彼女が隅々まできれいに掃除してくれた。私は当時英語もよくしゃべれず、スワヒリ語やナンディ語も挨拶程度、手話に至っては全くわからない状態だったが、ランゴックはニコニコしながらそんな私に構わず、手話で何やかんやとまくしたてているように見えた。どうやら、部屋はすっかりきれいになった、ウェルカムということらしい。

それから4ヶ月が過ぎ、2003年12月にK聾学校から車で20分ほどのところにあるランゴックの家に行くことになった。彼女の母親と子供たちがいた。母親はランゴックと手話で話しているように私には見え、ときどきランゴックの言っていることを私に通訳してくれた。私が手話がよくできますねと言うと、「だって彼女の母親だもの」と言った。その日のことを書いたフィールドノートでは「私はスワヒリ語でしゃべる」となっているが、当時の私がスワヒリ語だけをしゃべれたはずはなく、英語も交えてランゴックの母親と話していたと思われる。

翌年一時帰国した後、再びK聾学校に戻った折、学校休暇期間中に何人かの子供の帰省先を訪ね居候させてもらった。まず、2004年8月、当時5年生だったフィリスの帰省先に10日間、ナーサリー学級のジェプトゥムの帰省先に2週間居候となった。フィリスは母親と共に、彼女の母の父方のいとこミリアムの家（以下リモ氏宅）に身を寄せていた。ミリアムの娘ヘレン（20代）によると、フィリスは4歳のときに母親と共にこの家に来たという。家はK聾学校から車で15分程度のところで、フィリスの母はリモ氏宅の近くの軽食堂を切り盛りしていた。

リモ氏も夫人も、日中は仕事で出払っていることが多かった。リモ氏宅の敷

第 2 章　協働する身体

地は広く客室もあり、カラーテレビが置かれていた。居間の四方の壁の上方には、リモ氏の顔が写った四ツ切サイズほどの写真が額に入れられて飾られていた。日中、リモ氏夫妻が出払うと、ヘレンはよくステレオラジカセのスイッチを入れ、ケニアのポップスを流していた。当時流行っていたヒップホップ歌手 "Nameless" の "Holiday" という曲が流れると、「この歌好き」と言って、ノリノリに体を動かしながら鼻歌交じりに「……ニャマ・チョマ一緒に食おうぜ、タスカ（市販ビールの銘柄）持ってビーチに向かって！　ニャマ・チョマ一緒に食おうぜ、ケニア・ハクナマタータ！」と一緒に歌っていた。

　リモ氏宅を訪れた日、家族の写真を見せられた。ヘレンは写真の束から 1 枚 1 枚写真を見せて説明してくれていたが、その中に、ヘレンが体の線が出るようなトップスにズボン姿でポーズをとって写っているものがあった。その写真には、インクの出なくなったボールペンか何かでヘレンの胴体部分をガリガリ引っ掻いた跡があった。ヘレンは少し慌てながらその写真を持っていた写真の束とは別にしてしまい込んでいた。

　フィリスは、ヘレンやその兄弟にサインネームをつけており、近所に住むヘレンのいとこたちにもサインネームがつけられていた。ヘレンはフィリスからフィンガースペリングや日用品を指す手話を教わったと言い、日常生活上のことなら手話で事足りていたようだった。近所に住むヘレンの友人が遊びに来たとき、ヘレンとフィリスが手話で話すのを見て、その友人が「フィリスは何て言ってるの？」と言った。するとヘレンは、「ヘッヘー（笑）、私、手話わかるもんね」と自慢げに言った。

　ヘレンはその兄弟たちと、スワヒリ語か英語でしか会話をしていなかった。彼女によると、ナンディ語は聞いて理解できるが、自分ではよくしゃべれないという。ある日曜日、フィリスやヘレンと共にスワヒリ語とナンディ語での礼拝が行われる地元の AIC に行った。ヘレンは、いつもならスワヒリ語と英語の礼拝がある K 聾学校の近くの AIC 本部教会の方に行くという。リモ氏は、若い世代がナンディ語を知らないから、ナーサリーから 3 年生くらいまでヴァナキュラーを教えるべきだ、今はスワヒリ語か英語しかしゃべれない子が多いと言った。昔はメイドなどおらず、そういった女の子を得るのが難しかったため、ルイヤなどの女の子を雇う。そうすると、スワヒリ語で話すようになる、と言っていた。

　私がリモ氏に（ジェプトゥムの帰省先の）KB 村に行くと言うと、リモ氏は「ここよりももっとナンディ語をしゃべるだろう」と言っていた。いよいよリモ氏

ダイアローグ（2）

宅を離れる折、KB村の話になった。そのときリモ氏は、ジェプトゥムの父親について「何をしている人？　先生？　それとも農民？」と尋ねた。教員の場合でも自分の畑を持って農業を兼業しているケースしか知らなかったため、教員か農民かというリモ氏の質問に私は違和感を覚え、どう答えてよいかわからなかった。リモ氏は別のときに、「ナンディは豊かな土地。でも適切な使い方をしないのでどんどん貧しくなっている。最近は果物を植えるプロジェクトがあり、うちの庭にも4種類の異なるオレンジを植えている。昔は牛乳とウガリだけだった。豆さえも育てなかった。フルーツを育てれば、少しは現金収入を得ることができる」と話していたことがあった。

　そのKB村ではリモ氏の言うとおりナンディ語を聞く機会が多かった。子供たちは主にナンディ語でしゃべっていて、私がわからなくなるとスワヒリ語やときどき英語でしゃべってくれた。私はジェプトゥムの母親や近所の子供たちにみっちりナンディ語を教わることになり、このときのフィールドノートにはナンディ語の単語や文がびっしり書かれている。ジェプトゥムはきょうだいやいとこにサインネームをつけ、彼女の母親や姉、弟に手話でいろいろと話しているようだった。母親はジェプトゥムの手話がわからなくなると私にジェプトゥムが何を言っているのかと尋ねた。

　ジェプトゥムの家の近所に、当時K聾学校の5年生だったキマルの年の離れた姉が住んでいた。ジェプトゥムの母マルタと共にキマルの姉の家に行ったことがあったが、彼女も手話をいくらか知っていると言い、例えば、「生まれる」、「寝る」、「同じ」、「砂糖」、「塩」、「お母さん」といった語を手話で示してくれた。そのとき彼女は、「マチャニーック」（ナンディ語で「茶葉」）と言いながら「茶摘み」を示す手話をして見せてもくれた。キマルがナンディ語をしゃべるという話から、マルタが彼は聞くのかと尋ねると、キマルの姉は“no”と言いながら極めて自然に“no”を示す手話をやるように私には見て取れたので、それを私が指摘すると彼女は爆笑した。それから彼女は「マガセーック」（「彼は私たちを聞かない」）と言いながら人さし指でそれぞれの耳を塞いだ。キマルの姉は、私が一時帰国し再びケニアに戻ってK聾学校に来た日の子供たちの反応を「こうだったんでしょ？」とやって見せた。キマルが姉に伝えたらしい。

　キマルは学校でスワヒリ語を口に出したことがあり、そのときに家でスワヒリ語をしゃべるのかと尋ねると、「ちょっとだけ」と手話で言っていたことがある。そこで、ナンディ語をしゃべるのかと続けて手話で尋ねたところ、彼はそうだと言った。彼は、「口でベラベラしゃべって、疲れたら、手話する（笑）」

209

第2章　協働する身体

と手話で私に話してくれた。私は学校でキマルがナンディ語をしゃべっていたのを何度か聞いたことがある。例えば、ケニア全国聾学校スポーツ・文化活動競技会のための演劇の練習をしていたとき、シチエネイ氏の息子タヌイが見学していて、キマルはナンディ語でベラベラとタヌイに何かを教えている様子だった。シチエネイ氏によると、タヌイを含め彼の子供たちはナンディ語は聞いて理解できるがあまりしゃべれないということだった。また、ある女子生徒と校内を歩いていたらキマルが私の名前を口頭で呼び、いたずらっぽく笑いながら「お母さんはどこにいるの？」とか「今どこから来たの？」などと手話を一切使わずにナンディ語だけでしゃべりかけてきた。揚げ句は、その女子生徒までがナンディ語でしゃべり出したので、私が2人に、「お願いだから手話やって」と手話で頼んで3人で大笑いしたこともあった。

恥ずかしい手話、好きな手話、異なる手話と紅茶の色

　2004年の11月末から1月初めにかけて、パトリックと同じ学級に在籍していたアレックスの家に1ヶ月ほど居候した。彼の家は、エルドレットから車で2時間近くかかるケイヨ県のS村だった。彼の兄キプラガットと妹のチェロップもK聾学校の出身で、当時キプラガットはナイロビの職業訓練校に在籍中で、チェロップはM女子中等聾学校を卒業したばかりだった。ほかに、長男のベンと4男のDC、そして末っ子にジョシュアがいた。ジョシュアは近所の初等学校に、DCは学校があるときは車で1時間くらい離れた祖母の家に住んでその近くの初等学校に通っていた。

　きょうだいたちには全員サインネームがあった。ただ、キプラガットもチェロップもアレックスもベンたちを呼ぶときは口頭で呼ぶことが多かった。母親はナンディ出身でケイヨ出身の男性と結婚した。彼女によると「ナンディ語とケイヨ語はほとんど同じ。ちょっとイントネーションが違うだけ」ということだった。私は彼女の生家にも行き、彼女の親きょうだいとも会ったが、ケイヨ語とナンディ語の違いを聞き分けられなかった。

　近所の人によると、特にチェロップはケイヨ語を口頭でよくしゃべるという。母親とチェロップの会話はケイヨ語で交わされることが多いようだった。キプラガットはあまり声を出すことはなく、アレックスはときどきベラベラと声に出してしゃべっていたことがあった。母親も、ベンやDCやジョシュアも手話を使いながらキプラガットたちと話すが、ときどき手を止め、口を突きだして動きを強調させながら補足的にケイヨ語でしゃべった。

210

ダイアローグ (2)

　私が手話で話しているとき、チェロップは私を制して「その手話はダメ」と手話で言った。例えば、K聾学校で使われている「トイレ」(アルファベット手形Tを縦に振る) や「お母ちゃん」(乳房の丸みを拳でたどる) は「恥ずかしい」と言う。その代わり、「お手洗い」——M女子中等聾学校で使われている、拳を作り親指を立ててのど元から顎の前に2回出す所作——、「お母さん」——掌で頬を触る所作——が正しいと言った。

　チェロップは、キプラガットやアレックスにアメリカ手話を使えとよく言っていた。彼女は「アメリカ手話がベストだ」と言う。キプラガットはチェロップのいないところで「ケニア手話がベストだ」と言っていた。私から見るとキプラガットの手話はアメリカ手話が多いように感じられた。この家には2005年にも居候したが、アレックスはケニアの西南端ニャンザ州にあるN職業訓練校に進学していた。長期休暇で帰省していた折、アレックスは「手話がK聾学校と違うんだよ」と言い、曜日表現の違いを例に出して説明した。そのときに「紅茶が黒くてびっくりした、牛乳がないんだ」と言い、食事になかなか慣れないという話に移っていった。

おいしいウガリをつくるには

　ある晩、女子寮の中の小さな部屋に住んでいる寮母のコンスタンチンを訪ねた。夜露が芝生を濡らし、虫の音がそこここから聞こえていた。その日は、彼女のおいしいウガリをいただくことになっていた。先客がおり、教員グレイスが彼女とおしゃべりをしていた。

　グレイスは当時学位をとるために大学に在籍していて、教育実習のために学校に戻ってきていた。実習仲間の若い女学生ユニスと一緒に、聾学校の校舎の一角にある半ば倉庫と化していただだ広い部屋に住んでいたが、その日ユニスは出払っていた。

　コンスタンチンによって祈りが捧げられる。フタの役目を果たしていた琺瑯の皿が取り除かれると、もう一方の皿に盛られたウガリから湯気が立つ。めいめい、青菜炒めが入っている自分の皿に取る。もちもちとして微かに甘みのあるウガリ。青菜炒めには「隠し味」があった。牛乳を沸かしたときにできる薄い膜は数時間おくとチーズ状になる。それを火が通った青菜に入れて混ぜる。このやり方はコンスタンチンの家でしか見たことがなかった。味付けは塩のみ。これがまた絶妙だった。彼女のつくるウガリも、「どういうわけか、みんなが匂いをかぎつけて食べに来る」というくらい好評を博していたようで、私

211

第2章　協働する身体

も夜な夜な彼女を訪ねてはごちそうになった。

　お腹を満たすと、よもやま話が始まった。どういういきさつだったかは忘れてしまったが、そのときはコンスタンチンの別れた亭主の話になった。当時彼女は息子ゲティッチの男子割礼を何としてでも伝統式で受けさせようとしていた。しかし、それにはかなりの資金が必要だった。都合がつかず、ここ2年ほど先延ばしになっていたが、「彼の年齢では今年がもう最後のチャンス、何とかしなければ」と彼女は口癖のように言っていた。2ヶ月に1度入るはずのわずかな給与も滞りがちで、3人の子供を養っていた彼女は普段から、数枚の小銭を見せながら「今月はこれしか残っていない」と言っていたくらいだった。そのため、割礼にかかる費用を親類縁者から借りるのに奔走していたわけだが、肝心の「ゲティッチの父親」が全くカネを出そうとしないのだという。

　「ゲティッチの父親」がいかに甲斐性なしかという話がしばらく続いたが、彼女たちの話が途切れたところを見計らって、私は女子割礼について尋ねてみた。

　「まさか!!!　アタシはやってないわよ」。「そうね、私たちの世代ではもう女子への割礼が禁止になったから」。「でもね、ここだけの話、……リザーブではやってるらしいわよ」。「リザーブ」という言い方は、「原住民保護区（ネイティブ・リザーブ）」（「保護区」という字面で考えると聞こえはいいが、定義は曖昧でいつでも支配者側に都合のよい解釈で土地は管理されがちだった）という、イギリス植民地期の植民地行政府による土地区分の名残だ。私が、ある子供の帰省先で12月に「女の子のための儀礼があるから来いって言われた」というと、「それよ。まだこっそりやってるところがあるのよ」。

　そしてまた、コンスタンチンの別れた亭主の話に戻った。「彼（ゲティッチ）の父親なんか、結婚したてのとき、お前は割礼やったのかって聞いてきたのよ」。「やってないって言ったら、それじゃあ、お前のつくるウガリは不味いだろうって」。そして、コンスタンチンは自分の股間を指さしながらこう続けた。「だから言ってやったわ！　ウガリはココでつくるわけじゃあるまいし！って。そしたら彼、黙っちゃったわよ」。

いつも酔っ払い

　ボール氏は、ごくまれにではあったが酒くさいことがあった。K聾学校内での話である。朝一番で会ったときに酒のにおいがするのである。子供たちもボール氏のことを「ときどき酔っ払っている」と言っていた。

ダイアローグ (2)

　ボール氏の父親は伝統的なダンスをよく知っている人であり、ボール氏もそれを受け継いだらしく文化活動競技会のダンス部門の指導はいつも彼の役目になっていた。しかし、そういう真面目な（あるいはごく普通の）ことをしているときよりも、校内でちょっと酔っ払っている風だったり、冗談を言っていたりしている印象の方が強かった。彼の可笑しさは、真顔で冗談を言うところにあった。すっとぼけた顔で、とでも言えばわかりやすいだろうか。

　全国聾学校スポーツ文化活動競技会の州予選が、国立公園が近くにある聾学校で行われたことがある。そのとき、ついでに皆でその公園へ行くことになった。正面ゲートを大型バスで抜けるときに、目立つ2人組の女性がいた。そのうち1人はGパンを履いていたが側面を紐で編み上げてあるデザインで、素肌が遠くからでも見えた。そのとき、ボール氏がボソッと何事かつぶやいた。誰に言うでもなく、しかし独り言という感じでもなかった。引率していた教員たちは一様に吹いた。それも爆笑などではなく、静かに吹いたのだった。私は隣にいたK聾学校専属の看護師に尋ねた。「彼は今何て言ったの？」。すると彼女は私の耳元で囁いた。「パンティが見えそうだって言ったのよ」。

　こんなこともあった。週明けの休憩時間の職員室で、「昨晩、町の方がやけに騒がしかった」という話題になった。何かの催しがあったらしく、何人もの教員が「酔っ払いが騒いでいたんじゃないか？」と咎め呆れる口調で話した。話題は別の方へそれていき、やがて始業時刻となった。職員室から教員たちが次々と出ていった。最後の2、3人が表へ出ようとしたとき、ボール氏が「俺昨日そこにいたわ」とボソッとつぶやいた。その場にいた者たちの反応はバスの時と同じであった。

　シチエネイ氏の家でミルクティーを飲みながら「ボール氏は可笑しい人だ」と話しているとき、私は「ボール氏はときどき」と「酔っ払い」の手話で言ったことがある。シチエネイ氏は「フッフッフッフ」と笑っていた。つづけて、「聾の子供たちも『ときどきにおう』とか『酔っ払い』って言ってた（笑）」と言うと、「ああ、聾の子供たちも言ってた？　彼らは鋭いから何でもよく見ている（笑）」と返した。

　そんなボール氏は子供や教員たちから好かれているようだった。少なくとも、嫌われてはいない、と言った方がよいのか。職員室でも真顔でふざけたことを言うのが定石であった。私がK聾学校に滞在中、職員室でのティータイムで必ず一度は言われることがあった。「ユタカ、嫁に来ないか。2番目だが」。「うーん、考えてもいいけれど、相当数の牛をくれないとね」。「何頭？」「100

第2章　協働する身体

頭くらいかな。それと、母親が老齢だから日本に牛を連れてきてもらわないといけない」。ここまでは私も慣れたものだ。しかし、例によって真顔で「いいとも。じゃあ、いつにしようか」と尋ねられると、彼の術中にまんまとはまった私は答えに窮してしまうのだ。修行の足りない私が困り顔で黙ると、ボール氏はクスクス笑うのだった。

若い娘のこと

　グレイスとユニスの実習が終わりに近づいたある晩、またコンスタンチンの小さな部屋でグレイスとともにウガリをいただき、食後も夜更けまであれこれおしゃべりをした。このとき、だいぶお腹が大きくなっていたユニスのことが話題にのぼった。ユニスから私は「結婚するから実習が終わってもこの町に居続ける」と聞いていた。コンスタンチンとグレイスが話すには、相手の男ケンボイの家に連れて行ってもらったかどうかを尋ねたところ、ユニスはまだだと言っていた、とのことだった。彼女たちは、それはきっとケンボイに別の女がいるからに違いない、まず両親に会うのが筋なのにおかしいと言い始めた。

　話しているうちに、相手の男の話からユニス自身の話に移った。グレイスは、「ユニスは夜な夜な外出し、遅くに帰ってきた」と言った。「ケンボイが家に連れて行かなかったのは、きっと、ユニスが品のない髪型だったし、スカートが短かったからよ」とか「ユニスがカンバ人だからに違いない」というように。グレイスは「大学にいるとき、ナンディでは長いスカートじゃないとだめだって散々言ったのにユニスは聞かなかった」と言った。コンスタンチンは続けて「カンバは、（右掌に息を吹きかけ）、妖術がすごく手強いから、ユニスのおばあちゃんなんかに知れたらどうなるかしら」と続けた。

　ユニスの話から、今度はどういうわけか、「ルィヤ人の女性はあばずれが多いのよ」、「兄弟がルィヤと結婚したけど、奥さんはやりたい放題だったから彼は奥さんを替えた」といった話に移った。コンスタンチンは「昔、ジュリアスっていう、とーっても良い子がここにいたじゃない？　あの子が去年遊びに来たときに結婚したか？って聞いたの。そしたら、相手がルィヤで、夜な夜な午後8時半くらいからビデオを見に行くと言ってタウンに出かけていって、11時半くらいに戻ってくるって言うの」。コンスタンチンとグレイスは、奥さん何しているかわからないわねと言った。コンスタンチンは「ジュリアスが気の毒でならない。心底同情するわ、本当に……」と顔をしかめながら話を締めくくった。

214

ダイアローグ (2)

父

　その晩、一家の主の病いが悪化した。咳が止まらない。近所に住むミニバス
の運転手をしている男ともう1人、それから妻エスタと長男ベンといっしょ
に、車で1時間半かかる町の病院に連れて行くことになった。主は両脇を抱え
られながらもゆっくりとした足取りで車に乗り込んだ。

　道が悪く、車は時折大きく揺れた。私は、正直なところ、もし彼が死んだら
葬儀はどのように営まれるのだろうかと考えていた。人類学者がよく扱うト
ピックだ。ただ、ここの人たちはみな敬虔なクリスチャンだ、あまり「おもし
ろいもの」は期待できないだろう。外は闇に包まれ、家が点々とあるはずだっ
たがどこからも灯りはもれていなかった。乗っている車のライトが一筋、前方
を照らすだけだった。

　病院に到着し、主は再び両脇を抱えられながら、ゆっくりと救急の診察室へ
と向かった。その中にはほかの患者や家族がおり、若い男性医師と看護師が対
応していた。隣にある部屋のベッドに寝かし、点滴を打つことになった。ベン
や運転手や付き添いの男が主を支え、妻がその後に続いた。彼を固い簡易ベッ
ドに寝かせると、看護婦が点滴の器具などを取りに部屋を出た。私はぼんやり
と明るい外の廊下の方に体を向けた。

　そのときだった。なんとも形容しがたい悲鳴と共に、エスタが私の横を通り
抜け外に向かって駆けだした。振り返ると、口の周りに血のついた体が横た
わっていた。目は1ヶ所を見つめたままだった。

　私は外に走り出した。エスタは気が動転して今にも倒れそうになっていた。
私はエスタの細い両腕をつかんで支えた。

　　「ああ……なんてこと」

　　「ああ、神よ……」

　　「おお…………ジーザス……」

　私は思考する力を失い、途方に暮れた。エスタが少し落ち着きを取り戻した
のでいっしょに部屋に戻ると、ベンが父親の傍に立ちつくしていた。彼の頬に
涙が小さく光っていた。一家の主は、うつろな目を開けたまま、がっくりと頭
を後ろに落とし、ただそこに横たわっていた。

215

第 2 章　協働する身体

　帰りの車の中でエスタと私は身を寄せ合って座っていた。エスタは泣いていた。

　　　「自分のために泣くんじゃない。子供たちのために……。ああ、ジョシュ
　　　ア、なんて憐れな……」。

　ジョシュアは一家の「実の子供」ではなかった。「実の母親」は一家の遠戚
の女性で、その女性がジョシュアの「実の父」とは結婚せず別の男と結婚した
ために引き取ったと、長女チェロップが話していた。しかし、エスタがこのと
き最初に口にしたのはほかの 5 人のきょうだいたちの名ではなかった。このと
き彼女が口に出したのは、ほかでもないジョシュアの名だったのである。

＊　＊　＊

　彼が亡くなってから 2 日後の朝、家の近くの大きな岩の上で、ジョシュアが
牛追いのための長い枝を振りながら 1 人ぼんやりと座っていた。近づくと、彼
は私を見ながらこうつぶやいた。

　　　「父ちゃん、どこに行ったの？　いつ、帰ってくるのかな？」。

　私は何も答えられなかった。
　午後になって、空が急に暗くなり、激しい雨が降ってきた。キプラガットが
外を眺めながら手話で言った。「12 月に雨が降るなんて」。しばらくすると、全
身ずぶぬれになりながら、牛たちと共にジョシュアが帰ってきた。普段キプラ
ガットはあまり声を出さないが、そのときはありったけの声を出して言った。

　　　「ジョシュア！　どこ行ってたんだ！　早くこっちに来い！」

　ジョシュアは何とも言えない笑みを浮かべながら、家の中に入ってきた。
　キプラガットは静かな手話で言った。「牛なんか、放っておけばいいのに」。
　全ての音をかき消すくらい、雨足が強くなっていった。

216

ダイアローグ（2）

酒盛り

　「酒が飲めるからだよ」と、村の年長者たちは言う。「所属している教会はカソリック。なぜなら……」に続く言葉だ。ジェプトゥムが住んでいる村の多くの人はカソリック教会に属していた。酒が飲めるだけでなく、村で行う男子の割礼儀礼のときに必ず振る舞うことになっている大量の酒を作ることも可能だ。

　2011年12月25日の夕方、ジェプトゥムの母マルタに連れられて行った先には、蚊帳のような青い大きめのネットに覆われた一角があった。私には"traditional beer"と紹介された、シコクビエが材料の白い酒が入ったいくつかのヒョウタンが置いてあった。20人近くが円形状にひしめき合っていた。子供たちは文字通り「蚊帳の外」にいた。

　私は何人かに酒を勧められた。私たちが到着する前に飲み始めていたらしく、人々の目はいくらか充血し、頬は赤らんでいた。コップが人数分あるわけではなく、1つか2つの大きめのコップで回し飲みをすることになった。「昔は大きなヒョウタン1つから、皆がストローで啜ったんだ。でも今日はそれがなかったから」と顔なじみの男が言った。私がコップの中の生ぬるい液体を少しだけ飲み込むと、彼は言った。「これで仲間だ」。

　村で行われる儀礼でその姿を見ないことはないお爺さん（*agui*）を、マルタの夫イグナシャスが「ここの誉れだ」と紹介してくれた。しばらくして、彼が歌の口火を切った。人々はゆっくり膝の曲げ伸ばしをし、地を踏みしめるようにリズムをとりながら、歌い続けた。外の子供たちは、クスクス笑っていた。

　人々が歌う輪の中に、控えめな笑みを浮かべたマルタもいた。

第3章　躍る身体、構える身体

K聾学校にいたとき、私には子供たちが何をしゃべっているのかよくわからなかった。「ノリ」でその場をしのいでいったように思う。ビデオカメラで記録していくことをK聾学校の教員に勧められ、撮りためていきながら私は安直にもこう思ったものだ。「後でじっくり落ち着いて書き起こせば、わかるに違いない。録音しておいた会話を後で書き起こすように」。

　しかし、逆のことが起きた。やりとりの内容を逐語訳しようとすればするほど、理解不能となっていったのである。ここで、「子供だから何を言っているのかわからない」と「理解」して、思考をストップさせてはならない。この「説明」は何も説明していない。

　話を戻そう。私は彼らが何を言っているのかよくわからなかったのに、どうやって彼らと一緒に過ごしていたのか。「ノリ」とはいったい何だったのか。そのときは「ノリ」で乗り切っていたのに、帰国してから落ち着いて当時のやりとり（の動画）と向き合ったとき、なぜすべてがちんぷんかんぷんになってしまうのだろうか。当時は／現地ではうまくいっていたはずなのに。

221

第1節　歌い躍りしゃべる人たち

　調査地でかなり多くの時間、私は歌と躍りに囲まれていた。K聾学校で寝泊まりしていたときも、聾の子供の帰省先で居候していたときも。人々は歌い、躍った。それは突然始まることもあったし、日曜礼拝のときのように、プログラムとして行われることもあった。

　日曜礼拝では、からだを揺らしながら賑やかに歌われる賛美歌[注1]に合わせて、楽器の演奏者たちがリズムやメロディをチューニングしていく光景がよく見られた。K聾学校から車で1時間ほどのところにある、ケニアで4番目の規模の都市エルドレットにAIC（Africa Inland Church）Fellowship教会にはヤマハ製のキーボードがあり、演奏者が壇上の歌い手の後を追いかけて楽器を操作することが頻繁に見られた。壇上に歌い手が1人ないし複数上がる。手拍子や足踏みとともに、「アカペラ」で歌い始める。それに演奏者は合わせていくのである。最後までチューニングが合わないことも時々あった。そんなとき、私には「キーボードが音痴」であるとか「キーボード（の打楽器音）のリズムが合っていない」ように思えた。

　教会の入り口で配布される日曜礼拝のプログラム[注2]には歌い手の名前や歌のタイトル、いくつかの歌の歌詞が印刷されており、当然、楽器の演奏者たちも何が歌われるか事前に把握している。にもかかわらず、楽器がリードしてそれに合わせて歌い手が歌を始めるというよりも、歌い手が歌い始めてそれに楽器演奏が追従することの方が多かった。

　K聾学校の周辺地域では、11月末から1月初めの学校の長期休暇期間に合わせるようにして婚約式や結婚式などが目白押しになるが、特にそうしたイベントで歌やダンス、否、歌でもありダンスでもあり、メッセージの伝達でもあることが繰り広げられた。

　たとえば、さまざまなイベントでの「プレゼントを渡す」という行為の中に、歌とダンスが自ずと含み込まれる。これについて、K聾学校の教員シチエネイ氏は次のように解説してくれた。「ほとんどのメッセージは歌を通して行

第3章　躍る身体、構える身体

う。プレゼントを渡すときも、渡す相手を言葉で呼び寄せて渡すのではなく、歌の中に渡す相手の名前を含めて歌いながら渡す」、「すべての歌には導入部がある。まず独唱者がメッセージを（歌いながら）発する。独唱者はとても重要だ。そしてそれに続いて周りの人たちが唱和する」、「私たちは言葉よりも行動で多くのことを示すのだ[注3]」。

　シチエネイ氏は、2011年12月10日に行われたある家の末子の婚約式 koito 後の披露会（プレゼントの贈呈と会食）の映像を見ながら、そこで歌われた歌の歌詞を例に説明してくれた。

iyoni ng'o tumdo, iyoni〈人の名前／関係など〉*aasai*

　歌い出しの *iyoni* は英語の *accept* を意味するといい、導入の言葉である。*ng'o* とは「誰」を表し、*tumdo* は「儀式」を意味する。*aasai* は「迎え入れること」を意味する。*aasai* は日常的には女性同士がハグし合いながら口にする言葉であり、また男性同士や男性と女性の組み合わせでも儀礼[注4]や社会的関係としてかなり親しい場合に握手やハグとともに発せられる。「人の名前／関係など」の部分に関しては、この婚約式においては、*kabamwai*（「（婚姻関係になる）両家」）、*boisiek*（「男性たち」）、*toek chok*（「私たちの訪問客」）、*chitugl*（「すべての人々」）、*chebyosok*（「女性たち」）、*lagokyok*（「私たちの子供たち」）がまず歌われていた。プレゼントを渡す相手を呼ぶときは、この部分に当該人物の名前が入ることになる。「互いを歌の中で呼びプレゼントを渡す」ということだ。

　この歌をリードするのは独唱者を含むプレゼンターの女性たちだが、参加している周りの者たちもしばしば共に歌う。歌詞も確かに重要だが、歌い合うという行為によってはじめてお互いに受け入れるということが示されるのである。

　image 3-01 は、別の婚約式後に、結婚の決まった2人やその家族にプレゼントを渡す様子を撮ったものである。

　プレゼントを渡すのは女性たちで、血縁ないしは地縁のまとまりごとにプレゼントを渡していった。彼女たちは食器や布、衣類、寝具等、身の回りのさまざまな生活用品を手にステップを踏み、歌いながら婚約した2人やその両親などにプレゼントを渡していく。image 3-01 の場合、左手前のマイクを手にした女性の歌い出しがきっかけとなり、彼女の近親の女性たちが体を揺らしながらステップを踏み、歌いながらプレゼントを渡していくと、周囲の者たちも歌い

1　歌い躍りしゃべる人たち

image 3-01

始めた。調査を行っていた者としては、プレゼントを渡す人たちが誰から誰までなのか把握したかったが、傍にいる人の多くが一緒に輪になって歌っているので、結局はっきりとしたことはわからなかった。どこからともなく手拍子が鳴り始め、唱和していった。そして、それまで続いていた声の調子が少し変わるものの、流れるように「別の歌」にフェードインしていき、複数の歌が歌われていった。ここでも、直立不動ではない。足踏みないしは歩くということに歌が伴っていくのだ。

　こうした歌うという行為を、彼らは乳飲み子のときから身をもって経験する。image 3-02 は 2011 年 12 月 25 日に撮影したものである（前述の2つの婚約披露会とは異なる）。女性 2 人が 0 ～ 1 歳と思われる乳飲み子を抱っこしたまま歌い歩んでいる。耳が聞こえる場合、歌も耳から入っていくだろうが、あくまで「歌も」である。赤ん坊は抱っこされたりおぶわれたりした状態で、母親の歩み歌うリズムを、身をもって経験することになるのだ。

　人々の生活は歌とダンスで満ちていると言っても過言ではない。K聾学校の子供たちもほかの子供たちと同様に、教会やこうしたイベントだけでなく、普段の生活の中で、母親の腕に抱かれている乳飲み子の頃から歌／ダンスを経験している。この経験において、音声は歌／ダンスとともにある 1 つの要素であるが、すべてではない。従って、音を感受しなくても、身体での歌／ダンスの経験は積み重なっていくのである。

　子供たちが生まれ育っていく中で経験してきた歌／ダンスは、競技会のダンスとは全く様相を異にしている。そもそも、「歌／ダンス」という形で日常の

225

第3章　躍る身体、構える身体

image 3-02

さまざまな営みの中から特別に区切り出す必要があるのか疑問である。婚約式後の披露会などで歌われる歌は、いつでもどこでも、誰でも歌いはじめることができ、そのときは直立不動ではなく歩いたり体を揺らしたりといった身体の動きが必ず伴う。「歌／ダンス」を普段の生活から切り離し、特別な現象として捉えることはできないのである。

　対照的に、競技会のダンスは観客／審査員に対して「見せる」ものになっている。競技会では、それが披露される前に何らかの説明が行われる。すなわち、ダンスをダンスとして対象化するのである。K聾学校のほかの学校もまた、例えば「エンブ（Embu）人の中での伝統的なダンス」、「カンバ人の中での伝統的なダンス」というように、ほぼ決まって「伝統的なダンス」というように紹介していた。だが、少なくともK聾学校の出し物であった「ナンディの伝統的なダンス」は、私の知る限りでは村で行われることはないようだった。「伝統的なダンスに造詣が深い」される教員にその指導を任され、リーダーによってメンバー各自のからだの動きが統制されることで成り立つダンスは、席に座って見守る審査員がいるところでこそ本領を発揮する。

　日常生活における歌／ダンスは、人が2人集まればおのずとからだが動き始めるという自然発生的かつ相互侵食的なものであり、行為自体が何らかの意味をもっている。何か（例えば「伝統」）を表現するために行うのではなく、それ自体が何かなのである。婚約式後の披露会の例で言えば、「プレゼントを渡す」という行為である。その行為において、どこからどこまでをそれぞれ「歌」、「ダンス」、「メッセージ」と分けるべきか、という問いは、ほとんど意味のないこ

226

とである。

　このことは、次の出来事を例にするとよりわかりやすくなるだろう。ある婚約式の前後に婚約式を執り行った家の主人と弟との間で諍いが起きていた。この主人のきょうだいは、長女、長男（家の主人）、次女、三女、次男（弟）、四女という構成だった。私はこのとき、四女の家に居候していて、この日もほぼ終日四女と共に過ごした。以下は、彼女が話してくれた兄弟喧嘩のあらましと、四女と共にいるときに私の身の回りで起きたことを要約して書いたものである。

　　些細なことが発端で兄弟喧嘩が起きた。以来、弟は何か親族全体が関わるイベントに出席せず、そのことで長男が非常に怒っていた。親族全体が関わるイベントに兄弟が出席しないことはきわめて悪いことで、かつ兄弟喧嘩が起きたなら、どんな理由であれ弟の方が兄の家を訪ね、謝罪しなければならなかった。しかし、弟は全く兄の家に姿を現さないばかりか、関係する親族の家にも顔を出さず、埒があかなかった。

　　そして、長男の家で婚約式を執り行う日が来た。弟はなかなか来なかった。私にこの話をしてくれた四女は、顔を出そうとしない弟（彼女からすればすぐ上の兄）に対しひじょうに怒っていた。四女は「もうこんな家は嫌だ」とわめいて、長男の家の敷地から外に出ようとしたが、姉たちに腕づくで止められ思いとどまった。

　　そうこうしているうちに、ようやく弟がやって来た。そこで親族会議が開かれた。私は、部外者だったため、親族会議が行われた小屋に入ることはできず、四女の孫の母親（四女の息子とは正式な結婚の手続きを踏んでいない）と一緒に外で待たされた。時折、弟の特徴のある声が小屋の中から聞こえてくることがあった。

　　親族たちが小屋に入ってから1時間あまりたったのち、どよめきと共に拍手が聞こえた。小屋の中から出て来る人々の表情は明るかった。

　　婚約式は滞りなく済み、プレゼントが贈呈され日も傾いた頃、四女とその姉たちとがこぞって弟の家を訪ねた。彼の家に着いたとき、あたりは闇に包まれていた。彼は一足早く家に戻っており、急に姉妹たちが訪ねてきたことに驚いていた。彼は驚いた様子だったが、私にはその声色が明るく聞こえた。彼の姉妹たちも何やら明るい声でまくしたてていたが、四女が歌い始めた。彼女たちの声色が明るかったのに対し、部屋の中は明かりが

第3章 躍る身体、構える身体

灯っておらず、真っ暗だった。彼の妻がランプを点しても、誰がどこにいるのか少なくとも私には見えなかった。彼女たちは、婚約式のプレゼント贈呈のときと同じように、ステップを踏みつつ室内をぐるぐるとまわりはじめた。そして、プレゼントの余りと思われる琺瑯製の食器を彼に渡した。

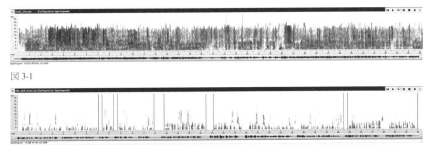

図3-1

図3-2 縦線で区切った空白部分は、発言と発言の間の無音部分

image 3-03

私は、次男の家の中でビデオカメラを回していた。再生したところ、照度がまったく足りておらず、画面はほとんど真っ黒だった。だが、声だけは録音できていた。文字で表すなら、「次男の朗らかなしゃべり声、姉妹たちのしゃ

228

1 歌い躍りしゃべる人たち

べり声や歌声、笑い声がひっきりなしに飛び交い、重なり、グルーヴしていた」としか書けない。そこで、この声の様子を視覚的に提示するため、ビデオカメラで録音した音声をモノラルの wave データに変換し、音声分析ソフト "WaveSurfer" で音の周波数を視角化してみた（図 3-1）。そして、このときの声の重なりやうねりがどのようであったかをよりわかりやすくするための比較として、NHK ラジオ講座「やさしいビジネス英語」のテープに収録されている「短いダイアログ」を同じように視角化してみた（図 3-2）。なお、比較するために、次男の家で録った音声の時間を、ラジオ講座の「短いダイアログ」に合わせた（35 秒間）。

　縦軸が音の周波数の分布、横軸が時間経過である。音声の詳しい分析をここでするつもりはないし、する必要もないだろう。次男の家で録音した音声は、声の高低も、声と声の間も隙間なく埋まっている。他方、1 対 1 の文字通りの「ダイアログ」は、声の高低も、声と声の間も、隙間だらけである。参考のために、「ダイアログ」のテキストを掲載したが（image 3-03）、どこからどこまでが誰の発言か、はっきりとわかる。一方が話し、もう一方がその間は黙って聞くということが繰り返されているからである。

　歌もダンスもおしゃべりも「雑ざる」ことがある。そのいずれかを取り出すことにどれだけの意義があるというのか。少なくともこの事例において、いずれかを取り出すのは意味のないことだ。それだけではない。「耳が聞こえる人たち」は日常のおしゃべりにおいて、声を聞いていないことが少なからずあることもこの事例は示唆している。

　確かに、話者が交代で話すということが起きる場面もあるかもしれない。しかし、それだけではない、ということだ（第 3 章第 3 節）。この事例は、好き勝手にしゃべり、歌い、その声がうねり、雑ざりあい、その間に動き回る……そうした同時進行的な出来事を「おしゃべり」と「歌」と「ダンス」それぞれに分けることが果たして妥当なことなのか、疑問を投げかけてくれるのである。

注
(1)　私が「ケニアの人々は、キリスト教教会において賑やかな歌を歌うことが多い」と言うと、「（歌のジャンルは）ゴスペルですね」と断定されることが多かった。もし、狭義の「ゴスペル」だと断定したなら、価値を反転させただけの「人種／民族的偏見」になるだろう。「アフリカ大陸に居住する人々」と「アフリカ大陸にルーツをもつ（と意識している）、アメリカに居住する人々」とは、キリスト教信仰に対する考え方も、教会で歌うときの意識も異なる可能性があることに留意しなければならない。

229

第 3 章 躍る身体、構える身体

(2) 例えば、2004 年 10 月 10 日のプログラムには "PRAISE SONGS" として 4 曲のタイトル（1. This is the day that the Lord has made we'll rejoice and be glad in it., 2. What a mighty God we serve., 3. I will praise the Lord with my whole heart., 4. Shangwe na vigelegele na vigelegele kwa Bwana Yesu.）と、"WORSHIP SONGS" として 2 曲のタイトル（1. Tunakuabudu bwana tunakuabudu., 2. Nimwabudu nani mimi kama sio wewe）が掲載されている。"PRAISE SONGS" が賑やかであるのに対して、"WORSHIP SONGS" の方は穏やかな曲である。これを歌った流れでそのまま壇上の歌い手が祈りの言葉を述べ始めると、参列者も祈るが、祈りながら涙を流している人の姿もみられる。なお、いずれの曲も You Tube などで視聴できる。

(3) 殺人事件をめぐる 2 つのクランの和解［古川 2012］について、シチエネイ氏はこの歌の話のとき次のように言及した。「誰かを殺してしまったとき、『申し訳ない』と言葉で謝罪するのではなく、まず、殺した側が牛を 1 頭殺された側の家に連れてきて綱で結びつけておく。そのときも決してしゃべらない」。

(4) 例として、ナンディ内の 2 つのクラン間における殺人事件と和解の儀礼では、所定の手続きを済ませた後、両クランの男性たちが互いにハグし合うことが挙げられる［古川 2012］。

第2節　おしゃべりは賑々しく、
　　　　　　　インタビューは行儀よく

　K聾学校に住み込んでいたとき、ほぼすべての教員の授業を見学・撮影させ
てもらった。その中で、やたら喧しく感じられる授業とあまりに静かで物音を
立てないように息をひそめながら見学した授業があった。ほぼ全教員・全科目
を見学したことで、共通点が1つ見いだされた。それは、教員の顔の表情や手
話も含めた手の動きが大きく、さらに声が大きく発せられるとき[注1]、子供た
ちも挙手の際に声を出したり机を大きく叩いて注意を向けたりということが頻
繁に見られたのだ。対照的に静かな授業では、黙って挙手するか机を叩いたと
しても軽く叩くということが観察された。

　不思議なことに、少なからぬ子供たちは誰かが大声を発していることをわか
るようだった。それは「大きな声だからかすかに聞こえた」という単純な理解
で済む話ではなさそうだ、ということが私の印象としてあった。例えば、2007
年のケニア大統領選挙の前後に、町では放火や強盗、強姦、殺人などの暴力沙
汰が起き、それがテレビでも報道された。「テレビで見た」と話してくれた聾
の子供は、「人々が叫んでいた」と言ったのだ[注2]。私が「叫んだ」と訳した手
話は次のimage 3-04のものである。

　しかし、いくら聾の子供たちが聴覚を使わずして「大声」が出されたことを
認識できるとしても、そうした音声の大小にのみ回収できるようなことだけが
起きているわけではなかった。教室内での体の動きがいちいちうるさく感じら
れたのだ[注3]。次の2つのimage（3-05の左と右）は、対照的な授業の1場面を比
較したものである。受講しているメンバーはほぼ同じで、左側は2004年6月、
右側は翌2005年3月で、科目は両方とも社会科 Social Science である。同じ教
員の授業でも賑やかだったり静かだったりすることがあるので、それぞれが
「喧しい授業」と「静かな授業」の代表例というよりも、「ある日授業が喧しかっ
たときの場面」と「ある日授業が静かだった場面」の例と考えてほしい。なお、
右側のimage は2台のビデオカメラで全く同時撮影していたものを合わせたも
の（左上の小窓が教員の映像を抜いたもの）である。

第3章　躍る身体、構える身体

image 3-04

　いずれの授業でも、受講している聾の子供たちは教員の働きかけに対し反応していたのだが、観察していた私からすると、一方（image 3-05 右側）はとてもおとなしく、他方（image 3-05 左側）が全体にワチャワチャとしているように窺えた。この「ワチャワチャ」した雰囲気は何だったのだろうか。
　両教員間にある違いで最も目についたのは、「静かな授業」の教員（ケニア手話の研修をケニア国内で集中的に受けたというアメリカ人ボランティア）の手話も含めた手の動きが教員の身幅の範囲内にほぼ収まっていたのに対し、「喧しい授業」の教員（K聾学校の専任教員）は手話も含めて横は身幅、縦は頭上をかなり超えるほどの大きな手の動きをともなっていたことである。後者は例えば image 3-06 のように、左の教員が「大地溝帯」を表現した約12秒後、右側の image の右端の男子が同じ表現でなぞる際、教員のようにかなり大きな表現になっている。
　他方、前者の手の動きは、日本で手話通訳者がテレビでニュースを伝えているときの手の動き（音声でたとえれば、NHK のアナウンサーがニュースを読むときに落ち着いたトーンで読むのと同じ印象）だった。その授業での子供たちの手の動きは、挙手を除けば頭上を超えることも身幅を超えることもなく、顔の前（多くは両肘を机についたまま）で手を動かしていた。
　また、「賑やかな授業」では、挙手している者に混じって手話で何かを独り言のように示している子供などもいた。教員はこのとき地形の名称を子供らに問いかけていたのだが、それぞれに挙手して答えようとする者、挙手せずに答えを手話で言っている者、教員が指さした壁に貼ってある図を自分でも指さす者、挙手していることを教員に気づかせるために机を叩く者などが同時多発し

232

2 おしゃべりは賑々しく、インタビューは行儀よく

image 3-05

image 3-06

ていた。日本語の音声でたとえて言うなら、「はい！」「先生！」「大地溝帯？」「それ」「名前……」「わかった」などという声が同時に発話されたということである。

　さらに、2つの授業の音声だけを取り出しWaveSurferで視覚化して比較してみよう。上は静かな方、下は喧しい方である。既に書いたとおり、生徒たちは自分に注意を向けるときに声を発するだけでなく机を叩くこともあり、そういった物音を含めた音声である。時間を示す横軸の下の小さな波形は動画全体の波形であり、その一部分をさらに拡大したのが大きな波形である。image 3-05は、左から2番目の白い縦線の瞬間のそれぞれの授業の様子である。

　「静かな授業」は全体として波形の動きが小振りで直線に近い。他方、「喧しい授業」は波形の振りが大きめであり、四六時中何かしらの音声が発せられていることがわかる（図3-3および図3-4）。

　この対照的な2つの授業を、それぞれその場で起きていた出来事として捉えなくてはならない。すなわち「学年が上がったから落ち着くようになった」とか、「教員の言っていることがよりわかりやすかったから反応も大きくかつ多

233

第3章 躍る身体、構える身体

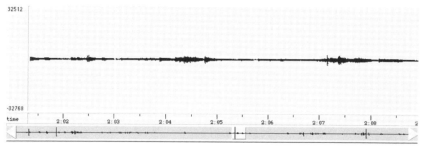

図 3-3

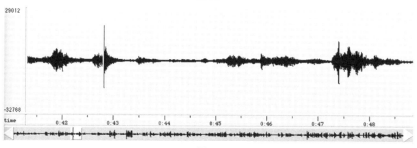

図 3-4

く出た」などと理由づけるのは尚早である。実際、「静かな授業」で子供たちは教員の問いかけに対し次々と挙手して反応しており、静かなこと＝理解できていないことにはならない[注4]。ただし、その挙手の仕方自体が、いうなれば「行儀よかった」のである。

　この２つの授業の対照性と類似することを、私は別の機会に経験することになった。ある日５年生の教室で、５年生と６年生がおしゃべりをしていた（第２章第３節で少し取り上げたおしゃべり）。きっかけは５年生のナンシーが壁に貼ってあったカレンダーを指さし、しゃべり始めたことにあった。彼女は壁に貼ってあるカレンダーの脇に立ち、三脚に載せたビデオカメラ（の脇にいた私）に向かってしゃべりかけた。その後、教室内にいた子供たちが次々とカレンダーの傍に寄ってきた。（このことは同時に、カメラのフレーム内に入ってきたということにもなり、必然的に私もこのおしゃべりの渦中に身を置いていたことになる。）そして、このカレンダーに写っていたある人物をめぐっておしゃべりが展開された。

　まず、教室内にいた５年生と６年生が１人また１人と合計６人がナンシーの傍に寄って行った状況を時系列で並べてみよう。

　ナンシーの傍に寄って行った６人のうち、１人目のリディアはナンシーの傍

2　おしゃべりは賑々しく、インタビューは行儀よく

image 3-07
0. ナンシー

凡例：･･･････▶矢印は、それぞれの子供が歩いて行った方向

image 3-08
1. リディア

image 3-09
2. ワイリム

image 3-10　3. チェプケンボイ（途中でナンシーたちから離れた）

235

第3章 躍る身体、構える身体

image 3-11
4. キマル

image 3-12
5. ブライアン

image 3-13
6. ベンジャミン

に行く前に彼女と対面状態になっておしゃべりを展開していた。そしてナンシーの脇に来たリディアはそのままナンシーとおしゃべりを続けた。そこに2人目のワイリムが近づく。このとき、対面状態のおしゃべりはなかったものの、ナンシーとリディアはワイリムの方を見ていた。3人目のチェプケンボイが近づいたとき、ワイリムだけが彼女を見ていた。しかし、その後、キマル、ブライアン、ベンジャミンが近づいたときは、ナンシーらは一切彼らを見てお

236

らず、この最後の 3 人はナンシーらがいたところに"フェードインする"とい
う形になった。

　次に、彼らのからだの向きに注目してどのようにおしゃべりが展開していた
かを提示してみよう。1 人目のリディアがナンシーの脇に行ってからしばらく
の間、2 人の間でおしゃべりが展開されたが、このときはほぼ対面的な状態だっ
た。しかし、そこにワイリムが来て 3 人になってから、必ずしも対面状態でお
しゃべりが展開することにはならなかった。以下は各場面を image で表した 3
人のおしゃべりである。

　ここで一旦、リディア、ナンシー、ワイリムのおしゃべりについて考察を加
えてみよう。彼女たちはほとんど対面的な状態にはならなかった。だからと
いって、それぞれのしゃべりが「独り言」になっているわけではない。また、
リディアやナンシーの顔がカレンダーに向かっていても、彼女たちはカレン
ダーに向かってしゃべっているのではなかろう。

　彼女たちの動きは、教室内のどこからでも見える[注5]。その点では、彼女た
ちのおしゃべりが視界に入り得る者なら誰しもが、展開されているおしゃべり
に対して反応することが可能だったと言える。image 3-17 の後、リディアが振
り向いた先には私がいた。

　確かに、私は終始ほぼカメラの脇にいたのだが、リディアは前もって私に手
を伸ばすなどして自分のしゃべりに私の注意を引くということをしていなかっ
た。教室内には既に述べた通り、私だけでなく他の 5、6 年生もいた。重要な
ことは、自分のしゃべる相手を特定しないまましゃべり出し、彼女と対面状態
になった人物（この場合、私）は後付け的に決定したということである。

　彼女たちは誰が見ているか、彼女たち自身は自分の体が動いている瞬間はわ
からない。リディアの動作に注目してみると、おしゃべりが先にあり、その後
振り返ってみたところ誰か（私）がいた、ということになろう。そこでそのま
まリディアは私に顔を向けたまま動作を続けた。

　image 3-18, 3-19 ではリディアは私に向かっていたが、その直後の image 3-20
では体をワイリムの方に向けている。

　こうして、受け手が予め決まっているとうよりも、後付け的に決まることも
ある。それでも、誰が自分のしゃべりを見ているか確認することなくしゃべり
続けている。この後、1 人また 1 人と人数が増えるが、対面的な状態にならな
くても、おしゃべりはどんどん展開されていった。

第3章 躍る身体、構える身体

image 3-14
00:28
リディアとナンシーは、このときワイリムを見ていた。ナンシーはワイリムの方に手を伸ばしている。ワイリムはリディアを見ていた。このときは、リディアとワイリムは対面状態になっており、またナンシーもワイリムに相対して何かをしゃべろうとしていた。しかし、この次の瞬間、3人とも対面的な状態ではなくなった。

image 3-15
00:29
リディアはカレンダーを見ながらも、ただ見ているだけでなく右手を動かしている。ナンシーは、黒板の方を向いていたが引き続き手を動かしていた。ワイリムはリディアの方を向いていた。次の瞬間になると、3人共バラバラなところを見ていた。この間、1秒経っていない。

image 3-16
00:29
リディアはカレンダーの方を向きながら手を動かし、ナンシーは黒板の方を向きながら手を動かし、ワイリムは目をつぶって俯いていた。互いにどう動いたのか全く見えていない状態になっている。リディアとナンシーはこのとき互いの手の動きが見えない状態にあったにも拘らず、ほぼ同時に同じ手の動きになっていた。1秒後の次の場面でも、同様の状態になっていた。

image 3-17
00:30
リディアの顔もナンシーの顔もカレンダーの方を向いている。2人の手はまた、ほぼ同時に同じ動きになった。ワイリムはまだ目をつぶったままだった。

238

2　おしゃべりは賑々しく、インタビューは行儀よく

image 3-18
00:30
リディアは私を、ナンシーはカレンダーを、ワイリムはカメラのフレームの外にいる別の子供を見た。

image 3-19
00:30
リディアは私を見ながら image 3-18 に引き続き動作を続けた。ナンシーはワイリムの方に顔を向け、ワイリムはカメラのフレームの外にいる別の子供の方に顔を向けていた。

image 3-20
00:31
リディアはワイリムの方を向き、しゃべりはじめる。ナンシーもワイリムに向かってしゃべる。ワイリムは、リディアとナンシーの方を向いているが、この時点ではどちらを見ているのか、あるいはその2人の後ろを見ているのかわからない。

image 3-21
00:53
チェプケンボイが近づいて行き、カレンダーの傍には4人が集まることとなった。4人になったとき、2人1組で対面的な状態になった。

239

第3章 躍る身体、構える身体

image 3-22
01:22
一方がリディアとナンシー、他方がチェプケンボイとワイリムという形で、対面的な状態になった。だがこの状況は続かず、チェプケンボイはカレンダーから背を向けて去った。その後しばらくしてから、（カメラのフレームの左端から）キマルがカレンダーの方に近づいた。しばらくは、チェプケンボイがいたときと同様に（ちょうどチェプケンボイの位置にキマルが収まる形になって）2対2の対面的な状態になった。しかし、すぐにその状態は解消されてしまった。

image 3-23
01:24
image 3-19の2秒後にブライアンが近づいてきた。リディアとナンシーは引き続き離れた子供に向かって何やらしゃべっている。キマルは体や手はワイリムに向かっているが、顔は来たばかりのブライアンに向けている。ワイリムはキマルの方に手を伸ばしかけていた。

image 3-24
01:25
リディアとナンシーは引き続き同じ方向を向いてしゃべっていた。キマルの体はワイリムの方を向いているが、顔はブライアンの方を向いている。一方のブライアンはキマルの方を向いておらず、リディアやナンシーやカレンダーのある方を向いている。ワイリムはキマルの方に手を伸ばした。だが、キマルはワイリムの方に顔を向けることはなかった。そこに、ベンジャミンが近づいてきた。

image 3-25
01:25
リディアとナンシーは引き続き同じ方向を向いていた。キマルがブライアンの方を向いている一方で、ブライアンはリディアやナンシー、カレンダーのある方を向いている。ワイリムはキマルの方に手を伸ばしていた。
しかし、ワイリムとキマルは対面状態でおしゃべりをし始めることはなかった。

240

2　おしゃべりは賑々しく、インタビューは行儀よく

image 3-26
01:25
リディアとナンシーは同じ方を向いていた。ベンジャミンがキマルの方に顔を近づけ、キマルがベンジャミンの方を向いてしゃべり始めた。ブライアンがワイリムの方を向き、ワイリムがブライアンの方を向く。キマルとベンジャミン、ワイリムとブライアンの組み合わせで対面的な状態になったが、それも長くは続かなかった。

image 3-27
01:27
ベンジャミンはキマルの方に身を乗り出してしゃべり始めたが、キマルはワイリムの方を向いていた。ワイリムとキマルはここで対面状態になったようだ。ブライアンは引き続きワイリムに向かってしゃべり始めていた。

　さきほど、「彼女たち（リディアとナンシー）のおしゃべりが視界に入り得るものなら誰しもが、展開されているおしゃべりに対して反応することが可能だ」と書いたが、逆に、おしゃべりをしている側が、自分たちよりも離れたところにいる子に対してしゃべりかけることも可能である。image 3-22 では、リディアもナンシーも遠くに視線を向け、リディアはその視線の先に向けて手を伸ばした。そして、リディアとナンシーの方にキマルは顔を向けていた。ワイリムはと言えば、キマルの方に手を伸ばしていた。それぞれがほぼバラバラの方向を向いていたのである。さらに人数が増えるとどのような状態になるのか。

　子供たちのおしゃべりは必ずしも対面状態になっていないにも拘らず、というよりも、そのようにならないからこそ綿々と続いているように窺える。確かに、しゃべり出す前にしゃべる相手を決め、対面状態になり、さらには手を伸ばしてその子の注意を引くということもあった。しかしその一方で、相手を特定せずにまずしゃべり出し、後付け的にそのしゃべりの相手が決まるというケースもあった。

　子供たちのおしゃべりは、市場での値段交渉（第1章第2節）と比較するとその特徴がよりクリアになるだろう。値段交渉では、予め買い手と売り手に立場

241

第3章　躍る身体、構える身体

が分かれ、服の値段を決定するという目的に向かって、一方ができるだけ安い値段を、他方ができるだけ高い値段を相互に言い合うというという形になっていた。しかし、子供たちの普段のしゃべりでは明確な目的があるわけではない。皆それぞれに自分のしゃべりたいことを好き勝手にしゃべりたがり、しゃべること自体を楽しんでいると言った方がよいだろう。そこでは、一方がしゃべる間は他方がそれを見守るというように行儀のよい形になることは稀である。ときに互いに違う方向を向いて好き勝手にしゃべっているが、それでも子供たちはそこに一緒にいた。

　彼らは「好き勝手に」しゃべってはいるが、だからといって各自の「独り言」が集積されているわけではない。対面状態にならなくても、言い換えれば、互いに互いのしゃべりを相手が見ているかどうかを確認しなくても、おしゃべりはその場にいる誰しもと常に連動できる状態にあった。提示した場面の全てのimage は、教室内のごく一部にフレームを与えて撮影した動画から切り出したものだが、ナンシーとリディアが離れた場所にいる子供にしゃべっていたことからもわかるように、教室内には他の5、6年生（合計するとおよそ20人）がおり、彼女たちのおしゃべりはカメラで捉えられる範囲を超えていた。

　少なくともここで言えることは、複数人で一緒にいるとき、1人が自分だけしゃべろうとすることもなく、また周りもしゃべっている人を黙ってじっと見ているわけでもなく、好き勝手にしゃべりながらも一緒に楽しく盛り上がっているということである。言い換えれば、1人が何らかのメッセージを発し、周りがそれを受け止める、といったことは必ずしも起きておらず、それでもこうして複数人が一緒になっておしゃべりで盛り上がっているという事態が起き得る。

　このことはK聾学校の子供たちの間だけで起きることではなく、私たちの日常でも頻繁に起きていることなのではなかろうか。加えて、そうした日常の「雑多な」おしゃべりは、「雑多なもの」として捉えられ、見過ごされてきたのではなかろうか。日常の雑多なおしゃべりを整然とした型に嵌ったものとして捉えた上で、型から「逸脱」する発言を「割り込み」というようなエラーとして捉えるには無理がある。

　その一方で、市場の値段交渉のような文字通りの「対話」として捉えることのできる「やりとり」も確かにある。それは、私自身がその場の一員であったインタビューである。休み時間の子供たちによる賑々しいおしゃべりとは対照的に、行儀のよい場面で何が起きていると言えるのか。私はK聾学校の4年

242

　　　　　　　　　2　おしゃべりは賑々しく、インタビューは行儀よく
生から8年生までの子供たちを男女別[注6]に3人ないし4人1組[注7]で土曜の
昼下がりに「お茶を飲みながらお話をしよう[注8]」という名目で私の住まいに呼
び、インタビューを行った。私は予め質問事項を紙に箇条書きにして用意し、
それを自分の脇に置き、子供たちは並んで私に相対する形に座ってもらった。
そして、その場にいる者すべての手の動きがわかるようにやや離れた場所に三
脚を設置し、ビデオカメラを固定した。

　インタビューは、日頃の子供たちのおしゃべりよりもはるかに文字媒体で記
録しやすく、また、撮った動画を何度か再生すればきちんと書き起こせるよう
に思えた。だが、同時に、そうした「記録しやすい」インタビューの最中に、
私はときおり気まずさを感じていた。この気まずさはどこにあったのか考える
ために、2004年10月16日、当時4年生だったワイセラとズマ、5年生だった
ナンシーに対するインタビューを分析してみよう。

　上級生とのインタビューで、毎回気まずい思いをしたのは、その始まり方
だった。私は紅茶とビスケットを用意し、3人ないし4人の子供たちの前の腰
掛けに置いた。私がめいめいのカップに紅茶を注ぎ、子供のうちの1人に彼ら
が食前や紅茶を飲む[注9]前に行う習慣であった祈りを捧げてもらう。そして、
紅茶やビスケットを勧めるのだが、さてどのように質問を切り出してよいもの
かわからなくなってしまうのだった。子供たちも、普段とは異なってひじょう
におとなしく、しばらく沈黙が続いてしまうのが常だった。

　image 3-28は私が質問を切り出す直前の様子で、ワイセラとズマは下の方を
見ており、私はただワイセラの方を見ていた。ナンシーはズマの方を見ている
が、このあとズマに話しかけることもなく下を向き、3人は黙々とビスケット
を食べたり紅茶を飲んだりし、必ず手にビスケットかカップを持ちつづけてお
り、手を動かせる状態にはなっていなかった。

　この気まずさをつくっているのは何か。まず1つ目として挙げられるのは、
4人の配置である。既にセッティング済みの椅子におとなしく座らされ、そこ
から動くことができず、またこの4人以外の誰かが自由に行き来することのな
い状態というのは、日常生活ではほとんどあり得ない。このインタビューの場
合、子供たちはいわば実験室の中に放り込まれ閉じ込められたとでも言えるよ
うな状態にあったと言える。

　2つ目に挙げられるのは、座って改まってから話を始めるという、日常では
あまり考えられない状況だということである。多くの場合、このような配置に
なるとしてもそれはあくまで結果としてそうなるわけで、そういう場合は、

243

第3章　躍る身体、構える身体

image 3-28　インタビューの始まり

例えばしゃべりながら部屋の中に入るなど、その前の行動からの連続としてある。しかし、この実験室のような空間では、その前の行動とは完全に断絶されてしまっている。そもそも「おしゃべり」というのは、教室内でのおしゃべりの事例でみられるように自然発生的なものだが、この「インタビュー」という状況は人工的につくられた場であり、日常の「おしゃべり」の状況とは全く異なっている。日常の「おしゃべり」は、「話をしよう」という一言で始まるのではなく、「しゃべる」ということそれ自体によって始まる[注10]。

　この気まずい状況は私自身がそのきっかけをいくつかの形で作ったわけだが、同時に、この場にいた3人の子供たちもこの状況を作るのに一役買っている。先に述べたように、彼女たちは紅茶を飲み始めてから、片方の手にビスケット、もう片方の手にカップというように両手が塞がった状態であり、誰も手を空けようとはしなかった。そして、私もまた相互侵食的に（両手が空いていたにも拘らず）きっかけが摑めず、ただ静かに彼女たちの様子を見ていただけだった。こうして、「インタビュー」という場面は日常的な「おしゃべり」とは異なり、ひじょうに行儀のよい状態で始まった。

　私が用意した質問事項は多岐にわたった。その中で必ず子供たちに投げかけたのは「小さい頃から聞こえなかったのか」という質問だった。この質問には、子供たちは例外なく行儀のよい形で答えてくれた。この3人の場合、1人が手を動かし始めるとほかの2人がその様子をじっと見たり、あるいは見てはいなくても途中で自分の手を動かして話に割り込んだりということは見られなかった。

　例としてズマの話し始めと話し終わりに注目してみよう。ズマの両脇にいたワイセラもナンシーもひじょうにおとなしくしていることがわかる。

244

2 おしゃべりは賑々しく、インタビューは行儀よく

image 3-29
00:00
ズマが私の方に手を伸ばし、注意を促す。ワイセラは下を向いている。

image 3-30
00:01
ナンシーがズマの方に顔を向け、ズマがこの後しゃべりはじめる。このときはまだワイセラは下を向いていた。

image 3-31
00:21
ワイセラもナンシーも私も、ズマの方に顔を向けている。このあと、ナンシーはうなずきながら、私の方に顔を向けた（image 3-32 へ）。

　image 3-29 と 3-30 は、ズマがしゃべり始めたところである。ナンシーはズマの方に顔を向け、以降ずっとズマの方に顔を向けたままだった。ワイセラは image 3-30 では下を向いていたが、その後、ズマの方に顔を向けるようになった。ズマの語りはおよそ 22 秒間続き、その間ひっきりなしに彼女の手だけが動いていった。

　image 3-32 から 3-33 までの 3 秒間の沈黙は、子供たちの日常のおしゃべりのことを考えるとひじょうに長い。繰り返しになるが、教室内での事例では手の動きが互いに重なった状態でおしゃべりが進行していた。全体として盛り上

245

第3章 躍る身体、構える身体

image 3-32
00:22
ワイセラはズマを見ている。ナンシーは私の方に顔を向けた。その後、ワイセラも私の方を見た。

image 3-33
00:25
3-32から3-33までの3秒間、誰も手を動かさなかった。ワイセラの顔は私の方を向いていた。ナンシーはズマの方に顔を向けたままだった。私は何もせずにそのままだった。ズマは手を膝の上におろしたままだった。

がっているそうしたおしゃべりでは、どこからどこまでが誰のしゃべりなのか区切りをつけることができない。しかし、このインタビューにおけるズマのおしゃべりは、次の2つの点で1つの「話」として完結したと見なせる。1つ目は、ズマがしゃべっている最中、他の3人は手を動かさなかった点、もう1つは、ズマが手をおろしてから3秒間もの沈黙があった点である。

　この、「ズマの話」が終わってからの3秒間においても、インタビューの始めと同様の気まずさが漂った。「ズマの話」は、全体として盛り上がった教室内でのおしゃべりとは異なって、「最初と最後」で区切りをつけることが可能となり、ほかの3人は「ズマの話」の全てを見通せたが、場は白けてしまっていた。

　先に取り上げた休み時間中の教室内での賑々しいおしゃべりとの大きな違いは、教室内では互いの手の動きを確認しないまま好き勝手におしゃべりが展開されていたのに対し、このインタビューではズマ1人だけのおしゃべりが展開され、いわば「独り語り」の状態になっていたということである。休み時間のおしゃべりに見られるように、その場にいる者がどこを見ているかわからず、また自分のおしゃべりを誰が見ているか確認しない好き勝手なおしゃべりの方

246

2　おしゃべりは賑々しく、インタビューは行儀よく

が、場が騒がしくなり全体として盛り上がった状態となった。他方、1人だけ
がしゃべり周りの者が静かにしている場合、その場が盛り上がることにはなら
なかった。

　静かな授業でも喧しい授業でも、あるいは休み時間中の賑やかなおしゃべり
でも行儀のよいインタビューでも、そこに会話があることは確かである。しか
し、会話は内容のキャッチボールだけを行っているわけではない。いろいろな
ことが起きている。「何も起きていない」と思っていても、そのこと自体が起
きていたことの1つとして考えられるのである。

注
（1）　日本語対応手話／手指日本語のような、手話と発声を常にセットにして発話する教
　　　員はあまりいなかった。物の名称、たとえば地理の授業で *Great Rift Valley*（大地溝
　　　帯）などのキーワードが出てきたときに、手話とともに *Great Rift Valley* と発したり、
　　　why（なぜ）や *what*（何）と問いかけたりするときに、発声するということがよく
　　　見られた。
（2）　古川［2012］を参照。
（3）　以前、東南アジアのある地域でフィールドワークをしている研究者が、町の食堂で
　　　手をしきりに動かして話している人たちの姿が目に入り「手話だと思うけれど、す
　　　ごく喧しかった、別に声が聞こえていたわけではないけれど」と話してくれたこと
　　　がある。聴覚で物事を捉えるのに慣れている者でも、手話が喧しく感じられたとい
　　　う1つの例として考えられる（もちろん、手話がどんな場面においても一般的に喧
　　　しいわけではない）。
　　　　また、ある大学で担当した全く同じ科目・内容の2つの授業で私は次の経験をし
　　　た。昼休みを挟んで2限と3限、全く同じ教室で、履修者数も各19人で出席者数も
　　　それほど差がなかった。ロの字型に机が並んでいたが、その後ろを通るのが難儀な
　　　狭さで、学生と私の距離はそう遠くない。そうした状況の中、2限の授業はどうい
　　　うわけか話しやすく、3限の授業は話しにくかった。どうしてかずっと考えながら
　　　授業を行っていたところ、あることに気づいた。それは2限の授業では必ず誰かし
　　　らが動き、挙手をするまでもなく話しかける学生が数人いたのである。それだけで
　　　なく、ノートをとったり、隣同士でワチャワチャと授業とは関係のない話をしたり
　　　して落ち着きのない動きをする学生がどの瞬間にも大抵いた。他方、3限は全員、
　　　ノートもとらず、膝か机に手をおいて静かに聴講していた。寝ているわけでもなかっ
　　　た。3限の授業では寝ている学生もおらず、とても静かにおとなしく私の話に集中
　　　しているはずなのにどうもぎこちない。独り言を言っているような気持ちとでも言
　　　おうか。ここで、じっと静かに身動きもせずに私を見ているだけの学生に囲まれる
　　　よりも、喧しく振る舞ってくれた学生たちに対する方が話しやすいことに気づき、
　　　それが本節の議論の裏づけの1つになった。授業中の私語は邪魔で迷惑極まりない

247

第3章 躍る身体、構える身体

が、学生の私語に対して私は注意することができるのだ。たとえて言うなら、「独奏状態」になるよりも、「不協和音が生じる」方が、講義をする私にとって都合がよいのである。とはいえ、これが大教室での出来事となると、話は別である。「独奏状態」の人が点在することになるからだ。

(4) ただし、K聾学校で「○○△（教員名）の授業はよくわからない」とある子供が話した授業は静かで、教員は、私が観察する限りにおいて、口頭での発話が目立ちその合間に手話が少し差し挟まれるという具合であった。その教員自身もそれに自覚的で、「あまり大きな声で言えないけれど、聾の子供たちへの教育は手話がいいというのが今ケニアで主流の考え方だが、私自身は音声での発話の訓練を積んだ方がいいと思う」とはっきり話していた。他方、授業がわかりやすく人気のある教員もいた。その1人、シチエネイ氏は手話に伴う顔の表情だけでなく、しばしばパントマイム的な表現をとり入れていた。彼は「トータル・コミュニケーション」（TC）の重要性を説明してくれたことがある。彼はTCを「あらゆる手段を用いて行うコミュニケーション」と話しており、私が「もともと人間のコミュニケーションはトータル・コミュニケーションだと思う」と言ったところ、「まさにその通りだ」と言った。

TCとは、日本などの文脈では「教室にいる子どもの聴力損失程度や手話獲得レベルに応じて、誰でもわかるように口話と手話を交えて話すという意味」［木村 2011: 39］である。木村によれば、TCは1967年にロイ・ホルコムによって提唱されたが、そのときは「聾児のもつ個々のニーズにあわせて、ASL や SEE（引用者注：Signed Exact English）、指文字、読唇などを使うというもの」だったが、「現在では、口話と手話の同時使用という意味に変わって」いると言う［前掲］。

しかしながら、シチエネイ氏が話してくれたTCの場合、教員たちが聾学校教員養成所や大学の同課程で聾児教育のメソッドとして教わり身につけるのだけではない、と私は考えている。K聾学校の教職員だけでなく、他校の教員の何人かに対しても「手話はどのように学んだのか」という質問を投げかけたところ、例外なく「聾の子供たちから教わった」という答えが返ってきた。繰り返しになるが、この語りから、聾の子供たちと長い時間接することで、聾の子供たちの元来のTC的振る舞い方が伝染し強化していったと考えるのが自然であろう（第1章第2節）。

(5) 内緒話をするときは、周囲に見とがめられないように腕を伸ばさずに手先だけでしゃべることがある。

(6) 当初、男女を混ぜて呼ぶことも考えていたが、上級生の女子に相談したところ、女子は女子だけがよいと言われたので男女別とした。

(7) 3人ないし4人の組み合わせは、私が指定するのではなく、子供たちが誰と一緒に来るかを決めてくれた。当時学校に来ていた4年生から8年生までの全員と話がしたいと子供たちに申し出ておいたところ、「じゃあ、次はこの3人で」というふうに子供の方で誰が来るかを決めてくれた。

(8) 「お話をする」と私が訳した手の動きは、ナーサリー学級での「物語り」の授業のときに教員が最初に子供たちの前でやる動きでもある。詳細は本章第4節で取り上げるが、この「物語り」の授業では、教員が指名した子供が前に立ち、ほかの子供は

2　おしゃべりは賑々しく、インタビューは行儀よく

手を動かしたり声を出したりしないように指示された上で、指名された子供が「物語り」をはじめることになる。私がこのときの教員と同じ手の動きをしたことで、ナーサリー学級での「物語り」の授業での教員のように、私はインタビューに招いた子供たちに、1人が何かしゃべっているときは周りは大人しくするという規定を与えてしまった可能性がある。

(9)　K聾学校の周辺地域では紅茶栽培が盛んな上、乳牛を各家庭で飼育しており、ミルクティーが食間などによく出された。食事の時間帯に客が来れば食事を勧められるが、そうでない場合はミルクティーでもてなされた。K聾学校でも朝食と昼食の間にお茶の時間があり、子供たちは食堂近辺で、教員は職員室で一服するのが常であった。

(10)　お笑いコンビ「さまぁ～ず」（大竹一樹・三村マサカズ）の2006年のトークライブを収録したDVDも本節を考えるヒントになっている（以下、映像を見ながら書き起こした）。舞台上には観客席に向かってモニタがあり、そこに「お題」が文字で示される。最初モニタには何も出ておらず、2人は舞台に出てきてからずっと観客を前にしゃべっていた。しばらくしてチャイムが鳴るのと共にモニタに「まずは、フリートーク」と出され、それに対して2人は次のように突っ込んでいる。三村「いやだから……、それいまやってたって！　いま。やってたことだよね？いま」。大竹「『フリートーク』っていうと、しゃべりにくいよねえ。さあどうぞ（三村に向かって手を差し出す）。はい、お話して（同）、っていう」。三村「そうですねぇ……みたいな感じ？」。大竹「よくあの、ほら、そのちょっと、『もうちょっと時間があるからさあ、話していこうよ』、っていう人いるじゃない？……何？『話していこうよ』って？」。三村「話ってそういうことじゃないだろうと」。大竹「そうそう、自然に話すから話で……」。三村「自然発生的に生まれて、あぁ、話弾んじゃったねっていうのが話で」。大竹「『話していこうよ』って言われるとね……」。大竹・三村「（モニタを指しながら）『フリートーク』……」、三村「って言われると、ぐっとハードルがあがっちゃうってことでしょ？」。

第3節　「踊る」と「躍る」

　競技会のダンスは、「ナンディの伝統的なダンスに造詣の深い」ボール氏（シチエネイ氏によると、ボール氏の父親が伝統的なダンスについてよく知っている人だった）が子供たちに振り付けを指導する。このダンスにはリーダーがおり、リーダーは教員からいち早く振り付けを学び、身につけ、今度はダンスのメンバーに選ばれたほかの子供たちの指導的立場に立って全体を指揮するようになる。

　まず、指導的立場の教員やリーダーは、ほかの子供たちと向き合う形で立つことにより全体を見通せる状態になり、その状態から訓練が開始される（image 3-34）。そして、リーダーは手に牛の尾の毛がついた棒を持ち、それを振ることで全体の編成や動きを統制する（image 3-35）。K聾学校の場合、棒を振る1度目は予備的な合図で、続く2度目で動きを変化させていた。

　競技会の日程が決まってからほぼ毎日、放課後になるとリーダーのもとにほかのダンス・メンバーが集まり、練習が繰り返される。こうして訓練を積み重ねることで「一糸乱れぬ」ダンスを目指す[注1]。競技会は州大会がまずあり、審査員によって点数がつけられる[注2]。その結果、男女の各組で優勝した学校が州代表として全国大会に出ることになる。全国大会でもまた審査員がおり、審査員の前でダンスを披露することになる。

　子供たちは練習を積み重ねることで、各自が動きを覚え、1つのまとまりとしてダンスの編成を支えるようになる（image 3-36, 3-37）。

　州大会や全国大会では、テンポや編成、動きがそれぞれに異なるものの、共通しているのは、舞台に上がって踊るという点とリーダーの統制のもとに全体としてダンスが編成されている点である。そのような特徴をもつ競技会ダンスでは、「メンバーの1人が動きを間違える」と目立つ。この年の全国大会の男子ダンス部門で優勝した学校のダンスは会場を沸かせたが、動きを間違えて目立ってしまった子が1人いた。ほかのメンバーが揃って舞台の壁側を向いて動き続けるところを、次の瞬間に振り返って壁に背を向けてしまったのである（image 3-38 から 3-39 の動き）。

251

第3章　躍る身体、構える身体

image 3-34

image 3-35

　舞台上の彼らの目的は、その舞台を1番前で見て点数をつける審査員をはじめとする観客に見せることである。ナンディの女性たちがプレゼントを贈呈する際の言動を歌／ダンスそれ自体で示すのとは異なり、「鑑賞され審査される」ことを目的としている。言い換えれば、競技会のダンスにおいては揃った動きを展開し披露することが目標であり、踊ること自体に何かの意味が付与されたり、踊っている行為自体を楽しむなどの「自己目的化」が見られたりするわけではない。競技会でのダンスは、すべてのメンバーの動きがリーダーの指揮の下に厳密に統制され、人に見せるための規範的な「踊り」である。この「踊り」

252

3 「踊る」と「躍る」

image 3-36
全国大会でのK聾学校の男子のダンス（2004年）

image 3-37
州大会でのK聾学校の女子のダンス（2004年）

image 3-38

image 3-39

253

第 3 章　躍る身体、構える身体

image 3-40

において、予め決められた全体の動きと異なる動きはエラーとなって現れることになる。たとえを用いるなら「不協和音」の状態に陥ったと言うことが可能だろう。

　同じように誰かに「見せる（あるいは結果として見せることになった）」ダンスでも、質の異なるダンスがある。ある日の午後、私が K 聾学校の敷地内の一番奥にある女子寮に向かうと、寮の前の中庭に午前中で授業の終わった低学年の女の子たちが集まって躍っていた。

　image 3-40 は、K 聾学校内で躍り出した低学年の女の子たちである。しばらく見ていたところ、からだの動きのタイミングが全体として合っていくように見えた。彼女たちは大きな音（振動）が反響する環境にいたのではなかった。また、全員が互いを逐一見て動きを確認していたわけでもなかった。「見ることもある」という程度で、その間、互いの動きを確認するために「居着く」というようなことはなかった。彼女たちはずっと動き続けていたのである。

　特徴的な動きは膝の屈伸運動である。ダンスの動きのなかで約 3 秒間、この場に居合わせた 10 人それぞれがどのようなタイミングで膝の屈伸運動をしているか、動画をコマ送りし（1 コマ 1/30 秒）ELAN で注釈をつけていったところ、10 人中 7 人が同時に膝を伸ばし始める瞬間が訪れた（1.3 秒の時点）。そこまでぴったりとタイミングが合わなくても、この ELAN の 1 目盛りは 0.1 秒であり肉眼では「揃っている」ように見える動きである（図 3-5）。

　子供たちは、ケニア全国聾学校スポーツ・文化活動競技会のダンス部門のためのダンスの訓練を除けば、ダンスの踊り方を教員から教わりそれを身につけ

254

3　「踊る」と「躍る」

図 3-5

るということはなかった。また、この女の子たちのダンスにはある程度パターン化した手の振り付けが見て取れたが、競技会の訓練で教えられる振り付けとは大きく異なっていた。この「振り付け」の由来は結局わからずじまいだったが、厳密に、振り付け＝型に合わせて踊るということは起きていなかった。

ただし、女の子たちは競技会のダンスと同じような並びになっていた。恐らく、私がカメラを彼女たちに向けたことにより、いつものように好き勝手に躍りながらも同時に私に「見せる」という意識が働いたからであろう。しかしながら、ダンスを厳密に統制するリーダー的存在の子供はいなかった。躍るのが好きで一番乗りで躍り出す子はいたが、「一番乗り」であって「指揮者的役割」を担っているわけではなかった。彼女たちは躍っているが、体の動きは競技会のように厳密に規格化されているわけではなく、また動きを特定の誰かに常に統制されているわけではない。はじめに躍り出す子の体の動きをきっかけにほかの子供たちがほとんど「好き勝手に」動いていく。定められた1つの規格に嵌るようにひとりひとりの体が動いたり互いの体の動きを目で確認したりする

255

第3章 躍る身体、構える身体

image 3-41　　　　　　　　　　　　image 3-42
2004年6月24日、夜の暗い女子寮内で躍る女子
（画像の輝度がかなり高くなるよう処理を施した）

image 3-43

256

3 「踊る」と「躍る」

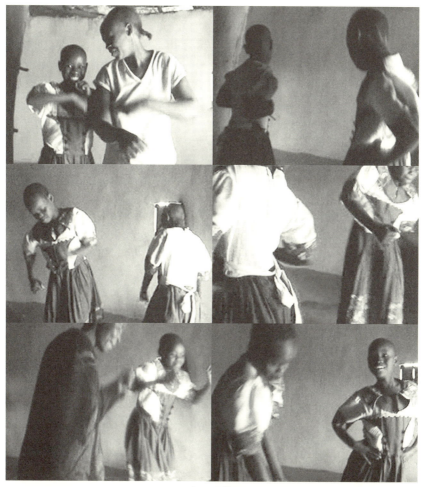

image 3-44

こともなく、体が勝手に動いていき、形や向きが異なる動きがとけあい調和していく。そして躍っている女の子たちはいかにも楽しげであった。
　審査員や観客の存在を前提とした競技会ダンスが「好き勝手さ」を徹底的に排除し体の動きを厳密に統制することで成り立つのに対して、K聾学校の低学年の女の子たちによるダンスは、「好き勝手さ」が入り込む余地が常にあった。
　こうしたダンスの光景は、K聾学校内に限って見られるわけではない。誰か

第3章　躍る身体、構える身体

が躍り出したのをきっかけに周りの人たちが躍り出す光景は、子供たちの帰省先の村でもよく見られることである。

　image 3-44 は、ジェプトゥムがまだ新入生だった 2004 年に、彼女の近所の家で撮った1つの動画からいくつかのシーンを切り出し組み合わせたものである。気づいたら躍っていたのだ。ジェプトゥムと彼女の姉と母親が訪問した先の家の中で、ジェプトゥムと姉がまず躍り出し、その後この部屋に入ってきた女性、そして彼女たちの母親が次々と躍りながら入ってきた。この image の中に、ジェプトゥムがいる。「この子が（聾の）ジェプトゥムだ」という印を私がつけない限り、彼女を特定することは難しいかもしれない。

　年月を経て再び同じような光景を目にすることになった。2011 年 12 月、ジェプトゥムの家のそばでのことである。image 3-45 は、その様子を撮ったビデオから切り出した静止画である。

　その場に居合わせた私自身がこのとき起きていた出来事をどのように経験したのか、そしてそれをどう捉えることが可能なのか。この出来事が「どのように起きていたか」を考えるために別のいくつかの image を並置し、比較検討してみたい。

　まずは、image 3-46 である。上は、K 聾学校内で競技会のダンス部門のために練習をしている様子、下はその練習の成果を州大会（右）と全国大会（左）で発表した様子である。

　教員の指導の下、子供たちが各自動きのパターンを予め学習する。A という動きの次は B という動きというように、次の動き、そしてまたその次の動きを文字通り身につける。子供たちひとりひとりが身につけた動きが表出し、それが全体の動きとして揃うよう厳密に組織化されている。加えて、全体を統括する役割をもつ子供が他の子供たちの前に立ち、手にしている棒で動きの切り替えのための合図を出す。

　この競技会向けのダンスはどのように起きているのか。このダンスの場合は、ダンスに参加していていた子供たちひとりひとりの体の動きを「同じパターンの動き」として捉え、それを集めて統制したものである。競技会向けのダンスは、（「指揮者」も含め）各自が予め決められた動きを学習した成果であり、このダンスが展開するにあたっては、いうなればオーケストラの「指揮者」のような役目の子供が合図を出すことで子供たちは次の動きに移る。

　このような手続きを経て成り立っているダンスならば、会話分析（CA）の手法を援用し分析することも可能かもしれない。話者が順番交替で「発話」して

258

3 「踊る」と「躍る」

image 3-45

image 3-46

259

第3章 躍る身体、構える身体

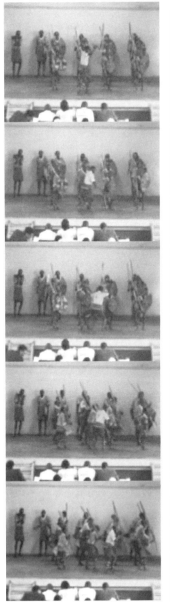

image 3-47

3 「踊る」と「躍る」

image 3-48

第3章　躍る身体、構える身体

image 3-49

いくことを CA は前提にしており[注3]、CA における「発話」を「体の動き」に置き換えればいいだけだ。「身体の動き」が同時に起きたならそれは「重なり」として捉えることになるが、しかし、そもそも「重なり」という表現は会話が順番交代に行われることを前提にしてしまっている。台本が前提となっているから、そこからズレたものが即興(アドリブ)（ないしはNG／エラー）として捉えられるのだ。

　他方、image 3-45 で示したダンスはどうだろうか。整然と文字媒体で書き起こせるようなことが実際に起きているのだろうか。image 3-46 の左下で示した競技会のダンスと image 3-45 で示したダンスの連続画を並置してみると違いがはっきりとわかる（image 3-47）。競技会のダンスは既に述べたように、ある動きから別の動きへ、「指揮者」が出した合図でほかの子供たちの動きが転換する。他方、村で生じた（文字通り「行われた」ではなく「生じた」）ダンスは、確かにまとまりがあるように見えるが、そのまとまりは学習あるいは特定の誰かの指揮によって成り立っているわけではない。動きの変化のきっかけを特定の個人／個体に求めることはできない。便宜上「ダンス」とここでは呼んでいる出

262

来事それ自体が展開していくうちにさらなる展開が起きており、すべての動き
が引き出され合っている（そこに主体としての「人」はいない）、と言うよりほかは
ない。そして、競技会のダンスと決定的に異なるのは、ここに集まった体の動
きのパターンには2度とお目にかかれない、1回限りのものだということだ。

　誰か／何かに合わせて〈踊る〉ことと、好き勝手に〈躍る〉こと。この違い
は「ダンス」に限って見られることではない。image 3-48 の左は K 聾学校の子
供たちを3人1組で自室に呼んで行った行儀のよいインタビュー、右は賑々し
い出来事すなわち同校の休み時間中に教室内で起こったおしゃべりである（第
3章第2節）。インタビューは、私の質問に対し1人が答え、その間、そこに居
合わせた（私も含む）3人は話し手をおとなしく見ている。そこに賑々しさや喧
しさはない。他方、教室内のおしゃべりはひとりひとりの発言に分けることが
難しいほど雑然としているが、雑然としているからこそ賑わいがそこにはある。

　ここで重要なことは、「ダンス」や「おしゃべり」がどのように起きていた
かという点に着目した場合、「ダンス」と「おしゃべり」を別個の事象として
考える必要がなくなるということである。image 3-47 と 3-48 で示した4つの
出来事を並置してみよう。image 3-49、image 3-45 及び image 3-47 の右側の「ダ
ンス」は、確かにダンスをしているように見えるが「これから『ダンス』を始
めます」という号令のもとに始まったわけではない。いうなれば偶発的に始ま
り、終息していった。さまざまなことが、雑多に同時かつ連続的に展開してい
た。これは日常のおしゃべりと何ら変わらない。出来事が始まり出来事が終わ
るのだ。何者か、あるいは何物かが号令をかけ、統制をとり、型に従って出来
事が展開するのではない。出来事が生じ、その展開がさらなる展開を呼び、出
来事は終息していく。

　繰り返しになるが、競技会のダンスを思い出してみよう。競技会のダンス
は、予め決められた動きを各自が身につけ、全体で揃うように訓練された結果
としてある。それゆえ、全体の動きは決められた通り整然としていなければな
らず、その意味でそこに居合わせた身体は「外界」に向かって開かれず（「はじ
めに」の注（10）を参照）、ダンスをしているメンバー内で自己完結的に閉じるこ
とになる。そのため、ときにエラーが生じる。

　否、このときの「エラー」は、生じたと言うよりも作られたと言った方がよ
り正確である。ダンスの参加者が予め動きを身につけ全体が揃うように訓練さ
れているという前提に基づいているため、身につけたはずの動きと異なる動き
をした子供はエラーをおかした者として区切り出される。他の子供たちが足並

第3章　躍る身体、構える身体

みを揃えて踊っていた中で、「彼は失敗してしまった」と捉えられてしまうのである。

　舞台上の踊り手たちは、それぞれ独立／自立した個体であるという前提がある。だからこそ、全体が揃うようさらに訓練を積まねばならない。「全体が揃うように訓練する」ということはすなわち、体の動きを身につけた各人の間で生じうるズレを最小限に抑える（可能な限り消す）という作業になる。こうして一糸乱れぬ動きができあがる。しかし、image 3-39 のような事態が起こると、間違った動きをした踊り手の 1 人が「全体の動きを乱した」という形で明確に区切り出されてしまう。訓練を重ねることで 1 つになっていた身体の一部分が分離してしまうのである。

　日常のおしゃべりの多くは、この競技会のダンスのような背景や展開を持たないはずだ。もっと無目的で雑多で、そして賑々しい。ひとりひとりの会話を個別のモノとしたうえで一字一句書き起こしたら意味不明になりかねない。そうした賑々しい出来事が展開したあと、その場に居合わせた者たちはきっとこう思うだろう、「今日は盛り上がったね」とか「今日楽しかったね」と。「〇〇さんが……と言って、それに対して私は……と言った。さらにそれに対して△△さんが……と言った。私はそれについて……と思った」と振り返られる／振り返らなければならない会話を普段私たちはどれだけ行っているのだろう[注4]。少なくとも私は、出来事を文字に書き起こし、それに説明を加え、論じていかねばならないという特殊な業界に身を置いているとはいえ、同じ／隣接する業界の人とばかり接しているとくたびれてしまう（ただし、飲み会の場であればこの限りではない）。

注
(1)　この意味で競技会のダンスは、マルセル・モースが提唱した「身体技法」[モース 1976] の側面を明らかにもっていると言える。
(2)　このときは K 聾学校の「内部」の人間として扱われたので、審査基準について私は教えてもらえなかった。
(3)　「はじめに」の注 (9) を参照。
(4)　この「ダンス」と「おしゃべり」において、「人」あるいは「身体」は個々のモノとして輪郭を与えられるような存在ではない。それらは、菅原もハイデッガーを引きながら指摘している通り元来とけあっているのである [菅原 2011; 吉田 2016a]。

264

第4節　躍って構えて躍りはつづく

それは唐突に始まった。2004 年 6 月 18 日の午後のことである。私はそのとき上級生の教室から外に出ようとしていたところだった。目の前には芝生の中庭が開けており、ナーサリー、インファント、1 年次から 3 年次まで、計 5 学級の子供たちが集まっていた。当時 2 年生だったモニカとアサネスが芝生に座っていた子供たちの前で何かをやっていた。

私は慌てて首からぶらさげていた小型 Mpeg4 ムービーカメラのスイッチを押した（image 3-50）。途中、SD カードを入れ替えたので 1 分ほどタイムラグはあるが、私が見届けたのは 25 分あまりだった。何がきっかけで始まったのかはわからなかったが、「終わり」と子供たちが示したことで幕切れとなった（と解釈できた）（image 3-51）。

私は何が起きているのかわからず、かなり離れたところから子供たちのやっていることを撮ることになった。「全体」を見渡したかったのである[注1]。K聾学校のほとんどの子供たち自身は何をしているのかわかっていた。*dorama* である。途中で子供たち自身が「*dorama* をしている」と言う場面がいくつもあった。K聾学校の子供や教職員はある特定の手話表現（左手のひらに右親指を軽く押しつけて下に滑らせること 2 回）によってこのような類いを指し示した。彼らはその手話表現と同時に *drama*（英語）ないしはそれがスワヒリ語化した *dorama* と発声することもあった。未知のものとしてこの出来事を分析するために、本書では私たちに馴染みのある *drama* ないしは「ドラマ」と表記せず、*dorama* と表記する。

さて、私がカメラの録画スイッチを押したとき、モニカ（image 3-50 左、2 年）とアサネス（同右、2 年）が中庭で何やら始めていた。私と彼女たちの間には、午前中で授業が終わったナーサリーから 3 年次までの 5 学級の子供たちが座っており（仮に「ギャラリー」としておく）、モニカらを見たり見なかったりしていた。どうしてこの形になったのかは不明である。4 年次から 8 年次の上級生は教室で授業を受講していた。この image 3-50 の向こう側に見える建物は男子寮であ

第3章　躍る身体、構える身体

image 3-50　録画を始めたのはこのシーンからだった

image 3-51　お腹に手をあてて一礼する女子とカメラの私に向かって「終わり」と言う男子

り、カメラのフレームからは外れているが男子寮と中庭を挟んで向かい側（カメラのフレームの右後方）に教室が並んでいた。

　この *dorama* での論点は3つある。1つは、子供たちが「これは *dorama* である」とはっきり言っておきながら、*dorama* に「直接」入った子供の中で「困惑」の表情を何人かの子供が浮かべる点である。*dorama* に「入る」際、あからさまに拒絶されたわけではないのに、うまくいかなかったり「足蹴にするフリをされて」困った顔をしたりする場面がいくつもあった。他方、かなり強く叩かれているのに困惑したり怒ったりしないどころか笑いながらやり過ごす場面もあった。「マジメ」であることと「冗談」であることとの分かれ目はどこにあ

4 躍って構えて躍りはつづく

image 3-52　動画再生プレイヤーを介すと、出来事は時間で区切ることが可能なように思える

るのだろうか。

　もう1つは、この dorama ではモニカやアサネスの他に多くの子供たちが「直接」関わることになり、「出入り自由」のように見えたが、何人かは入ることを拒絶される場面があったことである。これをどのように捉えればよいか。このことはこの dorama「全体」をどのように捉えるかに関わっている。この出来事をどのように記述すればよいか、すなわちどのように捉えることが可能なのかという根本的な課題である。

　3つ目は、dorama における時間についてである。「この出来事は、スタートした正確な時点はわからないけれども、動画を撮り始めてから約 25 分間続いた」と書いたとしよう。実際、私はこれまで「25 分間」というように時間で区切ることに何の疑問も抱かなかった。だが、dorama で展開していた出来事を記述しようとしていくうちに、ある出来事を時間軸で区切ることがどれほど妥当なことなのか考え直さねばならなくなった（image 3-52）。私のカメラで捉えることのできた子供ひとりひとりを峻別し、人を主語にして時系列に沿って「ト書き」していくことに無理が生じたのだ。「同時多発的[注2]」という表現を使うことも躊躇した。「同時」という表現自体、一方向的な時間軸で出来事を捉えるやり方だ。

　ト書きという形でこの出来事を文章化していくと、dorama の内容が時々刻々と変化しているように思えた。「ギャラリー」から子供が自由に前へ出て行っ

267

第3章　躍る身体、構える身体

image 3-53　「ギャラリー」と「ギャラリーでない」境目はどこにあるのだろう。

たり、前にいた者が「ギャラリー」に戻ったりしたし、数人の子供は「ギャラリー」から抜けて入って行くことを拒まれたりしていた。通常は、そうした現象を「変化」として捉えるかもしれない。しかし、「変化」という捉え方は一方向的な時間軸を前提に不変であるべき何かを想定してしまっている。そもそも、私がいま見ているのは録り収めることのできた「25分間の動画」であって、「2004年6月18日の午後の出来事」ではない。この *dorama* は2つの動画ファイルに分かれているが、だからといって一方が *dorama* の「前半」で他方が「後半」だということはない。また、1つ目の動画ファイルの最後の時点を動画再生ソフトの画面上で見ると「11分46秒」だが、この時間の区切りは *dorama* という出来事そのものにとっては恣意的であり文字通り機械的である。

　動画再生ソフトを介して *dorama* の動画ファイルを見ていると、*dorama* という出来事自体がいかにも「時間が経つにつれて直線的に出来事が展開／変化していった」ように見える。だが、時間軸を（動画再生ソフトのように）動かしようのない物差しとしたうえで、時間軸に沿ってでしか出来事を見たり語ったり記述したりすることはできないのか。

　時間だけでなく空間もそうだ。この出来事において空間はどこからどこまでなのか。カメラのフレームにかろうじて収まっている空間に限定できないことは明らかであるが、そのフレームの外のどこまでを *dorama* の「範囲」にすればよいのか。「ギャラリー」は「ギャラリー」という形で *dorama* に「直接は参加していない者たち」として区別することが妥当なのか。出来事に「関わる」ということはそもそもどういうことなのか。*dorama* の場合、誰から誰までが

4 躍って構えて躍りはつづく

「関わっている」ことになるのか、つまり人主体で「関わり」を考え記述するのはそれほど簡単なことではない（image 3-53）。

「躍る」と「構える」

子供たちは「dorama をやっている」と言い、ただ遊んでいるだけのように見えたのだが、観察者にとって「同じようなこと」が発生してもその後の展開の仕方が大きく異なることがあった。それは、アンダマン島民の「平和のための儀礼的攻撃が、『本気』の攻撃にうけとられ、そこでまたホットな戦闘に逆戻りする」[Radcliffe-Brown 1922、ベイトソン 2000: 262]ように観察できた局面、ないしはその逆の現象で、観察者からすれば本気で攻撃しているように見えても「冗談」で受け流されるような局面がいくつか見られたのである。

「本気の攻撃」の中には、相手を突き飛ばしたり押しのけたり引っ張ったり抱え込んだり、棒きれで叩いたり足蹴にしたりといったことが含まれた。突き飛ばしたり押しのけたりするのは文字通り「フリ」には見えず、かなり力強く行われた。K聾学校で一緒に生活をしていて、とりわけ低学年の子供が別の子供を唐突に押し、押された側が前腕部で目を覆い泣き出すという場面を何度も見てきたし、同じように目を覆い「ウワァァ」と甲高い声を出しながらも実は全く涙を流さないで、後で舌を出すような場面も一度ならず見てきた。K聾学校の子供たちの日常において、「本気」と「冗談」の境目はどこにあるのか、またいつ出現するのか、ついにわからなかった。しかし、この dorama のときは、「これは dorama だ」ということを相互に了解しているはずだった。それでも同じことが起きたのだった。

まず、「これは dorama だ」と自分たちがやっていることを客観視しているように見えた場面の image を並べてみよう（image 3-54 ～ 3-60）。子供たち自身、「これは dorama だ」と言ったり、そう言われたことに納得する発言をしたり、また「終わり」と言ったりしている。

このように、「これは dorama だ」と自分が行っていることを対象化したり、一礼して「終わり」と言ったりすることを、K聾学校の子供たちは授業で直接学ぶ機会があった。お腹に手を当てて一礼するやり方もそこで初めて見習う所作である。それは「物語り」の授業である。story と教員が口頭で言いながら、合わせた両手の手首を左右に何度か折り曲げる手話により「物語り」の授業は始まる注3)。ここで 2004 年 7 月（2 学期）のナーサリー学級（担任はケンタゴール

269

第 3 章　躍る身体、構える身体

image 3-54
セリブワ（右端）:「*dorama*」

image 3-55
モイベン（左奥）:「何をしているの？」
セリブワ（右から 2 番目）:「*dorama*」

image 3-56　モニカ（右から 2 番目）「*dorama* だよ」、エニヴィ（右端）「わかっている」

女史[注41]）で、挙手をした中で指名されたケモイによる「物語り」を事例として挙げよう。

　ケンタゴール女史がはじめに子供たちに向かって行ったことは、前に出た子供にほかの子供たちを集中させることだった。そのとき、彼女がよくやったのは、image 3-61 のように腕を組むという所作だった。子供たちの喧しさが手を動かすことにあり、それをやめさせるために、彼女は授業中によく子供たちに腕を組むよう促した。

270

4 躍って構えて躍りはつづく

image 3-57
モニカとエビィが一礼、その右横のヴィクターが両手を挙げた。

image 3-58
モニカが一礼し、ヴィクターが「終わり」と言った。

image 3-59
モニカが一礼

image 3-60
モニカが一礼

第3章　躍る身体、構える身体

image 3-61
ケンタゴール女史は子供たちが騒がないように腕を組ませた。

image 3-62
ケモイ以外の子供たちがおとなしくなると、ケンタゴール女史は端にいたケモイを引っ張って中央に立たせた。

image 3-63（ある時点の教室前方と後方を合成）
ケンタゴール女史につづいてケモイが挨拶し、他の子供たちも同じように挨拶した。

　子供たちの喧騒がおさまると、彼女は端に寄っていたケモイを中央に立たせた（image 3-62）。ケンタゴール女史は、これから「物語り」を始める子供を中央に立たせた後、その子供に皆に向かって「挨拶」をさせる（image 3-63）。Hallo と声に出しながら（もしくはそのような口の形をしながら）両手を握手させるように組んで前に掲げる。K聾学校では、誰かが前に立ってしゃべり始めるとき（例えば教員が子供たちの前で何かを話し始めるとき）に必ず行われる挨拶である[注5]。
　ケモイは合わせた両手を左右に揺らしたのだが（image 3-64）、これはこの授

4 躍って構えて躍りはつづく

image 3-64
ケモイが、合わせた両手を左右に揺らした（「物語り」）
※このとき、ケモイ以外の子供たちも、合わせた両手を左右に揺らしていた。

image 3-65
ケモイが、何かを始めた。

image 3-66

image 3-67

image 3-68

image 3-69

273

第3章　躍る身体、構える身体

業で教員が挨拶をさせた後に行う所作である[注6]。子供たちはこの所作を行っ
てから、おもむろに何かを始めることになる（image 3-65）。

　ここではケモイが何を「物語り」として展開したのかという内容は脇に置き、
結末がどのように迎えられたかを提示しておきたい。ケモイは何かをしていた
が、（観察者の私からすれば）突然、お腹に手を当てケンタゴール女史の顔を見な
がらお辞儀をした（image 3-66）。「物語り」は彼のこの所作によって終わりを迎
え、ケモイは自分の席に戻った。

　この「物語り」の授業は、3学期になってからも引き続き行われた。3学期
にもなると、子供たちは教員に指示されることなく、「物語り」を始め、終わ
らせるようになる。image 3-67 〜 3-69 は、同じ年の 10 月に、同じくケモイが「物
語り」を始める場面である。ケモイは、挙手をして教員によって指名されると、
教室の前方に行き、中央に立った。そしてまず、「挨拶」をした（image 3-67）。
次いで、ケモイの方を見ていない子供を見つけると、次々とその子供を指さし
た（image 3-68）。

　ケモイはほかの子供たちがみなきちんと前を向いてから、もう1度「挨拶」
をし、合わせた両手を左右に振ってから、また7月と同じように（だが、7月と
は違う動作で）「物語り」をはじめ、お腹に手を当ててお辞儀をすることで「物
語り」を締めくくった（image 3-69）。

　この「物語り」の授業で、子供たちは何を学習したことになるのか[注7]。第
1に、教員は、「物語り」をする子供を教室の前の中央部に立たせることにより
ほかの子供たちから1人だけ離し、さらにほかの子供たちをおとなしくさせて
から「物語り」を開始させることで、「『物語り』をする子供」と「『物語り』
をする子供を見るほかの子供たち」という区別を物理的に分けた。子供たちは、
教員の指示に従って体を動かすことで、「これから何かをしようとする者」と
「何かをしようとしているのを見る者」を明確に分けるということを学習して
いると考えられる。第2に、「始まり」と「終わり」について特定の所作を教
員が示すことで、「始まり」と「終わり」の所作に挟まれた一連の動きがひと
かたまりのもの＝「かたり」[坂部 2008]としてくくられることになると言える。
この作業を通じて、子供たちは、「はなし」に輪郭を与え、「かたり」としての
まとまりをつくるということについて身をもって学習していると言えるのであ
る[注8]。

　この「物語り」の授業はナーサリーとインファント[注9]の2学級で毎年行わ
れており、「これは *dorama* である」「（*dorama* は）終わり」と認識／発言し、一

274

礼をする（区切りをつける）ものだということを、この dorama に関わった子供たちは「物語り」の授業を通して学習済みないしは学習しつつあった。dorama がどういった類いのものか、ここに居合わせた子供たちは知っていたと考えられる。

しかし、だからといって、dorama 自体を「物語り」の規模が大きくなっただけのものとみなすことには無理がある。なぜなら、授業での「物語り」が教室の前方で語る者とそれを静かに見届ける者とにきれいに分かれていたのに対し、dorama では両者の境界がきわめて曖昧だからである。曖昧というよりないと言った方がよい。そう考えると、dorama は、「dorama」という枠があって、その枠の内外を子供たちが出入りしていたとはどうも言えないようである。

出来事としての身体群

ここで「ギャラリー」の存在を考えてみよう。このときの dorama において、ずっと「ギャラリー側」で座ったままだった子供がかなりいた。既に述べたとおり、彼らは目の前で進行している出来事を見たり見なかったりしていたが、彼らはいかにして dorama に関わっていたと言えるのか。

競技会の「文化活動」では、男子パントマイム部門があった。その州大会において「牛飼いの1日」という同じテーマでパントマイムをしたにも拘わらず、表現の仕方やパントマイム中の振る舞いが対照的な2人がいた。1人はE聾学校の代表ケルヴィン、もう1人はK聾学校の代表エヴァンスだった。

1つ目の両者の対照性は「ギャラリー」の方への目線の送り方に現れた。といっても、ケルヴィンの方は「ギャラリー」に目を向けたというよりも、放牧中の何頭もの牛に目を向けていた[注10]。他方、エヴァンスは彼が行っている「動作」と目線の送り方が不自然だったのである。より注意深く動画を見直したところ、エヴァンスは「ギャラリー」の側の動き（中座する、途中で席に着くなど）に気を取られ、パントマイムが疎かになっていた。エヴァンスが目線を「ギャラリー」側に不自然に送った回数は23回に上った（image 3-70 および 3-71）。

2つ目は、発せられた手話すなわち言葉の数である。読み取れなかったもの（動作なのか手話なのかわからないもの、手話だが私が意味を失念したもの、表現が不明瞭で読み取れなかったもの）を含めると、ケルヴィンの方は8語のべ7回（うち不明なものは1回）だったのに対し、エヴァンスは76語のべ480回（うち不明なものは125回）にのぼった。ケルヴィンのパントマイムは6分48秒間、エヴァンス

第3章 躍る身体、構える身体

image 3-70 牛に目を向けるケルヴィン

image 3-71 カメラのフレーム右前の人影に目線を送るエヴァンス

image 3-72 「放牧している」と歩きながら言うエヴァンス(左)と放牧中のケルヴィン(右)
(「放牧している」＝両手の人さし指を立て同時に内側へと回す)

4 躍って構えて躍りはつづく

はそれよりも長い9分28秒間だったとはいえ、エヴァンスが発した言葉はあまりに多い。それだけではない。ケルヴィンの方は動詞が1語1回しか出てこなかったのに対し、エヴァンスは27語のべ171回にのぼった。エヴァンスが発した動詞の中で特に回数が多かったのは「思う」(45回)、「終える」(32回)であった。たとえて言うなら、私たちが普段料理をするときに、「これから卵を割ろうと思います」「卵を混ぜ終えました」などといちいち口にするということだ。エヴァンスのパントマイムは逐一説明するタイプの料理番組のようになっていたのである。「放牧する」という表現さえもエヴァンスの場合は言葉で出てきた。普段の話の中で「放牧する」と言いたいのであれば、わざわざ歩きながら「放牧する」と言わなくてよい。しかし、エヴァンスは歩きながら「放牧する」と言っていた（ことになった）のである（image 3-72）。

　さて、私はここでケルヴィンのパントマイムは上手で（州大会で優勝）、エヴァンスが下手だったということを主張したいのではない。また、このあと密かに私はシチエネイ氏と、「エヴァンスはパントマイムをきちんと理解できていなかった。教え方がまずかったのだろう」とエヴァンスに同情しながら話したが、エヴァンスの理解／練習不足だったということを強調したいのでもない。

　論点は「なぜエヴァンスの方はぎこちなく感じられるのか」である。それは、エヴァンスの場合、彼の中で「牛飼いの1日」という世界は完結していないのに、彼以外の人が彼の世界に入っていくことができなかったからである。第1に、既に述べたように、彼は「ギャラリー」に23回も目線を送ったが、それは彼のパントマイムが要請した振る舞いではなく、（席を立ったり移動したり着席したりする）「ギャラリー」の体の動きとの関わりで生じた振る舞いである。dorama と異なり「物語り」の授業と同じ点は、パントマイムを行う側と「ギャラリー」との間に明確な境界線があるということだ。「ギャラリー」がパントマイムをしている最中のエヴァンスやケルヴィンと「直接的には」関与しないという形で関与しなければならなかった。ところが、「ギャラリー」側が立ち歩き、エヴァンスが動く人に目線を送ることで両者の境界が侵されたのである。

　ただし、そうした「ギャラリー」側の振る舞い自体が単独でエヴァンスのパントマイムを邪魔したわけではない。「ギャラリー」が立ち歩くこととエヴァンスがそこに目線を送ることの双方があって初めて、「ギャラリー」の側からのエヴァンスへの「直接的な」関与が決定的になり、エヴァンスのパントマイムの邪魔をすることになったのだ[注11]。他方、ケルヴィンの「牛飼いの1日」という世界は彼と彼の目の前にいることになった牛の動きとの関わりで完結し

277

第3章 躍る身体、構える身体

ていた[注12]。確かに、この会場に牛はいなかったが、ケルヴィンが牛を見ていたように「ギャラリー」にいる私たちも彼の牛を見ることができた。「ギャラリー」にいた私たちもまた彼が放牧に集中できるような振る舞いをすることになり、「ギャラリー」とケルヴィンとの間にある境界を侵すことをしなかった。

　第2に、エヴァンスの「パントマイム」は、話し相手が不在であるにも拘わらず、「話し相手」が必要になるという矛盾を抱えていた。「アフリカに行っていたの？　向こうの言葉をしゃべってみて」と言われて間髪入れずにスラスラと現地の言葉をしゃべれる人はどれだけいるだろうか。そう自分に求めた相手に向かって話さなければならない状況で、相手には通じないことがわかっている言葉を発するのは難しい。相手が目の前にいるのに独り言になるに違いない言葉を発しなければならないという矛盾に戸惑ってしまうに違いない。エヴァンスは相手がいないにも拘わらず、相手を必要とする台詞だけでなく、ト書きもずっとしゃべることになった。「放牧している！」といくら言っても、牛を放牧することはできない。そこに牛はいないのだ。さらに、彼が発した言葉＝手話は「ギャラリー」からは見えにくいほど小さかった（たとえて言うなら「小声」で話していた[注13]）。彼は独り言を「ギャラリー」に見せることになってしまったのだ。なお、普段、エヴァンスは独り言が多いわけではない（周りの状況に無関係に独り言を言う習慣があればこのときのエヴァンスのようにはならなかったかもしれない[注14]）。

　さて、提示した image にはエヴァンス、ケルヴィン、そしてエヴァンスが目線を送った「ギャラリー」の1人しか映り込んでいないため、彼ら（とせいぜいカメラを彼らに向けていた私）しかその場に居合わせなかったかのような錯覚に陥るかもしれない。しかし、私を含め（エヴァンスは私にも目線を送ることがあった）、各聾学校の教職員や生徒たちが居合わせた。この会場空間内だけでなく、会場の外からも窓を挟んで彼らを見ていた者が多くいた。

　さきほど、「関与」という表現を用い、人と人との関わり方として一旦は記述した。しかし、鶏が先か卵が先か、エヴァンスの振る舞いと「ギャラリー」の振る舞いのきっかけがいずれだったのか特定することはできない。エヴァンスも「ギャラリー」もそれぞれの振る舞いを自分でコントロールすることは不可能だ。立ち歩いてしまった人はそれを控えればエヴァンスが目線を送る回数も減ったかもしれないが、周りが座っている中を立ち歩くという一見して目立つ動きをしていた者に限らず、そうした（観察者の私からすれば）目立つ動きをしていなかったはずの者にもエヴァンスは目線を送ることになった。そのよう

278

4 躍って構えて躍りはつづく

になってしまったのだ。

　一方が他方に働きかけ、働きかけられた方がそれに応じるというような、人間を主体としてこの出来事を捉えたり、あるいは個々の人間の身体の関わり合いとして捉えたりすることには限界がある。そうではなく、「出来事としての身体群」として「相互行為」と呼ばれてきた現象を捉え直す必要がある。出来事は決して静止することなくワサワサと動き続ける身体群（そこに主体としての「人」はいない）なのである[注15]。

これは *dorama* なのか

image 3-73

　dorama という出来事に話を戻そう。観察者である私の方が冷やっとした「本気の攻撃」(当の本人たちにとってはどうだったか不明) の場面がいくつもあった。例えば、アサネスがモニカにかなり強く押しのけられた。モニカはこのとき、ウガリを後で盛るために皿を足下に持って来ていた（作り終えてからウガリを盛っていた）[注16]。その皿を、まずアサネスはモニカから離れたところへもって行こうとした。すると、モニカがかなり力任せにアサネスを押したが、アサネスは怒り出したり泣き出したりすることなく戻ってきた (image 3-73)。

　同様の「本気の攻撃」に見えた image を並べてみよう (image 3-74)。一方が他方を押し倒したり乱暴に抱え上げたり引っ張ったり棒で叩いたり、はたまた2者が取っ組み合いをしていたり、さまざまだ。そこここで繰り広げられた「本気の攻撃」には相手の身体に「実際には」触れていないものも含まれる。しかし、体に触れているか触れていないかということが「本気と受け止められるかどうか」の分水嶺に必ずしもなったわけではなかった。端から見るとひどく乱

279

第3章　躍る身体、構える身体

image 3-74

4 躍って構えて躍りはつづく

image 3-75

image 3-76

image 3-77

暴に押し倒しているように見えても、押し倒された方が（先のアサネスのように）受け流していた局面もあれば、身体同士は全く接触していないのに「足蹴にされたフリ」で困惑の表情を浮かべたり怒ったりと、「本気の攻撃」として受け止められていたように見える局面もあったのだ。

　例えばモニカとエビィがつかみ合いになってエビィが「泣くフリ」をした（た

第3章　躍る身体、構える身体

image 3-78

だし、image 3-75, 3-76 の時点では「フリ」かどうかは判断がつかない）。枝を持っていたシャロンはエビィの脛に向かってそれを打ち下ろした（image 3-75 上では枝がエビィの脛に接触しているかどうか判別できない）。

エビィは頬を濡らしてはおらず、モニカに追いかけられて行ったのち一緒に戻ってきた（image 3-77）。ここで初めて、先のエビィは「泣いていた」のではなく「泣くフリをしていた」と私は判断した。観察者の私はここで「本気で泣いてはいなかったのだ」と安心したのだった。

他方、ほとんど「リンチ」のように見える事態になり（image 3-78）、押し倒され足蹴にされたセリブワとネルソンが「困惑」の色を浮かべた局面もあった（image 3-79）。

この直後に「終わり」とヴィクターが言い、モニカが一礼をすることになった（image 3-58）。突然始まったのと同じように、*dorama* は突然「幕切れ」となったのである。特にセリブワが困惑するさまは興味深い。彼自身何かと「*dorama*（をしている）」と言っていたから（image 3-54, 3-55）、「本気で足蹴にされているわけではない」と思えたはずである。それでも困惑という「構え」が生じてしまった。ハッと我に返る＝「構え」が、突然オンになったりオフになったりしているということなのかもしれない。ただし、オンとオフいずれかのスイッチがあったとしても、そのスイッチを関わっている本人たちの意思で決めて押すことはできない。「本気」と「冗談」は居合わせた者たちがコントロールできるものではない[注17]。観察者の私が「本気の攻撃」のよ

4 躍って構えて躍りはつづく

image 3-79　カメラ側に顔を向けて引き倒されるのがネルソン（左）、同じように引き倒されるセリブワ（右）

うに見えても、当の本人にとっては「冗談」かもしれないし、当の本人が「冗談」のつもりでも足蹴にされた側は「本気」に受け取るかもしれない。「本気の攻撃」が、あるときは「本気」で受け取られ、あるときは「冗談」で受け取られて受け流されたとき、そうなってしまった原因を特定したり説明したりすることは難しい。そのときにそのように現れて初めてそうだということになる。

　ネルソンやセリブワの困惑は、競技会のダンスにおける「エラー」と同種のものだと言える。「エラー」として特定の個体が括り出されてしまうのだ[注18]。ただし、競技会のダンスにおいて「エラー」は作り出されるものだが、この dorama の場合、作られるものではなく生じるものだ。「誰のせいでそうなった」あるいは「何のせいでそうなった」ということはできないのである。

そして躍りはつづく

　そもそも目の前で展開しているこの出来事のどこに焦点化すればよいのか、私には全くわからなかった。なるほど、私はいくつもの局面で特定の子供たちにカメラを向けていた＝焦点化していたのは事実である。しかし、展開していた出来事はカメラのフレームの外も含めなければならない。動画を見ながらそこで起きていたことを記述するにあたって、記述することの困難さがどこにあるのかを考えることになった。最初のうちはよかった。モニカとアサネスという2人にセリブワ、タイタスが加わり、さらにエニヴィが彼らとやりとりするまでは文章で書き起こしていた。ところが、カメラの中にいる子供たちが「一斉に」動いているさまは、もはや直線的な性質をもつ文字言語では表現できな

283

第3章　躍る身体、構える身体

くなったのだ。

　次に挙げるのは、*dorama* で起きていたことを文字言語に書き起こすことを試みた「ト書き」とメモである。このト書きを見ると、私が時間経過と人物や物事の因果関係・相関関係で記述しようとしていたことがわかる（該当するいくつかの部分に下線を引いた）。（　）内は動画ファイルの時間マーカーである（「04:38」は動画ファイルの4分38秒時点を示す。なお動画は1秒間に30コマで成り立っているので、4分38秒の静止画は30枚ありそのうちの1枚ということになる）。当初は「しばらくして」という表現や「……始める」「つづけて」など、私が時間軸で表現しようとしていたのがわかる。その後、時間軸で記述していくことが不可能であることに気づき、そうした表現をしないよう努めたが、そもそも記述していく順番自体が時間軸に則った形になってしまったことに気づいた。読み手は、私が時間を表現する語彙を使用していなくても、書いてある順序で物事が起きたと読み取ることになってしまうのだ。例えば、「モニカはセリブワとタイタスに向かって怒った顔で『祈りに行くよ！』と言った。その様子をアサネスは見ていた」と記述した部分で、最初のモニカを主語とした文とアサネスを主語とした2番目の文とを入れ替えたり、あるいは1文目でもモニカを主語にせずセリブワとタイタスを主語にしたりするなど、順番を変えただけでもスポットライトの当たり方がまるで違ってくることになる。

　時間軸に則って記述することを半ば諦めて、今度は「相関関係」を重視して記述していこうと努めた。しかし、ここでも問題が発生した。例えば、「モニカらとは反対の方向に」という記述では、その主語であるセリブワとタイタス自身がモニカの位置を基準に行動していることになってしまう。しかし、実際のところはわからない。観察者の私にはそのように見えても、セリブワやタイタスは「モニカがいるところとは反対方向に行こう」と思っていたわけではないかもしれないからだ。まさに出来事は「藪の中」である。

　　　モニカ（2年）はウガリをつくりアサネス（2年）はそれを手伝っていた。アサネスはモニカの足下から皿を持って行こうとしたとき、モニカにかなり強く押された。アサネスは笑いながら持って行こうとした皿をモニカの足下に戻した。

　　　<u>しばらくして</u>男子2人、セリブワ（2年）とタイタス（3年）が彼女たちのところへ向かった。彼らに気づいたモニカは彼らを座らせ、また食事をつくりつづけた。<u>しばらくして</u>アサネスはモニカが食事をセリブワらのと

ころに持って行った。そして、アサネスが祈りを捧げ、セリブワたちが食べ始めた。アサネスもモニカがいるところに戻り、2人で食べ始めた。

　食べ終わると、モニカとアサネスは食器を片付けはじめた。しばらくして、モニカはセリブワらに「水浴びをしなさい、教会に行くから」と言った。彼らは水浴びをした後、ほかの子供たちがいるところに行った。しばらくして、彼らは「警官をやる」と宣言して敬礼をし、モニカらがいるところに戻った。彼らはモニカとアサネスに少し離れたところに連れて行かれた。彼女たちが賛美歌を歌い始めると、セリブワらも同じ賛美歌を歌い始めた。

　途中、寮父のモイベンが通りかかり、セリブワらに「何？」「仕事は？洗濯は？」と尋ねた。セリブワは *dorama* と言い、タイタスは「仕事」と言った。モイベンは教室のある方へ立ち去った。モニカは高いところへ何かを置いていき、アサネスは皿らしきものを低い位置に置いた。セリブワとタイタスが教室とは反対側の男子寮の方へと歩いていきモニカとアサネスが彼らを見た。アサネスが手を振ってモニカを呼び、セリブワたちを指さした。モニカがセリブワらに「どうしたの？」と尋ねた　(04:38)。セリブワが「何？」と言い、つづけて「ここに」と言った。そのとき、低学年の子供たちの前を教員ティンギィヤ氏が通り過ぎた。セリブワとタイタスはティンギィヤ氏が通り過ぎる様子を見届けた　(04:45)。モニカは高いところへ何かを置いていた。アサネスがセリブワたちに対して、「向こうへどうぞ」と促した。セリブワはタイタスに「行こうよ」と言った。アサネスもモニカもセリブワたちに背を向けた。セリブワが服を脱いだ（※脱ぐフリ）。つづいてタイタスも服を脱いだ。セリブワがタイタスに「水浴びだ、わかっているか？」と言った。セリブワが高いところに衣類をかけた（※彼らが水浴びをしているところは板で仕切ってある水浴びスペースであると私には思えた）。

　アサネスが手を振ってモニカを呼び「終わった」と言った。「家で水浴びして祈りに行きたい」と言った。モニカは「家に水浴びしに行こう」と言った。モニカがセリブワたちの方に腕を伸ばし、手を振り彼らを呼ぶがセリブワたちは気づかなかった。モニカがセリブワたちに近づきながら再び呼び、「水浴び……（不明）、一緒に祈るのでこっちへどうぞ」と言った。タイタスがセリブワに話しかけ、2人で何事か話していた。アサネスがモニカを呼び、「水」と言って大きなタライを持った。モニカも「水」と言っ

第3章　躍る身体、構える身体

て、アサネスが持っているタライを一緒に持って数歩先まで歩き2人でタライを地面に下ろした (05:17)。モニカがセリブワとタイタスに「服を脱いで水浴びしなさい」と言った。セリブワらは服を脱いだ。モニカとアサネスは服を脱ぎ水浴びした。服を脱いだセリブワは、モニカらを見ていた。モニカとアサネスは上の方から何かを取った。クリームを腕や顔、脚などに塗っていった（※聾学校では水浴び後にワセリンを塗る習慣があり、帰省先でも水浴び後は男女問わず何らかの保湿クリームを塗っていた）。その間、セリブワはタイタスに「靴を磨こう」と言って、靴を磨いた。「終わった」とセリブワは言って靴を履いた。

　セリブワらのところにオンギラ（1年）が右足を曲げた状態で引きずりながら歩いて行った。タイタスがオンギラに向かって「あっちへ行け」と言うが、オンギラは右足を曲げて引きずりながらタイタスの傍に寄った。モニカとアサネスもセリブワとタイタスのところへ近寄って行った。モニカが鞄を持ちながらセリブワらに「祈りに行くよ」と言い、その先へ歩いて行った。セリブワは鞄を持ちタイタスに「学校へ行こう」と言って<u>モニカらとは反対の方向</u>に2人で歩き始めた。タイタスも鞄を持っていた。オンギラは1人残され、他の子供たちの方を見ていた (06:17)。

　エヴァンス（3年）がオンギラの方へと向かった。モニカとアサネスは教室の方を見ており（※カメラのフレームから外れているので誰を見ているのか不明）、モニカが教室の方へ少し小走りして止まった。オンギラとエヴァンス<u>も</u>教室の方を見た。エヴァンスが教室の方へと近づいていき、オンギラはモニカの前で1歩だけ右足を引きずったが<u>その後は</u>通常の歩き方で教室の方へ歩いて行った。モニカは後ろにいるアサネスに「おいで」と言い、オンギラの後ろを歩いて行った。

　（エヴァンス、オンギラ、モニカ、アサネスが歩いて行く教室の方にカメラのフレームを移動させると）、エヴァンスら4人が歩いて行った先にはエニヴィ（3年、<u>アサネスの姉</u>）がいた。モニカが先頭のエヴァンスの横を通り過ぎ、エニヴィと（ナンディの女性のやり方で）挨拶した。続いてアサネスもエヴァンスとオンギラを追い越し同じやり方でエニヴィに挨拶した (06:42)。

　エニヴィ、モニカ、アサネスが何か話している。オンギラが教室の方を指さし笑いながらエヴァンスに教室の方を見るよう促す（教室付近はカメラのフレームに入っていない）。<u>エニヴィらはまだ話しているが、エヴァンスとオンギラが教室のある方向へ歩き出した</u>。エニヴィらも教室の方に体を向

け、そのうちエニヴィが小走りをしてオンギラの肩を摑んだ。教室の方からはタイタスとセリブワがエヴァンスとオンギラの方へ近づいていたのだった。タイタスが大げさに足踏みしてエヴァンスに敬礼した。そのときエニヴィはオンギラの腕をまず摑み、続いてエヴァンスの肩を叩いて2人を摑んだ状態になった。モニカがエヴァンスに視線を向けて「警官に捕まった」と言った。セリブワはタイタスのように大げさな足踏みをし、後ろを振り向きながら「dorama」と言った。

　エニヴィはオンギラの服を摑んだままだ。アサネスがエヴァンスの方を指さし、モニカは怒った顔でオンギラを指さし、またオンギラとエヴァンスを1人ずつ指さした。見ている他の子供の誰かに向かって自分のところへ来るように手招きをした。シャロンがやや腰を曲げて杖をつきながらエニヴィらを見ていた。セリブワはエニヴィらの方を向いているが後ろに向かって手招きをし、また後ろを振り返りエニヴィらを指さしてから後ろに向かって手招きをした。モニカの手が前方で誰かを呼ぶ手つきになっていた。

　エニヴィはオンギラとエヴァンスの背中を押して前方に突き出し、2人はそのまま歩いて行った。モニカはセリブワとタイタスに向かって怒った顔で「祈りに行くよ！」と言った。その様子をアサネスは見ていた。教室の方からエウォル（3年）とウィルバフォース（5年）が男子寮に向かって通り過ぎようとしていた（モニカらの位置より数メートル離れていた）。ウィルバフォースが下級生の誰かを指さし「靴磨きしなよ」と険しい顔で言った。セリブワとタイタスはモニカの後に続いて男子寮の方へと歩きアサネスも一緒に歩いて行った。エウォルはセリブワらの方を見ながら男子寮へ向かっていった。エニヴィはモニカらから少し離れたところでオンギラやエヴァンスと話していた。エウォルとウィルバフォースはセリブワとタイタスの間を横切る形となったが、その際、ウィルバフォースがタイタスの体を横へ少し突き出し、タイタスはウィルバフォースの背中を押しながらセリブワの方へと歩いて行った。エウォルとウィルバフォースはそのまま男子寮へと歩いていき、セリブワは後ろにいるタイタスに手を振って彼を呼んだ。「……（不明）が終わった」とセリブワは言った。モニカとアサネスはタイタスに前へ来るよう促した。ケモイがカメラに向かって何か言っていた。

　モニカ、セリブワ、タイタス、アサネスが横に並び、モニカが手拍子を

第3章 躍る身体、構える身体

始め、アサネスも手拍子を始めた。セリブワは教室の方を指さしタイタスと何か話していた。モニカとアサネスは手拍子をしていて、タイタスが賛美歌 *Jesus Loves Me*（「主われを愛す」）を歌い始め、モニカらも一緒に歌い始めた。数フレーズ歌った後、モニカがお腹に手を当て一礼しアサネスも一礼した。その後タイタスも一礼した。モニカとアサネスは教室の方へ歩いて行き、エニヴィにお辞儀した。そして2人はエニヴィの後ろについて歩いて行った。

　アルバートとジョセフがふざけ合っていたところ (08:26) にエニヴィが小走りで近づき、セリブワらがいるところへ行くように促した。モニカも続いて彼らに促した。セリブワとタイタスは同じ場所に立ったままだったが教室の方に歩き始めた。エニヴィは下級生たちが集まっているところに戻ったのと入れ替わる形で、7人がほぼ同時にモニカらのところに向かって行った (08:33)。そのうち1人が「病院」と言ってから下級生たちの誰か（あるいは全体）を手招きした (08:36)。モニカ、アサネス、セリブワ、タイタスが下級生のところへ戻ってきた。

1年生の女子3人が立ち上がってアサネスらのところに行こうとしたところ、アサネスは手を横に振ってあからさまに拒絶した (08:40)。その3人は素直に言う通りにした。

　セリブワが下級生に向かって「あいつら手強い」と言った。セリブワはタイタスに「一緒に *dorama* やろう」と言い、続けて「警官やろう」と言った。

〈※1年の女子3人、アサネス、モニカ。セリブワ、タイタス、見ていた下級生。シャロンほか4人に注目〉
　→シャロンが外れ、「ほか4人」の方にアサネスとモニカが向かう。3年女子のシャロンは、腰を曲げ、杖をつきながら「遊び」の輪の中に入っていき、モニカらにきちんと挨拶され迎え入れられた。

〈※カメラのフレームに入っていたひとりひとりの行動を書き出すことは難しいので要約〉
多数の子供たちが入り乱れた。20人近くの子供が動き回っていた。どういうきっかけか、セリブワが芝生の上に自ら滑り倒れた。それを見たモニカは、彼を足蹴にし始めた。タイタスもやってきてセリブワを足蹴にした。そこに腰を曲げて杖をつきながらシャロンが駆け寄ってきて、モニカ

4　躍って構えて躍りはつづく

に手首を摑まれたまま倒れているセリブワの体を押した。そこに1月に入学したばかりのナーサリー学級のネルソンがやってきた。彼がモニカに何かを差し出したとき、セリブワの腕を摑んでいたタイタスが、ネルソンの腕を摑み引きずり倒した。彼は半分泣きそうな顔になりながらほとんどされるがままになっていた。ネルソンが数人に囲まれたときアサネスが走ってきて、その数人を前に両手をお腹に当てお辞儀をし始めた。するとネルソンを取り囲んでいた子供たちもお辞儀をし始めた。中には、私のカメラに向かってお辞儀をして「終わり」と言った子もいた。芝生に転がされ足蹴にされていたネルソンは、何とも言えない顔をしながら立ち上がった。

　カメラのフレームの中に10人以上が動き回っている状況の記述は、もはや手に負えないと私も観念した。せめて自分自身が何に焦点化したのか開示しようとした。しかし、なぜ、私がカメラに写っている特定の人物、特定の行為に焦点化することになったのか説明できなければならない。それはどだい無理な注文だった。渋谷のスクランブル交差点の歩行者用の信号が青になったときの、交差点上のすべての人の「相互行為」を分析する際に、ひとりひとりの行動を細かく記述することが難しいのと似ているかもしれない……といっても、交差点上に居合わせた全員が「青信号のうちに横断歩道を渡りきる」ことを目指しているため（突然ダンスなどをし始める人がいたら話は別だろうが）、それほど難しいことではないはずだ[注19]。しかし、この *dorama* はどこに着地点があるのか誰にもわからない（進行中の当の本人たちにもわからないだろうし、仮にこの動画を後日見せてもわからないだろう）状態で、四方八方に分散・展開していったのだ。

　それにしても、「*dorama* の中にいる」ことと「*dorama* の中にいない」ことの分かれ目がどこにあるのかわからない。そもそも先にも述べたように、「*dorama*」は空間的比喩を用いて表現できる類いのものではないのかもしれない。モニカやアサネスのような振る舞いを見せる子供たちと「ギャラリー」とは明確に区別できない。モニカやアサネスなど中庭の中央部にいた子供たちはいつでも「ギャラリー」を指さし、自ら「おいで」と言うこともあった。「ギャラリー」の子供たちもまた、さまざまなやり方で（例えばシャロンは腰を曲げて杖をつきながら歩く所作をしながらモニカらに近づき、最後に一礼をするまでの間ずっとその振る舞いは一貫していた）「直接的に」関わろうとした。

　他方、あからさまにそうした振る舞いが拒絶されることもあり、また物理的にかなり近いところを通り過ぎた人物が完全に無視されたりすることもあっ

第 3 章　躍る身体、構える身体

image 3-80

image 3-81

image 3-82

image 3-83
教室から職員室へと向かう教員ティンギィヤ氏（左）、男子寮の前を通り過ぎる寮母の息子（右）

た。例えば、ある局面では、モニカとアサネスの方に近づいて「加わろう」とした女子3人があからさまにアサネスに拒絶されていた（image 3-80）。

このときこの3人は「ギャラリー」に戻った。「ギャラリー」に戻ることになった彼女たちは「*dorama* に参加できなかった」ということになるのだろうか。また（時間的にずいぶん経過してから）このとき拒絶された3人のうちの1人ルーシーが「再び」モニカに近づいていったところ、モニカが「本気」の表情で追い立てた。ここではルーシーが笑いながら逃げていた（image 3-81）。ルーシーは「また追い立てられる」ということを知っていたのかもしれない。それでもモニカに近づき「案の定」、「前回と同じように」追い出された。そうならば、「ルーシーを含めた3人が拒絶され追い立てられるという *dorama* の展開だった」、と言うことも可能なはずだ。

別の局面では、「通りすがり」のジョセフや立ち止まって「何をしているのか」と言ったエウォルに対し、モニカがその場から離れるよう言った（image 3-82 右端がエウォル、中央がジョセフ、左端がモニカ）。

モニカやアサネスにとって、ルーシーを含めた3人の女子やエウォルはどういうわけか「ギャラリー」側にいるべき存在となった（あるいは「ギャラリー」としてなら参加が可能な存在となった）。他方、同じ通りすがりでも「無視される」という形で *dorama* に関わっていた人たちもいた（彼らを *dorama* から排除する根拠はない）（image 3-83）。

この2人は *dorama* にとってどのような存在だったのか。彼らはたまたまこのとき「無視される」ことになったが、別の機会では「巻き込まれていた」かもしれない。そう考えるならば、「自由に出入りする」可能性をもつ「ギャラリー」と何ら変わらない存在だと言える。

（無視された通りすがりの2人や「ギャラリー」のような）「潜在的な関わり」と（あからさまに拒絶された3人のような）「顕在化した関わり」とでも言えばよいのか。いや、「関わり」という言葉は、もはや使えない。関わる主体としての人を想定してしまうと、記述すること自体が不可能なことが展開していたのである。「ギャラリー」も含め居合わせたすべての子供たち、通りすがりのティンギィヤ氏、あるいは「何をやっているのか」と尋ねたモイベンやエウォル……言葉ではこのように個体識別を行うしか手立てはないのだが、それらの身体群が絡み合い動いているというコトそれ自体が *dorama* という出来事そのものだった、と言えるのではなかろうか。

dorama という枠の中で個々の身体が相互に行為していた、つまり「*dorama*

第3章　躍る身体、構える身体

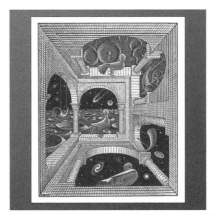

image 3-84　*Another World*　M. C. Escher（Woodcut, 1947）

の中で起きた個別の出来事」でもなく、居合わせた者それぞれが「*dorama* を構成していた各個体」としての存在だったのでもない。動的な絡み合う出来事としての身体群というように捉え直す必要がある。固定的な「*dorama* 時間」と「*dorama* 空間」の内部で起きた「出来事」と「出来事」を構成する各個体（物質）としてはもはや捉えきれない。時空はいつでも「歪み」、身体群として動いている者たちは、確固とした存在ではなく偶然としてしか存在していないのかもしれない。

　この発想は、これを書いている私が物事を「複雑に」見ようとしていることで生まれたわけではない。例えば人の語りにおける時間の問題だ。自分の身に起きた経験を過去、現在、未来に向かって一直線に語るというやり方はそれほど普遍的ではない［古川 2012; 吉田 2016b］。丸1日行動を共にしたはずの2歳児は、かなりの程度言葉をしゃべれるようになっている。あるとき彼に「今日は何を見たの？」と質問すると、「アンパンマン電車を見た」と答えた。しかし、私と彼の今日の経験を私目線で振り返ったなら、東京郊外の私鉄の車両と路線バスくらいしか見ていない。四国の路線を走る「アンパンマン列車（公式名）」の車両模型は家にあるが、彼がそう語ったとき彼の目の前にそれはなかった。そこで私は思い出す、動画サイトで「実際に」線路上を走っている「アンパンマン列車」を彼は見ていたと。しかしそれは昨日のことであり今日のことではなかった。それでも「今日アンパンマン電車を見た」のは彼にとって現実である。「幼児の言っていることはわからない」、「2歳児だから『今日』という概念

292

4 躍って構えて躍りはつづく

をいまひとつ理解していない」、「子供は空想＝虚構の世界にしばしば入り込むのだ」、などと思いたくなるのは、かなり限定された形で世界を認識し語るように学習した結果にほかならない。

世界はいつも躍っている。

image 3-85　いつも躍っている子供たち

注
（1）　ティモシー・アッシュらによる *The Ax Fight*（1975）の最初のシーンを私自身思い起こすことになった。目の前で何やら諍いらしき出来事が発生した。一応は槍を持って直接対峙している男たちに焦点を定めているがズーミングはしていない。遠くから「全体」を見渡すような撮り方になってしまっている。何が起きているかわからないとき、焦点を絞って撮ることができなくなる。
（2）　平田オリザは、自身の演劇作品の中で「同時多発会話」、つまり複数の会話が同時進行するさまを舞台上でリアルに構築することを課題としている。これについて、後安が、生態心理学的視点から緻密な分析を行なっている［後安 1998］。後安は、「話者交替」に着目した従来の研究が、発話しない人間を存在しないことにしたり、（研究者が）着目した会話の連鎖構造から「外れる」会話を「ノイズ」としてあるいは「妨害要因」としてみなしたりしてきたと指摘する。そのうえで、平田が主宰する劇団青年団の入団選抜ワークショップや、平田による（作・演出）『バルカン動物園』の全ての稽古場面を観察し、記録したビデオに基づく分析、さらにはインタビュー等も行って、舞台上の「同時多発的会話」がいかにして構築されていくか具体的か

293

第3章 躍る身体、構える身体

つ詳細に記述している。

なお、後安 [1998] は未刊行の修士論文だが、後安氏にメールでお尋ねしたところ、わざわざ印刷したものをお送りいただいた。いただいたのは10年以上前のことだが、改めて御礼を申し上げたい。

(3) 英語の *story* の品詞に従えば「物語」という日本語訳になろう。しかし、手話表現に動きがあることと、この授業で子供たちが行っていることとを併せ、「話の内容」（＝物語）よりも「語るという行為」（＝物語り）を強調すべきだと考え、後者を採用することにした。

(4) 彼女は私がK聾学校に住み込んでいる間に定年退職を迎えた。普段、同僚の教職員から「ミセス・ケンタゴール」と呼ばれていたため「女史」という呼称を用いることにした。

(5) 1対1で向かい合ったときは、K聾学校に限らず握手をするのが常であった。両手を組んで前に掲げるのは、こうして皆の前でしゃべり始めるときのほかは、遠方にいる者同士で行っていた。

(6) 教員はこの所作をしながら "story" と口頭で言うこともある。

(7) ケンタゴール女史は、「物語り」を子供たちに行わせるにあたって、まず、彼らに対し「外に木があって、家がある。鳥も飛んでいる」などと手を動かして示唆すると言う。彼女は私に手を動かしながら英語でそのように話してくれた。私には、「木」や「家」や「鳥」などというように区切り出せた手の動きだったが、子供たちがそのように読み取っていたかはわからない。彼女は退職するまでの数年間をナーサリー学級の担任として過ごしたとのことだったが、毎年、子供たちが前に出て話し始めるのは「食堂周辺の話」だという。それが、「だんだんと、自分の帰省先でのこと、例えば牛の面倒をみるなどの話になる」という。

私が目にした彼らの「物語り」は、圧倒的に「食事を作っている職員」と「食事をとる彼ら自身」が多かった。そして、私にとって特に印象的だったのは、職員の「フリ」をする前に――その「フリ」はときに大げさだったわけだが――例えば「エリック」とか「ヘンドリック」などと、動作主のサインネームをやって見せたのである。ケンタゴール女史が、「物語り」の最中の子供に「誰？」と尋ね、それに対して「エリック」などと答えることもあったが、教員に問われなくても「エリック」とサインネームを示してから、大釜の下部に薪を入れる動作をしたり大釜から主食のウガリを給仕用の大鍋に移す動作をしたり、あるいは「ヘンドリック」とサインネームを示してから大量の菜っ葉を刻む動作をしたりしていた。そして、「他人」の「フリ」をした直後に手を合わせて祈る動作をすることもあったが、そのときは「私」という手の動きをしなかった（人さし指を自分の胸に向けることで「私」という表現になったが、日常のおしゃべりの中でも「私」という表現をするケースはあまりみられなかった）。つまり、ナーサリーの子供たちは、まず、職員を特定してからその職員の動作をすることで、「（例えば職員エリックの）『フリ』をしている」ということを明示する一方で、自身が例えば「祈る」という動作の動作主の場合、いちいち「私は」ということを明示しなかったのである。

294

4 躍って構えて躍りはつづく

このように、子供たちは「自分以外の何者かになるフリ」を学習するわけだが、この「物語り」を構成するのは、フリをしている本人だけではない。ケンタゴール女史や席についている子供たち、教室という空間、机や椅子の配置であり、それらのあり方についても「何者かのフリ」をしながら学習していると考えられる。

(8) ただし、坂部が言うところの「かたり」と *dorama* を同一視することは必ずしもできない。*dorama* では、坂部の言うところの「かたり」と「はなし」の境界線が曖昧になる局面が頻発するからである。

(9) イギリスでは、3〜5歳を対象とした学校を *nursery school* と言い、5歳〜7歳を対象とした学校を *infant school* と言う地域があり、それに倣った呼称だと考えられる。

(10) 笑福亭鶴瓶による「青木先生」(自身の高校時代の実話を基にした新作落語)での目線の送り方とよく似ていた。彼は青木先生のことを落語にするのにどういうかたちでしていくか悩み、立川志の輔に電話で相談したという(なおお話の詳細についてはそのとき説明しなかったそうだ)。先生が黒板に向かっている最中に生徒の側が机を先生に向かって徐々に近づけるというイタズラについて、志の輔は「青木先生は、やっぱり年上ですから、上(上手、右側)を、切りますよね。それを斜め45度に向いて黒板にして、その目線を近づけたらどうですか?」と答えたという(ほぼ日トイ新聞「笑福亭鶴瓶の落語魂。」https://www.1101.com/tsurube/2005-01-02.html より)。私も10年以上前の「大銀座落語祭」で「青木先生」を見たが、彼のちょっとした目線の使い方で奥行きが感じられ、自分自身が周りの観客と一緒に(その会場にあるはずのない)学校机を少しずつ前方に動かしていっているような気になった。さすがに、ケルヴィンが放牧中の「牛」の気持ちにはならなかったが、ケルヴィンによる目線の送り方によって「牛の側から牛飼い(ケルヴィン)を見ている」かのような臨場感を覚えた。

(11) エヴァンスは、「見られている」ことに縛られてしまった。市川浩は『〈身〉の構造』の中で次のように述べている。「しかし他者に見られている私は、奇妙な存在です。それは確かに私でありながら、私の自由にはなりません。他人(ひと)が私をどう見ているかは私にはわからない。見られている私はある意味では他者の自由にゆだねられ、いわば他者に所有(他有化)されています。〈他有化〉をあらわすヨーロッパ語は〈疎外〉とも訳されます。他人にみられている私は、私でありながら私自身から疎外され、私の自由にならないものになっている。それどころか逆に私自身を支配しさえする」[市川 1997: 164]。

(12) このシチュエーションはケモイの「時空を超えた同調」と類似している。ケモイは帰省先でのダンスの開始時に、その場に居合わせた私に目線を送ったが、その後はまっすぐ前を見ていた。彼の身体が動いているとき、同調していたのは私ではなくK聾学校で踊りの練習をしていた上級生の男子だった。出来事としての身体群として、踊っているケモイの身体とK聾学校の上級生男子の身体が同調していたのである(第2章第4節)。

(13) K聾学校の子供同士、あるいは聾学校を卒業した者同士の内緒話では、周りの目に届かないように手を下の方にやり指先を使った手話表現をし、顔の表情も控えめに

第3章　躍る身体、構える身体

していた。
(14) 周りは、ゴッフマンが言うところのいわゆる「儀礼的無関心」(*civil inattention*)［Goffman 1963、ゴッフマン 1980］を作動させればよい。
(15) この発想をどのように展開していけばよいか考えあぐねていたときに、数学者であるヘルマン・ワイルの『空間・時間・物質』［ワイル 1973］に出会った。「われわれをとりまくこの現実の世界が物質とよばれる材料からできており、その存在の仕方、つまり様式が時間ならびに空間であるとわれわれは普通理解している。すなわちひとつのきまった物質の塊はある瞬間に一定の空間の部分を占有する。これら3種の基本的概念は、これらから導かれる運動という概念において互いに最も密接に結びつけられる」［ワイル 1973: 13］。しかし、それが今日「はなはだ疑わしいものとなってきた」［ワイル 1973: 14］。そして、空間、時間、物質に対する前述の概念を転覆させたのは「本質的にはたった1人の人間、アルベルト・アインシュタインの知的活動」［前掲書］だと言う。それは、アインシュタインの「相対性理論」を指している。飛田［2013］によると、「時間も空間も連続体として認識するが、それらの構造は同じではない。（中略）大事なことは、どちらも連続体（アナログ）であって、離散的（デジタル）ではないことである。それぞれの空間の特質に応じて、その空間における変換群が自然に考えられる」［飛田 2013: 14-15］。飛田はさらにワイルの言うところの「物質」の代わりに「偶然現象」を取り上げようとしている。それは「ランダムな現象」であり「一般には複雑系であり、『物質』のようにはいかない」［飛田 2013: 15］。今の私は、数学者たちの言葉をそのまま引用するほかない。「出来事としての身体群」を今後考えていく上で、こうした数学的・物理学的発想が必要と考えている、と、ここに表明しておこう。
(16) ウガリとは、トウモロコシ粉を熱湯で練ったもので、人々の主食である。「ウガリを作っていた」と私が読み取ったのは、image 3-50 のモニカの手つきと、村などで見たウガリをクッキングスティックを用いて練っている光景とを関連づけたからである（左が元の image、中央がウガリを練る場面、右がクッキングスティックと鍋を描き入れた image）。

　こうして、*dorama* おける子供たちの動作を記述する過程で、アブダクションが大いに働いたわけだが、その過程を image を用いながらひとつひとつ示すことはしない。この節でこの過程を示すことは意味のないことだからである。image を提示し

たところで、記述している私の視点（アブダクションの過程）を示すことはできても、その動作をやっている当の子供たちにとって同じものを示していたということを示すことにはならない。アブダクションがどのように働いていると言えるかは第1章第4節で議論した。

(17) ある平日の昼間、妻が念願の職を手に入れたという状況で、次の会話が展開されたとしよう。（妻が職を手に入れたことは、雇い主と電話口でやりとりしていた妻の発話から夫がただちに把握していたとする。）電話を切った妻は夫に対し、開口一番、遠慮がちにこう言った。「これから、もっと忙しくなりそうなんだけど……」、夫「しょうがないね」、妻「先日応募した職が決まったみたいで……決まったことに驚いているんだけど……やめた方がいいかな？」、夫「やめれば」、妻「え、やめた方がいいのかな」、夫「さあね」。夫は、決まってその曜日に行っている掃除機かけを続けた。妻は、夫が真顔で話していたことを意識しながら「夫は怒っているのだ」と密かに思い、なぜこの朗報を分かち合えないのだろうと、夫に背を向けながら、夫に気づかれないように嘆く。しかし、夫はもしかすると、妻の就職を否定するつもりも、妻をいじめるつもりもなく、ただ妻の発言を字義通りに解釈し、字義通りに回答しただけかもしれない。「無粋な言葉、タブーへの言及、しつこい『ツッコミ』や蒸し返し。それで、軽いカラカイですんだはずのものが、たとえば、手ひどい攻撃や侮辱に変わってしまう」［安川 1991: i］わけだが、「事態は自動的に進む。しかも、多分、そこに集う人びとの動機や思惑はバラバラ」［安川 1991: ii］（傍点強調は引用者による）だ。

(18) 再び、市川［1997］を取り上げよう。「〈身分け〉は、身によって世界が分節化されると同時に、世界によって身自身が分節化されるという両義的・共起的な自体を意味します。(中略)他者を分節化することは、身を自己として分節化することであり、身を自己として分節化することは、他なるものを他者として分節化することにほかなりません」［市川 1997: 11-12］（傍点強調は原文）。

(19) 横断歩道を渡りきるためには、「儀礼的無関心」を実行すればよい。「たとえば、スクランブル交差点を渡る私たちは、それぞれ、自分はただただ歩いているだけで、周りの人に個人的な興味はない、そのことをシグナルし続けている。そうやって私たちは、互いの無関心の重なり合いの中をすれ違う」［安川 1992: 18］。

ダイアローグ（3）

"秘密"のカード

　アレックスの家の居間には、グリーティングカードが飾られていた。土でできた壁に釘を打ち、そこに適当な紐をくくりつけ部屋の端から端まで渡す。その紐に、二つ折りの市販のグリーティングカードが掛けられる。日本の運動会でよく見られた「万国旗」のようにカードがずらーっと並んでいる、そんな光景を、いくつかの家で私は見ることができた。

　グリーティングカードの中で多いのは、クリスマスカードとサクセスカードだった。「サクセスカード」は、11月に行われる全国統一の初等・中等学校卒業資格試験を前に、友達同士などで交わされるカードだ。「KCPE がうまくいきますように」「神のご加護がありますように」といったことが書かれる。こうしたカードは大判のものが多く、色とりどりで、中には IC チップが埋め込まれメロディーが鳴る仕掛けの「イケてる」ものもあった。

　ある昼下がり、アレックスの母エスタと、弟の DC がいるときのことだった。その日アレックスは兄や近所の人たちと共にやや遠くの畑で作業するために出払っていた。家の手伝いが一段落した DC が居間に入ってきて、飾ってあったカードを見上げ 1 枚 1 枚手にしては中身を読みはじめた。何枚か読んだのち、DC は飾ってあったカードの中でもひときわ目立っていた一枚を手にした。ほかのカードに比べ大きく、鮮やかな花の写真が一面に印刷されていた。

　DC がカードを開くと、明るいメロディーだがいかにも IC らしい音がチロチロと聞こえてきた。DC は、最初はその仕掛けに喜んでいたが、中身を読んでいくうちにみるみる表情を曇らせていった。「何だよ、これ」。

　私が覗き込むと、それはアレックス宛のカードだった。文面には "LOVE" の 4 文字がそこここに散りばめられていた。DC は舌打ちしながら「はしたない!!」と言い出した。そして、読み進め、またいまいましそうに舌打ちする。

　私はハッとした。そのカードの送り主は、アレックスの 1 つ下の学級の女の子だった。それだけではない、彼女に頼まれて私自身がアレックスに渡したカードが、それと同じくらいの大きさだったことを思い出した。2 人は密かに仲がよく、プレゼントや手紙の交換をよくやっていたようだった。彼女は私に、手話で「アレックスは秘密」と言っていたし、アレックスも同じことを言っていた。「秘密」……手を軽く握り、親指の爪の側で閉じた唇をタテ・ヨコの

第3章　踊る身体、構える身体

順になぞる。それは「秘密」を表す手話だったが、「恋人」をも意味している
ようだった。

　そのうち、家の外で近所の女性と話していたエスタがその女性を連れて家の
中に入ってきた。「ねえ、これ見てよ」、DC は言う。なになに、とエスタが覗
き込む。

　「あらぁ……なんて女なの、これ！」「LOVE ですって、LOVE……」。エス
タが大きな声でゆっくりとメッセージを音読し始めた。傍にいた近所の女性
はただ苦笑するばかりだったが、それを聞いていた DC がエスタの手からカー
ドを奪い、ひたすら「はしたない‼」「恥ずかしい‼」ということばを繰り返し
ながら、台所小屋に向かって大股で歩き出した。私は DC に言いかけたことが
あったが、彼は振り向くこともなく台所小屋に入ってしまった。

　追いかけて小屋に入ったが、もう遅かった。DC がカードの「解体作業」を
始めていたのである。メロディ IC とそれにつながっている平たいスピーカー
を大急ぎで剥がした彼は、今度はカード本体をベリベリと細かく引きちぎった
揚げ句、火が熾っている炉の中に投げ込んでしまった。きらびやかだったカー
ドは、一瞬にして灰となり消えていった。

　アレックスが兄たちと帰ってきた。居間に飾ってあったそのカードのところ
には、メロディ IC だけがぶらさがっていた。「何これ、誰？」。またも私はそ
の現場に居合わせてしまった。仕方なく DC のサインネームを示すと、アレッ
クスは大声で「DC‼」と叫んだ。DC はアレックスに向かって手話で喧しく
説教を始めた。アレックスはアレックスで「燃やした？　何でだよ？　何で
だ？」と同じく手話でまくしたてる。そのうち DC は怒って居間を出て行って
しまった。

　今度はアレックスが私に尋ねる。「何で、何で止めなかったんだよ」。非難の
矛先が私に向かった。「愛するっていうのは、人に見せるものじゃないから、
こういうカードはきちんとしまって置かないとダメだ」と、私はつい「ダメ」
を強調して言ってしまった。文字通りほとんどお手上げ状態だった私は苦し紛
れにそう言ったのだが、私のその言葉が逆にアレックスの怒りを買ってしまっ
たようだった。「何でだよ！　いつも神を愛しなさいって言うのに、何で『愛』っ
て書いちゃいけないんだ？」。そして、こう言った。「こんなことは、先生は誰
も教えてくれなかった‼」。

　アレックスも居間を出て行ってしまった。キプラガットが横から「あの言い
方はよくないよ、ちゃんと説明しなきゃ」と静かに私をたしなめた。

300

ダイアローグ (3)

　日が暮れる少し前、アレックスと姉のチェロップ、そして 2 人の兄のキプラ
ガットと 3 人連れ立って散歩に出た。チェロップは、アレックスの相手の子の
こともよく知っていた。

　私は、さっきは言いすぎたと謝った。ああいうのは人に見せたら恥ずかしい
ものだから、これから注意した方がいいと静かに言った。再び理由を聞かれた
が、私は「そういうものだから」としか言いようがなかった。その後、私はア
レックスと握手をすることで許してもらえたようだった。アレックスはこの日
以来カードの件について触れることはなかった。メロディー IC は相変わらず
ほかのカードと共にぶらさがっていた。彼らの兄ベンの幼い息子がその母親に
連れられてときどきやってくることがあった。アレックスはその甥っ子を抱き
かかえ、「ベロベロベロー」と声に出してあやしながら、メロディー IC を手に
とって鳴らし、喜ばせるのだった。

ジョシュアのその後

　2011 年も終わりにさしかかった頃、私は 6 年ぶりにアレックスに会った。
K 聾学校に新たに併設された聾者・聴者共学の職業訓練校の若い聾の教員と携
帯電話の番号を交換したところ、瞬く間に私の番号が K 聾学校の卒業生たち
に伝わった。アレックスもその 1 人だった。携帯電話がぼちぼち流通し始めた
2003 年頃は、同じ聾学校出身者同士、ないしは「近所」(といっても、多くは徒歩
で何時間かかるところ) に住んでいる聾者同士、あるいは、特にエルドレット
にある AIC 教会に所属する聾者同士の交流を見ることはあっても、聾者同士
が強固なネットワークを築いているようには窺えなかったものだ。

　K 聾学校の近所に所帯を持っていたバックストンからショートメールで連絡
があり、アレックスが近くに来たからお茶でも飲もうということになった。家
族の近況を話す中で、ジョシュアのことが話題に上らないことに気づいた私は
尋ねた。ジョシュアはどうしている？と。すると、思いがけぬ言葉がアレック
スから返ってきた。

　「彼はだいぶ前にうちを出た。大きくなったし、よその家の子だから」。

　アレックスはそれ以上何も語らなかった。私もそれ以上尋ねることはできな
かった。私の思い過ごしかもしれないが、アレックスの表情から「ジョシュア
の話は、これでおしまい」と言っているように思えたからだった。

　私はふと思い出した。母エスタに、調査者として尋ねたことがあった。「ジョ
シュアも、父親 (エスタの夫) から土地を相続するのか？」と。エスタはそのと

第3章　踊る身体、構える身体

き即答した。「ジョシュアはうちの子ではないから、土地を与えることはない」。エスタは夫が亡くなる前、涙ながらに私にこう語ったことがあった。「キプラガットやアレックスには土地を分け与えないってずっと言っている。あんまりだ。耳が聞こえないからって。彼らの父親なのに」。

信仰告白

　初めてケニアを訪れたとき、私はK聾学校から車で10分ほどの通称「タウン」(K町)の周辺で何人かと知り合いになった。その年の8月、K聾学校に住み込ませてもらうことが決まり本格的な調査を開始した。そのとき再びタウンを訪れ、3月に知り合った子の行方を探したことがある。名前はドーリン。彼女の家に連れて行ってもらったことはなかったが、住まいの場所は教えてくれていたので、そのあたりを尋ね歩いた。しかし、私がドーリンの名前を出しても、皆口々に知らないと言う。そのうち、1人が私に対して尋ねた。「その子、どの教会に属しているの？」。私自身に対しても、初めて尋ねた土地では「ところであなたはどこの教会に属しているのか」ということを必ずと言ってよいほど尋ねられた。

　2004年、当時ナーサリー学級に在籍していたジェプトゥムの家に滞在していたとき、彼女のセンゲ（父方オバ）マーシーが訪ねてきた。彼女は初対面の私に「どの教会に属してるの？」と尋ねた。ほかにも、滞在先の家の人と一緒に道を歩いていた折、その人の知り合いと出くわすと、「へえ、日本から来たんだ。で、どこの教会に属しているの？」と尋ねられた。

　K聾学校に在籍している子供やその家族にとって、どこかのキリスト教教会に属していることは当たり前のことだった。人々は、朝に晩に、またお茶や食事前に祈る習慣があった。日曜日には一張羅を着て教会に行った。クリスマスは教会でイベントがあり、家でもちょっとしたご馳走を用意し家族で楽しんだ。

　K聾学校では、毎朝授業前に行われる集会で祈り、毎食前に祈り、就寝前に祈る子も多かった。教職員の家庭でも子供の帰省先でも同様で、毎食前に祈り、日曜日には教会へ行った。学校で教員は職員会議の前にも必ず祈った。キリスト教学が授業にあり、教員や訪問した牧師が聖書の内容を説くPPIの時間が週に1度設けられ、日曜日も皆で集まって祈り、時折近所の教会に出かけ地元の人々と共に祈ることもあった。子供たちは、私が何か困難にぶつかるのを目撃すると「祈ればいい」とよく言った。

　ワリオはこのような環境でただ1人のムスリムだった。K聾学校で調査を開

始した当時、私は「基本的なデータ」を集めるため、校長に教員や子供の出身部族などを尋ねると、「1人、タウン（この場合はエルドレットのこと）から来たボラナ（Borana）出身でムスリムの子がいる」と彼は言った。これが2003年8月、私がK聾学校に来たばかりのことである。9月に入って徐々に子供たちが帰省先から学校に到着し始め、半ば頃から2学期が始まった。9月21日のフィールドノートには「キリスト教では、神に服従ということをシチエネイ氏が強調。ムスリムの生徒（ムスリムの姿をした母親を先日見たのでいるはず）はどうするのだろう」と記されている。10月3日のフィールドノートには「ムスリムの子はいずこ？」とあり、私はその生徒を特定するのに躍起になっていたらしい。しかし、この日を最後に、1ヶ月あまりこうした記述はなくなってしまった。そして、11月9日、「今さら名前の総チェック。ムスリムの子が誰かも判明。ルオの子も」と私は記している。

　K聾学校の子供たちは、ワリオのことを「ソマリ（Somali）人」とか「ソマリアから逃げてきた」と言っていたことがあった。「ソマリ」や「ソマリア」を表す手話表現はあるが、子供たちはS-O-M-A-L-Iとフィンガースペリングで教えてくれることもあった。私がシチエネイ氏に「ワリオはソマリ人なのか」と尋ねてみたところ、彼は笑いながら「違う違う、彼はボラナ出身だ。子供たちは知らないんだ」と言っていた。また、教育実習生としてK聾学校に一時期住み込んでいたワウェルも子供たちからワリオはソマリ人だと言われたらしく、あるとき私に「ワリオはソマリ人なのか」と尋ねてきたことがあった。

　このとき、ワウェルと私の間で、K聾学校の子供たちがしばしば自分の「出身部族」を知らないという話になった。例えば、彼女にワリオと同じ学級のマークの出身を尋ねられ私がポコットだと答えると、彼女は「マークはナンディだと言っていた」と言った。私は以前、シチエネイ氏にマークの「プサピッチ」という名から彼はポコット出身だとわかると教えてもらっていた。シチエネイ氏はそのとき、同じ学級のベンソンについて「彼はYekoだからポコットだ。ナンディだとYegoと書く」と言っていた。

　私はK聾学校に住み込んで間もない頃、かなりしつこく、子供たちに「あなたはカレンジンか」「あなたたちはみんなカレンジンか」と手話で尋ねて回ったことがあった。すると、当時1年生だったオンギラは「カレンジンじゃない」と言うが、それ以上は「わからない」と言った。教員によると彼はキシイ人だった。6年生のワイリムは自分のことを手話でキクユと言い、ほかの同級生も同様の手話でキクユだと言った。ワイリムは、さらに紙にKIKUYUと書いて見

第3章 踊る身体、構える身体

せてくれた。前出のベンソンに関して同じ質問をすると、同級生が「昔、牛を
盗んでた」と言った。ベンソンはそのとき、いつものように笑いながら否定して
いた。6年生のワリオ本人は手話で「ムスリム」と言い、そのときワイリム
が社会科の教科書を持ってきてそこに掲載されていた全身を黒の衣装で覆った
女性の絵を指さして見せた。

　あるとき、私はワリオに「ムスリムなのか」と再度尋ねた。彼が「そうだよ」
と言うので、「学校ではイスラームの祈りはしないの？」と尋ねると、「学校で
はクリスチャン、家ではムスリム」と言った。彼は、学校でほかの子供たちと
共にキリスト教の祈りを捧げ、賛美歌を歌っていた。

質疑応答

　K聾学校の副校長チェプシロール氏と顔を合わせるのは、いささか苦痛を
伴った。できることなら彼とは顔を合わせたくなかった。休み時間や放課後
に、K聾学校の中庭のベンチの近くでちょうど顔を合わせることになってしま
うと、私は心の中でため息をつき身構え緊張するのであった。今度は何を聞か
れるのかと。

　最初に聞かれたことは、確か私の家族構成のことだったと思う。ベンチに座
るように促され話し始めた。「母親と2人だけ」ということが大変珍しかった
らしく、根掘り葉掘り聞かれた。「お父さんはお母さんを殴ったのか」。そうい
うことはなかったと思うが、と言うと、もっと詳しく話すように促された。あ
とで聾の子供から「家族のことを話したくないなら話をつくってごまかせばい
いのに」と窘められたほど、このときの私はバカ正直に話し嫌な思いを1人で
背負っていた。チェプシロール氏は言った。「……離婚というといつも男が悪
いと言われるけれど、どう思うか」。私は早く話を切り上げたくなり、チェプ
シロール氏の意に沿うようにどう答えようかと考え言葉を選びながら話した。
チェプシロール氏は満足げに「よかった」「たいてい男が悪いと言われるけれ
ど、ユタカはよくわかっているみたいだからね」と言った。私のような目にエ
ミも遭っていたらしい。チェプシロール氏はあるときこう言った。「彼女の家
族のことを尋ねたらいきなり泣き出してしまって……。いきなり泣き出すなん
てまったく理解できない、困ったよ、家族のことを聞いただけなのに」。

　また別のときは、こんなことを唐突に尋ねてきた。「なぜ日本に原爆が落と
されたか知っているか」。この頃になると、私は彼が単純にわからないことを
尋ねてくるのではなく、私を試すために質問を投げかけていると思うように

304

なっていた。彼は私に質問する前からすでに答えを持っている。そこで、私は逆に質問した。「あなたはどう思うか教えてほしい」。彼は言った。「なぜ、ドイツではなく日本だったのか。答えは簡単だ。ドイツも日本も敗戦国だったのに。答えは簡単だ。日本はヨーロッパではないからだ」。「アメリカ人は結局ヨーロッパ贔屓なんだ」。

2011年、久しぶりに彼の話を聞くことになった。当時、2007年のケニア大統領選挙前後に各地で起きた暴力沙汰をめぐって、国際刑事裁判所（ICC）が6人のケニア人を審理にかけようとしていたところで、連日のように報道され、人々はこの話題でもちきりだった。チェプシロール氏は珍しく、問わず語りで話し始めた。

> ICCはいつも貧乏な人たちを裁く、そう思わないか？ ICCはアメリカ人も日本人もドイツ人もイギリス人も召還しない。インターナショナルとはアフリカに対しての言葉なのだ。アフリカ人だけがICCに呼ばれる。これは政略的な案件だ。なぜ、あの6人だったのかを考えると公平でないのは明らかだ。暴動は、選挙で対立していたキバキKibakiとオディンガOdingaによって引き起こされたようなものだ。だが彼らはICCに召喚されていない。なぜICCはいつもアフリカだけを裁くのか。これは1945年と同じだ。アメリカがドイツにではなくヒロシマとナガサキに原爆を落とした理由がわかるか？ ICCは差別をしているのだ（古川［2012］より再録）。

衣替え

私がいた聾学校のすぐ近くの男子中等学校の卒業生に、以前長きにわたって大統領の座に就いていたモイがいた。モイは国際的には「人権侵害をする独裁者」「汚職まみれ」などと評判がきわめて悪いが、聾学校の周辺地域では人気があった。

モイはカレンジン系トゥゲンの出身だった。K聾学校周辺の人々は「彼はきちんと金を分配してくれた」と言った。村の老人は「確かにモイは、いいことばかりではなかったよ。でも少なくとも今の何もしない大統領よりはるかによかった」と言うし、また別の人は「初等学校の無料化だって、キバキがやったことになっているけど、考え出したのはモイだぞ」などと言った。聾学校の子供も「モイは金をくれたからすごくいい。でも、キバキは金をくれないからダメだ」と言うくらいだった。

第3章　踊る身体、構える身体

　モイは、自分の母校を訪ねる折に聾学校にも立ち寄ることがあった。そして、そういうときは必ずなにがしかの金を置いていったそうだ。私がK聾学校に滞在していたときも、2回ほど立ち寄り金を置いていった。しかし、私はその2回ともどういうわけかナイロビに出ていて、モイを目撃することはできなかった。私がナイロビから戻ると「モイが来たんだよ。一緒に写真撮ってもらえたかもしれないのに、残念だったね」と教員に言われたものだった。

　ある土曜日の朝、聾学校中がそわそわしていた。寮母コンスタンチンは私を見かけると、「何やってるの?!　今日モイが来るのよ、モイが!!」と言った。しかし、いつもの土曜日のように学校の事務室は閉まっているし、校長も副校長もいないし、前大統領を迎える（私が想像するところの）公式の準備はなく、ただ敷地内にいる子供や寮母たちが落ち着きなく過ごしているだけだった。

　コンスタンチンは言った。「なるべくボロい服を着なきゃ。あなたも汚くてボロいのに着替えないと」。私は言われるままに首周りが伸びきったTシャツとくすんだ色のスカートに着替え、校門へと急いだ。子供たちもめいめいボロそうな服を着て、モイの車が到着するのを今か今かと待ちわびた。「みんなで貧しい格好をしていたら、きっとまたお金を置いていってくれるに違いないわ」。

　車の重いエンジン音が聞こえてきた。いかにもVIPが乗る黒塗りの大型セダンの列が近づく。しかし、車はスピードを落とそうとしなかった。「手を振るのよ、ほら、大きく手を振って」。みんな笑顔で手を振った。しかし、車の列は聾学校を素通りし、土埃が舞うばかりだった。

　「今日は何か急いでいたのかしら……」。コンスタンチンも私も肩を落とし、子供たちも残念顔で寮に戻って行った。

　コンスタンチンは日頃から服装に気を遣っていた。私の普段着を見て「今日はとってもスマートだわ」、「いつもスマートなのに、そのセーターはないわね、コーゴ（婆ちゃん）みたいよ」などと言ったものだった。彼女自身も、所用で町に出るときなど身だしなみに気を遣うことを忘れなかった。「しばらく忙しかったから洗濯できてなくて、まともな服がないわ」。大きなカゴからスカートやらワンピースやらを取り出し、広げてはこれもボロい、これもダメだなどと言った。髪もしばらくセットしていないと――女性はキニョジ（床屋）で地毛に付け毛を編み込むかウィッグをつけるかしてオシャレをするものだったが――「こんな髪じゃ恥ずかしいわ」と言って、鮮やかな色のレソ（大判の布）をきれいに頭に巻いて出かけるのだった。

ダイアローグ（3）

　私はふと、初めて聾学校を訪ねたときのことを思い出した。もう学校の長期
休暇に入っていて、迎えが来ていない何人かの子供と寮母しかいなかった。そ
のときはコンスタンチンもおらず、たまたまいた別の寮母が敷地内を案内して
くれた。彼女は学校の設備を紹介するとき必ず、「とても古いけれど、お金が
ないから買い換えられないのです」ということばを付け加えた。キッチンの大
きな釜も「これとても古くて壊れそうなの」と言い、教室の机に設置されたヘッ
ドホンやマイクなど「もう壊れて使い物にならないけれど、お金がないから新
しいものに買い換えられないのよ」と言った。カメラを手にしていた私は写真
を撮っていいかと尋ねると、どんどん撮って日本に持ち帰ってくれと言った。
　後になってわかったことだが、キッチンの大きな釜に関しては確かに料理人
も古いと言っていたが、使うには問題がなかったようだったし、教室のヘッド
ホンやマイクに至ってはもう使う必要のないもので、壊れたまま放置してあっ
た（あるいは使わずに放置してあったので壊れたか）だけであった。

酔っぱらいはサタン

　K聾学校とその周辺の地域では、酒を飲むことが忌み嫌われていた。その理
由は「クリスチャンだから」である。プロテスタントの教会に属しているとい
う人々は少なくともおおっぴらには酒を飲まなかった。一方、知り合った老人
の多くはカソリックだと言った。「なぜなら酒が飲めるからだ」というのが彼
らの言い分だった。
　プロテスタントの教会に属していながら酒を飲み、教会に来ないというのは
最もよくないことの1つで、そうして肝臓を壊して死亡した男性の葬式に、牧
師が祈りに来るのに躊躇し一悶着があったくらいだった。また、男子割礼は
人々にとって最も重要なイベントだったが、権威のある伝統的やり方では長老
たちに酒を振る舞わねばならず、「酒を振る舞わねばならない」という1点で、
自分自身は伝統方式で通過していても息子にはキリスト教方式——「軟弱で簡
単な方式」——の方に行かせる親も少なからずいた。息子が伝統方式で通過す
る場合は、両親共にイベントの参加（特に母親は息子たちに大量の食べ物を毎日つく
らねばならなかった）を見合わせるケースもあったようだった。
　K聾学校の子供たちは、酔っぱらいはサタンだとよく言っていた。忌み嫌う
というよりも酒飲みを軽蔑するような風だった。このことを私に最初に教えて
くれたのは、2004年に8年生だったバックストンだった。彼がある日、私の
フィールドノートに書かせてくれと言ってきたのでペンと一緒に渡したとこ

307

第 3 章　踊る身体、構える身体

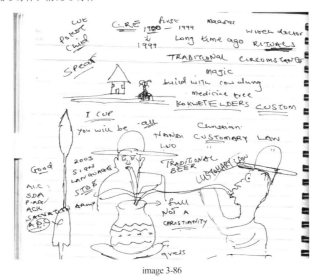

image 3-86

ろ、スラスラと 4 ページにわたってびっしりと文字を書き連ねてくれた。その中で彼が図解して説明してくれたのが、村での飲酒の光景だった。人がヒョウタンから植物の長いつるを用いて何かを吸っている場面を絵に描いて、"伝統的な酒"、"キリスト教精神ではない" と書いていった。

　彼はペンを置いて言った。「酔っぱらいはダメだ、酔っぱらって休んでばかりで仕事をしない。それはダメだ」。「勉強をたくさんして、仕事をする、そして教会に行って祈る。それが正しいんだ」。私は彼に酒を飲むかと問われたとき、とっさに「いや、飲まない」と言ってしまったくらい、何とも言えない圧力を感じたものだった。

　私はケニアと日本を行き来していた時分から、彼らが言うところのクリスチャンでもないのに酒を飲むことが罪深く感じられ、とうとう飲むのをやめてしまった。日本で教会にも行きかけた。

　飲酒を再開したのは、フィールドワークに区切りをつけてから 2 年近く経ってからだった。そして、教会にもとうの昔に行かなくなっていた。

ワイロ

　私は頻繁にワイロという言葉に出くわした。その言葉は、ニュースを見ているときよりもごく日常の会話で頻発した。

ダイアローグ (3)

　例えば競技会でのこと。得点制のスポーツとは異なり、ダンスやパントマイムなどの「文化活動」の採点基準は結局わからずじまいだった。教員たちの間でも採点基準は共有されていなかったらしい。わが K 聾学校はその年、「文化活動」の中では男子のダンス部門が州大会を勝ち抜け全国大会に出た。しかし、結果はあまり芳しいものではなかった。「ワイロだ」「また買収されたんだ」。

　すべての競技が終わり、総合順位が発表された。子供たちよりも同行していた K 聾学校の教職員たちの方が固唾を飲んでその様子を見守っていたような印象だ。早いうちに K 聾学校が呼ばれた。一同がっかりした表情になった。まず、日頃から物事をはっきり言うミセス・ロプが口火を切った。「ああ、また買収されたんだ」、「不公平でやっていられない」。「まったくだ」、「なぜいつもいつもこうなのか」。

　宝くじの抽選をテレビで放送していたとき。当選者が発表される前にシチエネイ氏は言った。「絶対キクユだ」。「キクユ人が当選するから見ていてごらん」。名前が発表された。「やっぱり、そうだ。宝くじはキクユしか当たらないことになっている」。

　アレックスたちの兄、ベンはずっと仕事を探していた。私が居候していたとき、地元の警察署で求人があるといって、ベンは出かけていった。日がとっぷり暮れた頃、ベンは家に入るなりこう言った。「ワイロを渡したヤツがいる。ワイロを渡したヤツが通ったんだ。まったく汚いよ」。

邪術使いジョン

　5 年ぶりにジェプトゥムの家に行くと、家具の様子が変だった。あるはずのところにテーブルはなく、私を寝泊まりさせてくれた部屋にベッドはなかった。何よりも、彼女たちの父親の姿が見えなかった。そしていつも明るく冗談ばかりを言っていた母親マルタは痩せ細りかなりやつれ、どこか陰のあるように見えた。

　夕刻になって、父親が帰ってきた。一目で酩酊していることがわかった。少し離れていても酒の臭いが鼻をついた。彼を迎えたマルタの表情はこわばっているように見えた。あくる日も、早くから父親の姿は見えなくなっていた。私が滞在中、マルタは私を連れて何軒もの家を訪問した。訪問先は夫方の親族ばかりだった。彼女は夫の所業を話しているらしかった。途中、鍵のかかった小屋を指さしながら「夫にはほかに女がいる」と言った。

　私にとってチェプシロール氏は嫌な存在だったが、マルタやジェプトゥムに

309

第3章 踊る身体、構える身体

とってはよき相談相手のようだった。チェプシロール氏は彼女たちの家から比較的近いところに居を構えているらしく、何かと心配していたようだった。確かに、ジェプトゥムの家からK聾学校に戻った私に、チェプシロール氏は心配そうな顔をしながら彼女の家の様子を尋ねた。「お父さんは、以前はちゃんとトラクターの運転手をやっていたのに、どうしたものか」。

ジェプトゥムたちの父親がなぜ酒を飲み、妻に手を上げることさえするようになってしまったのか。マルタが畑で採れた野菜を売りに出払ったとき、ジェプトゥムの姉が声をひそめて話してくれた。彼女は10代後半にさしかかっていた。「それは邪術師 ponindet のせいだ。ここだけの話だが、名前はジョン。ある日、彼はうちに来て尋ねた。『お父さんはどこにいる？』と。私はエルドレットに行ったと話した。すると彼は帰って行ったが、それからというもの毎日のように彼が来て、同じことを尋ねた。また、あるときは用もないのにうちの周りを歩き回った。その後、父が酒に溺れるようになり、母を段るようになった。ベッドも蹴飛ばして壊してしまった。あるときジョンは父のトラクターをずっと見つめていた。すると、トラクターは壊れてしまった。それだけではない。隣の家の畑の作物が全部変色してダメになってしまったり、牛が死んだりした。それも全てジョンのせいだ」。

彼女はさらに言った。「ジョンは私たちの親族だ」、と。私が、どういうつながりか具体的に尋ねると、こう答えた。「どういうつながりかは、私もよくわからない。ともかくも、親族の一員なんだ」。

勤勉家

バックストンは、いつもクラスでトップの成績を誇っていた。彼は私をつかまえると日本での生活ぶりを知りたがり、また自分が知っていることをよくしゃべりたがった。彼が言うには、K聾学校に来たのは8年生の1学期からだった。

「聞こえる学校（hearing school）にいたときは、クラスでずっと3番だった。でもここに来てから1番になった」。彼は得意げに言った。私はその年の2学期からK聾学校に住み込みはじめたのだが、よくわからないながらもバックストンはきわめて流暢に手話でしゃべるように見えた。「もちろん、手話はここに来てから一生懸命頭に叩き込んだんだ。手話はもう完璧だよ、まったく問題ない」。

バックストンが私のフィールドノートに絵を描きながらいろいろ説明してく

310

れたことは、実際に彼が村で目にしたことなのか、それとも社会科やキリスト教学の授業で教わったことに基づいているのか、わからなかった。描いてくれた酒を飲む人の絵の構図は、社会科の教科書の挿絵にそっくりだった。それだけでなく、彼の日頃の言動から、私に説明してくれたことの数々は彼の学校での勉強の成果によるもののように感じられた。

　学校で近隣の住民たちと共に行った AIC 教会のイベントで、バックストンはこれまた得意げにナンディ語の辞書を見せてくれた。ナンディ語がわかるのかと尋ねると、「少しはわかる。1 番わかるのは英語だけど」と言った。バックストンは卒業資格試験でもよい成績を取り、優秀な成績で初等聾学校を卒業した者が集まる中等聾学校へと進学した。

　バックストンが K 聾学校を卒業してから、ある教員との間で彼のことが話題にのぼった。その教員はバックストンの父親——彼は教職に就いていた——と話す機会があったとのことだった。「親父さんがこぼしてたよ。聾学校に入る前はナンディ語をよくしゃべってたのに、聾学校に入ってからは家で手話ばかりしゃべるようになってしまった、と」

　私はそのとき、「手話は完璧だ」と言ったときの、バックストンの誇らしげな顔を思い出した。ナンディの伝統やら何やらを私に教えてくれたときと同じように、帰省先では家族に手話をやって見せていたのではないか、私にはそう思えた。

伝統をよく知っている人

　2011 年ジェプトゥムの家に居候しているとき、彼女の父の兄弟（教員）が、ナンディの割礼儀礼についてよく知っている人がいるからそこに連れて行ってやると言ってくれた。フルメンシ以来のことだった。しかし、フルメンシは町のすぐ近くに住んでいたし、学校に通った経験があり、英語の読み書きができるだけでなく私に英語で話しかけてくれたくらいだった。町からかなり離れ、K 聾学校周辺に住む人々が「リザーブ」（「原住民保護区」）と呼ぶ地域で、さぞかし興味深い話が聞けるだろうと私は久しぶりにワクワクしながら彼についていった。

　途中の雑貨屋で手土産を買い、1 時間ほど歩いたところで「着いたよ」と彼は言った。*karibu karibu*（「ようこそようこそ」）と私たちを招き入れたのは比較的若い男性で、見るからに老人ではなかった。「彼女がこの間話した人」と私を紹介し、彼は言った。「僕の同僚なんだ」。社会科を担当している教員だという。

第3章 踊る身体、構える身体

「彼なら何でも知っているから、何でも尋ねたらいいよ」。

　彼はナンディにおける男子割礼の諸段階とそれぞれの段階で行うこと、何が教えられているのか、何が秘密のことなのか、割礼を通過中の者のいわば「世話係」となる2人の男性はどのように決められるのか、などなど、具体的に詳細にわたって話してくれた。ごく些細なことと思われる私の質問にも、1つ1つ丁寧に答えてくれた。私はようやく、男子割礼の全貌を把握できたと思った。といっても、割礼を通過した者同士でしか共有してはならないことになっている、ということに関してはこのときも教えてもらえなかったが。

　K聾学校に帰ってから、このときに話してもらった内容をシチエネイ氏に話した。シチエネイ氏が詳細を教えてくれというので、私はノートを見せた。すると、シチエネイ氏は「これは違う、……これもちょっと違う」と言い始めた。ノートは、「リザーブ」で「男子割礼をよく知っている人」の目の前に広げており、彼も私のメモを時折確認したりメモをとるのを待ったりしてくれていたので、私の書き間違いということではないはずだった。

　もちろん、私は「リザーブ」の彼が間違っていてシチエネイ氏が正しく訂正してくれることやその逆を期待したわけではない。当然のことながらこのズレ自体が探究に値すると思い、「リザーブ」にいる頃よりいっそう強く関心をもった。割礼儀礼の「内実」にではなく、割礼儀礼をめぐる人々の語り自体に。

　私がぼんやりと物思いにふけっていたところ、シチエネイ氏は言った。「ナンディの伝統をもっと詳しく知りたいか」。私は「もちろん！」と言った。私はシチエネイ氏の語りを聞く体勢に入った。すると彼は言った。「最近、グーグルはとても便利でね。1度検索してみたらいいよ。ナンディの伝統についてまとまった情報を得られると思うよ」。私の目の前に彼の携帯電話が差し出されたのだった。

商売人

　ビオラは、毎年、毎学期、ほぼ遅れることなく登校する子の1人だった。彼女の父親は陸上競技のコーチとして来日したこともあるという。彼女もまた陸上競技が得意で、スポーツ大会では大活躍をしたものだった。

　そんな彼女が7年生だったある昼休み、彼女は私に、町へ行く用事はないかと尋ねた。私はちょうど郵便局に行かねばならなかったので、これから行くと答えた。すると、彼女は言った。「スーパーマーケットに寄って、ビスケットを買って来てほしい」。彼女はそのビスケットについて詳しく説明を始めた。

312

正しくは、ビスケットについてではなく、ビスケットの入った箱についての説明だった。それは、小さめのダンボール箱のようだった。箱の大きさから印字してある文字の色、内容量まで、こと細かく説明された。そして、金を渡された。「これで買えるから」。

町のスーパーマーケットと言えばカプシレだった。郵便局での用事を済ませてカプシレに入り、ビスケットのあるコーナーへと向かった。探すまでもなく、私が思い描いていたビスケットの箱があった。彼女の説明と寸分違わない箱入りビスケットが、渡された金額ぴったりで売られていたのである。

夕刻、私はビスケットの箱を抱えて女子寮へ行った。ビオラには何度も礼を言われた。

数日後、女子寮に行ったとき、思いがけない光景を目にした。ビオラはバス乗り場などにいる行商人がよくやるように、ほかの子供たちにビスケットをバラで売りさばいていたのである。箱を抱えたビオラの前には、ちょっとした行列ができていた。女の子だけでなく男の子も、ビスケットを買いにビオラの元に来た。寮母のコンスタンチンは言った。「ビオラってほんと、賢いわよね！バラ売りして（仕入れ値との）差額をもうけて小遣いを増やしてるのよ。ほんと、頭いいわ！」

声に出してはならない

シャロンが虫垂炎で入院したとき、コンスタンチンらと食事などを運びに町の病院に通った。病院では何かと待たされることが多く、コンスタンチンと2人きりで中庭でよくしゃべったものだった。

あるとき、コンスタンチンは唐突に、「日本では……」としゃべりかけ、次いで誰にも見えないように左手で右手を隠しながら、何やら右手の指を動かした。「セックス」……そして口で続けた「……って、どうしてる？」。私が聞き返すと、また右手で「セックス」と示してから、「……避妊はどうしているの？」。私はコンスタンチンに倣って、一方の手で隠しながら、フィンガースペリングで「コンドーム」と示し、「……が多いと思うけど？」と言った。彼女は「錠剤は飲まないの？」と今度は声を出した。いつもと違って小さな声だった。私は「それを使う人は少ないと思う」と答えた。

ナンディでは、「死」にまつわること、「セックス」にまつわることを声に出して言うことはタブーだった。シチエネイ氏は私によく「特に死に関わるとき、重篤な場合でも『よくない』と言い、『悪い』とは絶対言わない。『死』な

第3章 踊る身体、構える身体

んてもってのほかだ」。また、「セックス」も——彼はフィンガースペリングで示した——はっきり言ってはいけないと言った。ジェプトゥムのお母さんが私に体の部位のナンディ語での名称を教えてくれているとき、私が臀部を指したところ「バヤカビサ!!」（「絶対ダメ」[スワヒリ語]）と叫んだこともあった。

そうした、声に出してはならないことを言いたいとき、手はひじょうに便利だった。もっとも、シチエネイ氏に至っては手を動かすことにさえもためらいがあり、「それにしても、こういうことをはっきりと（手で）言う彼らはタフだ」と半ば苦笑しながら言ったものだった。

ナイロビのエステートにて

当時8年生のパトリックの家に4日間居候した。2004年のことである。彼の父親は銀行員、母親（ママ・パトリック）は電話会社のオペレーターをしており、彼の2人の妹も含めて一家はナイロビ市内にあるS地区の住宅地（エステート）に住んでいた。高所得者向けの住宅地で、その一角が高い塀で囲まれているところだ。

私がK町からナイロビに出ると、ピカピカのフォルクスワーゲンに乗ってママ・パトリックが迎えに来てくれた。ドアを閉めると、K聾学校周辺で乗った車からはついぞ聞いたことのない、「ボン」という重厚な音がした。車の中で、ママ・パトリックは、私がクリスチャンかどうか、日本にはどのくらいトライブがいるのか、宗教はどうなのか、私たちはイエス・キリストを通じて祈るがどうなのか、などと尋ねてきた。窓を開けて風を通していたが、途中で渋滞に巻き込まれると、彼女は「ここは危険だから」と言って全ての窓を完全に閉め切った。気味悪いくらい、すべての音がシャットアウトされた。

車中、家では手話を使うのかと尋ねると、「ブレンダ（パトリックの妹）がたくさん使う」と彼女は答えた。ママ・パトリックによると、彼女は手話を本で覚えたとのことだった。ママ・パトリックは続けて「私たちは全然わからない。短い期間しか一緒じゃないから。パトリックが帰ってきて習い始めて、学校が始まると彼がいなくなって、それでもう、わからない」と言った。

家に着くと、ブレンダがいた。ブレンダによると、パトリックは「ブレンダ、クジャ」（「ブレンダ、おいで」[スワヒリ語]）とか「ブレンダ、カム」（「ブレンダ、おいで」[英語]）と口頭で言うとのことだった。実際、パトリックは妹たちを口頭で「ブレンダ」、「ミッシェル」と呼んでいた。私がパトリックの声を聞いたのは、この日が初めてだった。ブレンダは私のサインネームを知っていたが、私がブ

314

ダイアローグ（3）

レンダのサインネームを尋ねると「私にはサインネームはない」と答えた。そして家には、K聾学校に所蔵されているものより新しい版の『ケニア学校用手話辞典』があった。ママ・パトリックに尋ねると、辞書があるということを誰かが教えてくれて、ナイロビ市内にある KIE（Kenya Institute of Education、ケニア教育協会）で入手したという。

ママ・パトリックは、近所に挨拶に行こうと言って私を連れ出した。「私たちはコミュニティをもっている。カレンジンの。うちの隣はナンディ。それから、ケリチョー出身の人が多いのよ」と言った。ケリチョー県はナンディ県に隣接している。私はケリチョーにはキプシギスが多いと思っていたので「キプシギスね」と言うと、ママ・パトリックは「そうだけど、ここではカレンジンと言って、誰がナンディで誰がキプシギスでということは言わないのよ」と言った。

パトリックの家に戻ると家族が写った写真を見せられ、ママ・パトリックやブレンダは英語で、パトリックは手話で私にそれぞれの写真を説明してくれた。ママ・パトリックは車が写っている写真を見せながら、「ここに写ってる車、盗まれたのよ。まったく、キクユは……」と言い、苦笑した。

ブレンダとママ・パトリックはスワヒリ語か英語で話していた。ブレンダと妹ミッシェルは私立の初等学校に通っていた。他方パトリックは、ママ・パトリックによれば3年次までナイロビ近郊の聾学校に通っていたが、本人がK聾学校へ行きたいと言ったためそちらに転校したという。彼女は続けて "Home is home." と言った。

ブレンダとその友だちステファニーが初等学校でのことを英語で話してくれた。私が尋ねると、授業は英語で行われるが、「でも私たち子供はスワヒリ語をしゃべる」とのことだった。親がナンディ語で話していることはわかるかと尋ねると、「わかる。でもしゃべるのは……」と言って首を横に振った。

ステファニーが、2年生になってから公立学校をやめて私立学校（ブレンダとは別の学校）へ転校したと言った。学校名を言ってくれたとき、私が聞き取れなかったと言うと、ブレンダは「こんな風よ」と言って、1文字ずつフィンガースペリングで教えてくれた。私がステファニーになぜ転校したのかと尋ねると彼女は言った。「生徒数が多くなって、先生の教え方もよくなかったから」。そして顔をしかめながら「孤児が、ストリート・チルドレンが加わって……。初等学校の無料化、知ってるでしょ、大統領が決めたの」と続けた。

日曜日が来ると、一家が所属している聖公会（ACK）に車で向かった。英語

315

第3章　踊る身体、構える身体

での礼拝で、ママ・パトリックは時折パトリックに英語でメモを書いて見せたり、英語版の聖書のページを直接見せたりしていた。ママ・パトリックは、あるとき「彼を外に連れ出せばみんなが彼のことを知ることになる。神に感謝してるわ。私たちの意思ではなく、神があらゆる人を定めるのよ」と言った。そして「もしあなたの子供が聾なら、母語はとても難しい。英語はとても簡単だけど」と言った。2人の娘が話す言葉について私が言及すると「ナイロビで私たちはたくさんの問題を抱えている。キクユ語とかカンバ語とか。スワヒリ語や英語。ブレンダはナンディ語を流暢に話せないけれど、理解できる、いくつかの単語でコミュニケートできるの。あなたの方がナンディ語を話せるわよ」。

筆談

　2011年、5年ぶりにK聾学校に行くと、5年前にはいなかった聾の女性教員に、携帯電話の番号を教えてほしいと言われた。その夜、何件か登録していない番号からショートメールが送られてきた。そのうちの1つが、バックストンからのものだった。彼は学業成績も優秀だったが、中等聾学校を卒業後は陸上競技の中・長距離走者として活躍していた。

　この頃ケニアでは、連日のように、国際刑事裁判所（ICC）の動きに関する報道が繰り広げられていた。2007年の大統領選挙前後に国内各地で起きた、のちに「2007年選挙後暴動」などと呼ばれることになる暴力沙汰をめぐって、ICCが6人のケニア人を、殺人、住民の追放または強制移送、強姦、迫害、その他の非人道的行為を間接または直接的に行ったという容疑で審理にかけようとしていたためである。2007年の大統領選挙では、現職だったキバキ（キクユ出身）の陣営と、野党側候補のオディンガ（ルオ出身）の陣営が対立し、さらにその対立の背後には、キクユ人と、ルオ人およびその支持者のカレンジン系住民の対立があるとされていた。

　バックストンからのメールは、いささか唐突な文面で始まった。

　　　"bro n sis died in 2007."

　私はてっきり、バックストンの「実の」きょうだいが亡くなったのだと思い、お悔やみの文面で返信した。すると、すぐに彼からメールが届いた。

ダイアローグ（3）

"Christian bro n sis the Kikuyus in Eldoret as I was there suddenly, i disapeared to Chepterit. Th4 ICC should have a good decision on how to Judge those suspects. What do you say"

（※ Eldoret、Chepterit は地名、「4」は、携帯電話のキーの場所から類推して "e" の打ち間違いと考えられる）

　私なりの解釈で意訳すると次の通りになる。「（亡くなったのは）エルドレットにいた、キリスト教の兄弟姉妹であるキクユ人だ。私はそこに居合わせたのだが、チェプテリッまで逃げた。ICC はその容疑者たちをいかに裁くか、良き判断を下すべきだ。（これについて）あなたはどう思うか」。

　後日、私は、バックストンと K タウンの陸上競技場で直接会うことになった。競技場の観客席で彼と落ち合ったところで、数人のいわゆる「ストリート・チルドレン」が、使い古した汚いペットボトルを手に私たちの方へ寄ってきた。バックストンは子供らを私から離し、諌めるような口調と手ぶりで彼らに何か話しているようだった。子供らは徐々に神妙な顔つきになり、どこかへ行ってしまった。「車の修理工場から接着剤を分けてもらいペットボトルに入れ、それを吸って酩酊するんだ。よくないことだ」、とバックストンは言った。

　それから彼は、私のノートとペンを取って、次のように書き始めた。（下記に付した私の訳は誤っている可能性がある）。

"South Nandi During 2007-2008 people died as a result of bows and arrow exchange milk police."

「ナンディ県の南側では、人々が 2007 ～ 2008 年に死んだ。警官との間で、牛乳と弓矢を交換したせいだ」

"PNU supporters were disappeared mostly Kisii around Vihiga & Kaimosi."

「PNU（Party of National Unity、当時現職だったキバキの陣営）の支持者たち、多くはキシイ人だが、ヴィヒガやカイモシに逃げた」

"Luhyas ran away learning their animals to Nandi & was stolen."

第3章　踊る身体、構える身体

　「ルィヤ人たちは自分たちの家畜がナンディに盗まれることを知って、
　逃げ去った」

　この後、バックストンは手話で話し、私はそれを次のように書き留めた。

"ELD friend Kikuyu died police start to shot past forget now future run think."

　「エルドレットにいたキクユ人の友人が、警官の銃撃で死んだ。今は、
　過去のことは忘れ、将来に向けて走ることを考えている」

　バックストンは、私との別れ際、こう締めくくった。「2007年から2008年に
かけて、多くの人が死んだ。全ては悪魔のせいだ。こうして人々は死んでし
まったが、これらは過去のこととして忘れなければならない」、「僕は、毎日ト
レーニングを積む。競技会で勝つと、慢心して日々のトレーニングをしなくな
る人もいるが、僕はこれからも、日々走り込んでいくつもりだ」。
　その晩、バックストンとの話を振り返りながら、私はいくつかのことを思い
起こしていた。
　最初に思い出したのは、コンスタンチンの話だった。彼女は、K聾学校の寮
内で、ICCの動きに関するニュースをラジオで聞きながら、2007年の暴力沙
汰について次のように話していた。

　「あのときは、悪魔がケニアを支配してしまった。いつもならキシイ人
　とかルィヤ人とは食べ物を分け合ったりしていたのに、人々は急に『お前
　らの土地に帰れ!!』と彼らに対して言うようになった。それまでは友達
　だったのに。若い男の子たちも盗みを働いたりして。全ての店の店主たち
　は恐れ、店を閉めていなくなってしまった。火が放たれたりもした。悪魔
　がケニアに来た。私たちは多くのものを失ってしまった。物は盗まれ、焼
　かれてしまった。これまで生きてきて初めてのことだ。きっと神がケニア
　に試練を与えているに違いない。同じことが再び起こらないように祈らな
　ければ」（古川［2012］より再録）。

　次に思い出したのが、2005年12月、期限の迫ったビザを手軽に更新するた
め、ケニアの西隣のウガンダの町ンバレに出たとき、バス停でたむろしていた

318

キクユ人の若者たちが話していたことだ。前月、キバキ政権による新憲法案への賛否を問う国民投票が行われ、否決されていた。私が彼らに「もちろんキバキを支持するのだろうね」と尋ねたところ、彼らは言った。「キクユ人が皆、キバキを支持しているわけではない。新憲法案では、大統領の権限が大きくなり過ぎていた。僕たちだって、そういうことを考えながら投票するさ」。

　それから、K聾学校の近くの村で、老人たちが次のように言っていたことも思い出した。私が尋ねたところ、老人たちは「自分はナンディ人だ」と言った。何の話の流れか忘れたが、彼らはキバキを批判しながらも次のように語っていた。「モイ（カレンジン系、ケニアの2代目大統領）も、決して良い大統領ではなかった」、と。

　語りは消え、筆談は残る。私はそれらを、こうして文字で記しているのだ。

「子供たち」

　学校内でも学校外でも、教職員のみならず私から見て「大人」たちが「生徒（pupil/pupils）」と呼ぶことはなく、それぞれ手話に加えて英語の「子供 child/children」という総称か、「女子 girl/girls（手話／英語）、msichana/wasichana（手話／スワヒリ語）」、「男子 boy/boys（手話／英語）、kijana/vijana（手話／スワヒリ語）」と呼んでいた。男性教職員が咄嗟に男子に向かって「ウェリ weri！（ナンディ語で年長者が男子に向かって、父親が息子に向かって呼ぶときに使われる）」と声で呼びかけつつ、手招きなどをして呼び寄せることもあった。

　「子供たち」は、それぞれ名前を持っている。ナンディ、ケイヨ、キプシギス等のいわゆる「カレンジン系」の人々は、子供の出生時、その時間帯や状況（明け方なのか、朝なのか、夕刻なのか、夜なのか。あるいは、牛を集める時間帯なのか、客が来ていたときか、病院で生まれたのか、など）によって名づける。接頭辞に"Jep-"ないしは"Je-"を付ければ女で、"Kip-"ないしは"Ki-"を付ければ男である。例えば夜中に生まれた女子は Jepkemboi（kemboi は「夜中」）と名づけられ、ある男の子が病院で生まれたのなら Kipchumba（chumbindet で「ヨーロッパ人」（単数形））、客が訪問中に生まれた男の子は Kiptoo（toot は「客」（単数形））、スムーズに出生した女の子は Jepleting（le は「言う」、ting は「スムーズ」）、牛が活動を始める時間（午前7時〜8時）に生まれた男は Kipng'etich（ŋet は「起き上がる」）などである。K聾学校では、「カレンジン系」の子供の場合、ほとんどこの出生時の名前で呼んでいた。同じ学級に同名の子供がいるなどした場合は、クリス

第3章　踊る身体、構える身体

チャン・ネームで呼んでいた。

　「子供たち」の中では、3年次以下のインファント、ナーサリー学級を含む5学級の子供が上級生から「（幼い）子供」としてみなされた。インファント、ナーサリー学級の子供たちや、上級生から見て「幼い」言動をした子供はときに「赤ちゃん」と揶揄されることがあった。学年が上の者は下の者をいわば年下のきょうだいのようにみなしていたようだった。低学年の「赤ちゃん」が悪さをすれば注意をし、ときに教職員と同じようにどこからか枝を持ってきてスネを引っぱたくことさえあり、そうでなくても日常的に掃除や洗濯の仕方など生活全般にわたって文字通り指導していた。職員会議でそれぞれの寮の係、台所の係、トイレの係、毎朝夕に行われるケニア国旗の掲揚と降納の係、各学級を代表する係などの役割分担が決定されるが、分担された役割にかかわらず、場合に応じて上級生が下級生の面倒をみていた。

　教職員たちは、上級生の中でも特に7年、8年次学級の者を「big girl/big boy（英語）」と呼んだ。"big boy" の中でも、男子の成人儀礼（概ね15歳から18歳くらいまでに通過する）が重要視されるナンディなどの出身者の中で成人儀礼を通過した者は、日本語でいうところの「大人」と同じ扱いをされた。「カレンジン系」で成人儀礼を通過した男たちは、前述の出生時の名前では呼ばれなくなり、クリスチャン・ネームや、父親の出生時の名前にちなんだ名前で呼ばれる。成人儀礼の最後の段階で、例えば父親が Kipkoech であれば "Arap Koech" と命名され、普段は "Arap" 略して Koech と呼ばれるようになる。成人儀礼を通過したにも拘らず、いつまでも Kip- で呼ばれると本人が嫌がることがあった（本書でたびたび言及したキプラガット Kiplagat もそうだった）。ただし、K聾学校内では、成人儀礼を通過した男子生徒が「大人」と同じ扱いをされるようになっても、呼称を変えるということは見られなかった。

　さて、私がK聾学校に住み込んで間もない頃、ある教員は過去に海外ボランティアとして滞在中だった女性について、こう話したことがあった。「彼女は夜に男子寮に入って行ったんだ。夜に男子寮に入るとは……big boy がいるのに。夜に男子寮に入って、灯りを消したんだ。灯りを消したんだよ！　あれは問題だ。誤解されるようなことをやってはいけない」。

　前述の通り、中・上級生は下級生の生活上の面倒をみたが、これは学校内の寮生活に限ったことではなかった。例えば、学校開校期間中に子供が怪我や病気で入院することがあったとき、夜間泊まりがけで入院した子供を看病したのは上級生たちだった。入院した子供のうちの1人はデイヴィッドで、もう1人

320

は虫垂炎になったシャロンだった。2人ともタウン (K町)の病院に入院したが、このとき6年次以上の子供が3人ほど交替で病院に泊まり込み、手洗いや食事などの介助を行った。男子には男子、女子には女子が付き添った。病院では食事が出ないため職員が飲み物と食事を持って行き、毎朝泊まり込んだ子供たちを迎え、日中は泊まり込んだ子供たちに代わり職員が入院した子供に付き添った。村の生活でも、年上のきょうだいが年下のきょうだいの面倒をみるのは当たり前だった。幼児の場合は離乳食の準備以外は年齢差のあまりないすぐ上のきょうだいが面倒をみていた。

　学校内での係分担の決定や入院した者の面倒見、教職員が命じたことを遂行するということは、教職員が学校の決まりごととして子供たちに提示し、子供たちは学校に在籍する者としてその決まりごとを順守する、という形で実現されるということでは必ずしもないようだった。教職員は常日頃「遵従する (obey 英語)」という語を用い、自分たちに従うよう子供たちを教え諭した。しかし、これは「子供」に対する「大人」、あるいは、「生徒」に対する「教員 (先生)」ないしは「職員」への遵従ではなく、それぞれの年長者に対する年少者それぞれの敬意の表出と遵従への要請だった。シチエネイ氏が次のように語ったことがある。「人の地位は場所によって変わる。校長 (head master) も年長の人たち (elders) の前ではビッグではない。村に変えればただの人だ」。

　子供たちは教職員など自分たちよりも年長の者が言うことにはよく従った。その一方で、教職員がいない場では、子供同士でよく何人かの教員の所作を誇張し真似て見せ揶揄するようなことを言ったりしたりもした。そのような場では、子供たちにとって教員は道化の対象に過ぎなかった。彼らは身近な年長者に敬意を表し遵従であることと、逆に年長者を揶揄することとを巧みに使い分けていた。

　彼らをどう呼べばよかったのだろう。それとも、「彼ら」などそもそも存在しないのか。

静かではなくなった私

　ケニアで私は、いつから手話を使えるようになったのかわからない。K聾学校に住み込んでしばらくたち、少しずつ子供らの言っていることがわかるようになってきた気がし始めた頃、ビオラとしゃべっているときにこんなことを言われてしまった。「あなたは手話をわかっていない」。別の日マークが私に何か話しかけたとき、私が眉をひそめていたら、「その手話じゃわからないから、

第3章　踊る身体、構える身体

こっちの手話使えよ」とアルフレッドが横やりを入れた。

　打ちのめされたのは言うまでもない。私は、全部わかるようになりたかった。英語もスワヒリ語もナンディ語も、そして子供たちの使う手話も。過去に英会話学校に通い、調査前にはスワヒリ語講座にも出た。ナンディ語の辞書もネットで入手した。K聾学校にあった手話の辞書を借りて、夜な夜な必死に読みながら練習した。暇さえあれば手を動かしていた。しかし、おしゃべりするにはほとんど役に立たなかった。通訳をつけようかと思ったこともあったが、人々はみな忙しかった。そんな私にひきかえ、集中的に研修を受けたというエミは最初から手話がよくできた。もちろん英語は完璧だった。スワヒリ語もいくらかしゃべっていた。エミが来て間もない頃、子供たちは「エミは手話がよくできて手強い」と私によく言ったものだった。その言葉が、何もできない私への当てつけにしか思えなかった。そして、エミを妬んだ。だが、彼女の存在は私を疲弊させたと同時に、彼女は「エミのようには振る舞わない私」を演出するのに都合のよい存在にもなった。

　聾学校に住み込み始めてから1年が経つころ、子供たちが私を褒めるようになった。「手話をよくわかってる、*clever* だ」。教員や職員にもたびたび言われた。この "clever" にはどんな意味が込められていたのだろう。「利口」なのか、「如才ない」のか、「器用」なのか、あるいは「ずる賢い」なのか……。私には何をもってそんなことを言われているのかまったくわからなかった。子供たちはおべっかを使うのが得意だった。またそれが出たのだと思うしかなかった。

　ケニアでの生活を終えようとしていたとき、ナイロビの職業訓練校の近くでそこに在籍する学生としゃべりながら歩いていたら、向かいから別の学生2人が歩いてきた。挨拶を交わし、自己紹介をすると、彼女たちは言った。「あなた聾なの?」、「いや、聞こえるよ」、「え、手話が聾者と一緒だから聾だと思った」、「(職業訓練校の) 先生の手話とは違うから」。

　私の手話のどこがどう職業訓練校の先生と違うのか、全くわからなかった。また例によって社交辞令が出たと思った。ナンディの人たちも、私がナンディ語っぽく挨拶すると、「あら、ナンディ語知っているのね」と平気で言った。秘書のレベッカも経理のジョブも、「今では、英語もスワヒリ語もナンディ語も手話も、ぜーんぶわかってて、ほんとにすごいよ」と私を持ち上げた。

　同じ頃、K聾学校のすぐ近くのバス停から乗り合いバスに乗った折、隣り合わせになった年配の女性が私に挨拶をしてきた。私が返すと彼女は言った。「チェプナンディヤッ (ナンディの女性)」。私は、このときほど嬉しいことはな

322

ダイアローグ（3）

かった。

この話を、日本に帰ってから研究室の同僚にすると、「ああ、そういうことはよく言われるよ」という答えが返ってきた。「何か言うときのタイミングかな」と言う人もいれば、「いや、結局、カネだよ、カネを出すからうまくやっていけたに決まっている」と言う人もいた。私は英語もスワヒリ語もナンディ語も手話も、結局よくわからなかった。ただ、ときに喧嘩めいたことになったりふさぎ込むことになったりしながらも、聾学校の子供とも教職員とも居候した家の家族とも、その親族や近所の人たちとも仲良くできていたと思う。

ナンディの女性に対してナンディの人たちが「チェプナンディヤッ」と言うことはない。それは日本から来た私に対して言われた言葉なのだ。なぜそのように呼ばれるようになったのか。挨拶する際のナンディ語の発音がよかったからか。否、私が人々の生活の邪魔をしながらやっていたことがあるとするなら、それは、人々が話すいくつもの言語を習い覚えることではなかった。私は多少なりとも彼らのやり方で躍れるようになっていたのだ、きっと。

では、私が出会った聾の子供たちはどのように日常を生きているのか。彼らはただ、周りの人たちと同じように生きているだけだ。

私がK聾学校に行かなければ、「聾の子供たち」にはきっと出会えなかったに違いない。

あとがき

　K聾学校の教員に勧められてビデオカメラを手にして戻ったのが2004年5月、通算3回目（K聾学校での滞在は2回目）の調査でのことだった。寝ても覚めても、歩いているときも、カメラは私の傍らにあった。きれいな画質の動画などほとんど撮れなかった。出来事は何の前触れもなく始まり、私はいつも心の準備をする間もなく展開している出来事にカメラを向けた。何が起きているのかを考えるのは二の次で、とにかくカメラを向けていた。撮っているときに照度が足りなくても、あとで何とかなるだろう、分析まではできるだろうと信じながら。夜な夜な睡眠時間を削り停電におびえながら動画を電子ファイル化していった。そうしないと日本に持ち帰れなかった。持ち帰るために泣く泣く画質を落としたものもある。本書で使用したimageたちは、元々画質の悪いものを研究者の端くれである（つまり大規模プロジェクトで予算が潤沢にあるわけではない）私が入手でき操作可能な技術でできる限り画質を上げ、見るに堪えるものにしたものだ。

　「画質の悪さ」は日常生活そのものを表している、と私は思う。すべてをクリアに書き起こせるような生活を少なくとも私はしていない。かすみがかった不鮮明な世界の中で、ある部分だけクリアにして見たり（見えたり）、別の部分は敢えて見なかったり見過ごしていたりする。皮膚の毛穴までが見えるような画質のよさは、私の日常生活に無縁である。

　本書では、中でもきわめて画質の悪かったケニアでの私の日々の経験が何だったのか、調査当時の私が惹きつけられた出来事に焦点化して提示することを試みた。結論が出ておらず議論が不十分なところがある出来事も、私がそれをどう見たか／どう見ようとしているかを最低限提示したつもりである。本書を最初のステップとして今後いろいろなアプローチを試しながら探究を続けていきたい。

＊　＊　＊

思えば私はいつでもどこでも至るところで四六時中フィールドワークをして
きた。道を歩いているときも、電車に乗っているときも、講義を受けていると
きも講義をしているときも、自分や子供の診察時も、友達と話しているとき
も、居酒屋で酒を飲んでいるときも、身内のみで行った結婚式の最中も、お産
のときも、夫や子供と一緒に遊んでいるときも……。一般的な民族誌などで、
「××（ケニア）での〇△年（2年あまり）にわたるフィールドワークに基づいて
……」という文言を目にするが、本書に関して言えば、本当はこの文言を意図
的に外さなければならなかった。ケニアでの私の経験はそれまでの私の経験と
ともにあり、ケニアでの経験を書くことは、帰国後の私の経験と切り離せな
い。私はいつも連想のただ中にあり、時空を超えて無数の経験間を行き来して
きた。

　もちろん、いつもいつもフィールドノートを手にしていたわけではなかっ
た。ただ、チャンスがあればどこかにメモしていた。出産前の両親学級や保育
園の親睦会では、私だけがペンを走らせていた。それぞれの会場でハッとし
た。せっせとメモをとっているのは私だけだと。さすがにお産の最中はメモな
ど取りようもなかったが、分娩室から一般病棟に移ってすぐ、陣痛による不眠
とお産の疲れが残って意識が朦朧としている中、出産という経験がどういうも
のだったか文字通り必死になってノートに書き出した。「排泄行為」と言うと
非難を浴びるだろうが、経験が冷めないうちに吐き出して書き留めておきた
かった。

　本書は、これまでの経験のなかでときに文字化できたさまざまなことのう
ち、さらに分節化できた経験群とそれらに対する考察である。

　これまでの私の経験は私だけのものではない。日々のさまざまな人や物事と
の出会いと関わりが本書の制作・完成につながっている。そうした出会いの中
で、ここでは、本書の制作に直接手をさしのべてくださった方々に謝意を表し
たい。本書に間接的に影響を与えてくださったのは学術界にとどまらず、主要
な人だけでも挙げようとすれば多くの紙面を費やさねばならないからだ。本書
のベースである博士論文執筆時を含め間接的に本書の制作を支えてくださった
方々には、個人的に直接御礼を申し上げたいと思う。

　本書の制作に直接手を貸してくださった方たちのなかで、誰よりもまず、ケ
ニアで出会った人たちには最初に御礼を申し上げたい。調査を始めた2003年
から本書完成まで15年が経とうとする中で、天に召された方もいらっしゃる。
K聾学校の就学生たち、教職員の方々、私を受け入れてくれた就学生の家族と

あとがき

村の人たちに感謝の気持ちを捧げたい。特にK聾学校の教員シチエネイ氏は、ケニア滞在中も、帰国後も、ごく個人的なことに関することも含めて私の相談に親身になって乗ってくださった。心より御礼を申し上げる。

そして本書の制作・完成を直接支えてくださった風響社の石井雅さんをはじめ、スタッフの方々には感謝してもしきれない。本書の刊行は、平成29年度日本学術振興会科学研究費補助金・研究成果公開促進費（学術図書）（課題番号17HP5127）の交付により実現した。同補助金への申請段階からコメントをいただき、原稿の推敲過程で私がコメントをお願いしたのも石井さんのみだった。とてもよい距離感で本書の制作・完成を支えてくださったことに心より御礼申し上げたい。

ケニアでのフィールドワークに関しては、公益信託澁澤民族学振興基金、公益財団法人日本科学協会笹川科学研究助成、日本学術振興会、一般財団法人ヤマハ音楽振興会研究活動支援から助成を受けて行うことができた。また、博士後期課程在学中は、日本学術振興会の特別研究員（DC2）に採用されるまで、財団法人三菱信託山室記念奨学財団（現公益財団法人三菱UFJ信託奨学財団）から奨学金の給費を受けることで勉学に励むことができた。厚く御礼申し上げる。

最後に、私の夫と幼い息子は、それぞれ違う形で「他者と一緒にいるということはどういうことか」、毎日身をもって教えてくれた。こうして書いているいまこの瞬間も。本人たちはそんなつもりなどないだろうが、私にとっては日々発見の連続である。どうもありがとう。

参照文献

市岡ひかり編
 2017 「AI の音楽で泣けますか」『AERA』2017 年 9 月 4 日第 38 号、東京：朝日新聞出版

市川　浩
 1997 『〈身〉の構造：身体論を超えて』、東京：青土社

伊藤大幸
 2007 「ユーモア経験に至る認知的・情動的過程に関する検討：不適合理論における 2 つのモデルの統合へ向けて」『認知科学』14(1): 118-132、日本認知科学会

内山田康
 2008 「芸術作品の反美学的アブダクションと、デュシャンの分配されたパーソン」『文化人類学』73(2): 158-179

江尻桂子
 1998 「乳児における喃語と身体運動の同期現象 I：その発達的変化」『心理学研究』68(6): 433-440

エックマン、ポール
 1981 「身振りの三つのタイプ」『ノンバーバル・コミュニケーション〈ことばによらない伝達〉』W. フォン・ラフラー＝エンゲル編、本名信行・井出祥子・谷林真理子訳、3-26 頁、東京：大修館書店

大井　玄
 2008 『「痴呆老人」は何を見ているか』（新潮新書）、東京：新潮社

岡野真裕・進矢正宏・工藤 和俊
 2017 「合奏はなぜ速くなる？：2 人組でのリズム動作がシンクロのためのタイミング調節により高速化」（プレスリリース）、東京大学大学院情報学環・学際情報学府 http://www.c.u-tokyo.ac.jp/info/news/topices/files/20170305_pressrelease.pdf

落合淳思
 2014 『漢字の成り立ち：「説文解字」から最先端の研究まで』（筑摩選書）、東京：筑摩書房

加藤文元
 2017 「数学記法・記号と数学的思考：概念誕生のイメージ」『数理科学』643: 5-14

加藤佳也
 2007 「認知症患者は社会を形成しうるか：顔の倫理学に基づいた考察」『発達人間

学論叢』10: 77-82

亀井孝・河野六郎・千野栄一

1996 「幼児語」『言語学大辞典 第 6 巻 術後編』、1373 頁、東京：三省堂

河島則天

2010 「歩行運動における脊髄神経回路の役割」『国立障害者リハビリテーションセンター研究紀要』30: 9-14

河瀬　諭

2014 「なぜ合奏は『合う』のだろう？」、ヤマハ音楽研究所・音楽×研究 ON-KEN SCOPE

http://www.yamaha-mf.or.jp/onkenscope/kawasesatoshi1_chapter1/

神田和幸

2010 『手話の言語的特性に関する研究：手話電子化辞書のアーキテクチャ』、東京：福村出版株式会社

北林かや

2011 「手話通訳者養成における『ろう者のやり方』の提示と学習者の認識」『聴覚障害者情報保障論：コミュニケーションを巡る技術・制度・思想の課題（立命館大学生存学研究センター報告書 16）』坂本徳仁・櫻井悟史編、31-55 頁、立命館大学生存学研究センター

木村大治

2015 「はじめに　行為のもつれ」『動物と出会う I：出会いの相互行為』木村大治編、i-xiii 頁、京都：ナカニシヤ出版

木村晴美

2011 『日本手話と日本語対応手話（手指日本語）：間にある「深い谷」』、東京：生活書院

木村晴美・市田泰弘

1995 「ろう文化宣言：言語的少数者としてのろう者」『現代思想 特集サイード以後』Vol. 23-03、354-362 頁、東京：青土社

グランディン、テンプル

2014 『自閉症の脳を読み解く：どのように考え、感じているのか』中尾ゆかり訳、東京：NTT 出版

グリフィン、ドナルド・R

1995 『動物の心』長野敬・宮木陽子訳、東京：青土社

後安美紀

1998 「平田オリザの演出：同時多発会話における身体の調整過程の分析」、東京大学大学院教育学研究科提出修士論文（未公刊）

ゴッフマン、アーヴィング

1980 『集まりの構造：新しい日常行動論を求めて』丸木恵祐・本名信行訳、東京：誠信書房

1985 『出会い：相互行為の社会学』佐藤毅・折橋徹彦訳、東京：誠信書房

参照文献

是永　論
　　2002　「葛藤する文脈と相互行為分析の可能性：『広告』における理解の実践をめぐって」『応用社会学研究』44: 23-46
坂部　恵
　　2008　『かたり：物語の文法』（ちくま学芸文庫）、東京：筑摩書房
菅原和孝
　　1996　「コミュニケーションとしての身体」『コミュニケーションとしての身体』（叢書・身体と文化 第2巻）菅原和孝・野村雅一編、8-38頁、東京：大修館書店
　　2011　「潜むもの、退くもの、表立つもの：会話におけるものと身体の関わり」『ものの人類学』床呂郁哉・河合香吏編、47-68頁、京都：京都大学出版会
菅原和孝・野村雅一編
　　1996　『コミュニケーションとしての身体』（叢書・身体と文化 第2巻）、東京：大修館書店
ストロガッツ、スティーブン
　　2005　『SYNC：なぜ自然はシンクロしたがるのか』東京：早川書房
日本聖書協会
　　1994　『聖書：新共同訳』東京：日本聖書協会
武居　渡
　　2006　「言語の写像性は言語獲得を促進させるか：手話獲得研究からの知見」『コミュニケーション障害学』23(2): 143-151
　　2009　「手話獲得の心理学：手話処理過程・手話と認知発達・手話評価」『月刊言語』38(8): 32-39
畜産技術協会
　　2016　『アニマルウェルフェアの考え方に対応した採卵鶏の飼養管理指針』、公益社団法人畜産技術協会（http://jlta.lin.gr.jp/report/animalwelfare/shishin/layers_28.9.pdf）
寺澤芳雄編
　　2013　『英語語源辞典（縮刷版）』、東京：研究社
飛田武幸
　　2013　「『空間・時間・物質』」『数学セミナー　特集ワイルを読む』52(8): 13-17
中村幸四郎・寺阪英孝・伊東俊太郎・池田美恵訳
　　2011　『ユークリッド原論　追補版』、東京：共立出版
中村敏枝・長岡千賀
　　2009　「相互コミュニケーションにおける同調傾向」『関係とコミュニケーション』（講座社会言語科学第3巻）大坊郁夫・永瀬治郎編、80-99頁、東京：ひつじ書房
中村美奈子
　　2002　「舞踊記譜法：用途、歴史、分類、そして応用」『アート・リサーチ』2: 89-100
西光義弘

1998　「最も新しい言語」『月刊言語』27(5): 68-71

日本聖書協会

　　1994　『聖書：新共同訳』東京：日本聖書協会

ハイムズ、デル

　　1979　『ことばの民族誌』唐須教光訳、東京：紀伊國屋書店

稗田　乃

　　2002　「創られた『言語』、東アフリカ（ケニア、エチオピア）の場合『現代アフリ
　　　　　カの社会動態：ことばと文化の動態観察』」松田素二・宮本正興編）、220-235頁、
　　　　　京都：人文書院

平田オリザ

　　1998　『演劇入門』（講談社現代新書）、東京：講談社

深間内文彦・西岡知之・松田哲也・松島英介・生田目美紀

　　2007　「聴覚障害における視覚情報処理特性：アイマーク・レコーダーによる眼球運
　　　　　動の解析」『筑波技術大学テクノレポート』14: 177-181

古川＝吉田優貴

　　2007　「『一言語・一共同体』を超えて：ケニアKプライマリ聾学校の生徒によるコ
　　　　　ミュニケーションの諸相」『くにたち人類学研究』2: 1-20

　　2011a 「映像の肉感学」『映像にやどる宗教、宗教をうつす映像』新井一寛・岩谷彩子・
　　　　　葛西賢太編、東京：せりか書房

　　2011b "まざる"ことば、"うごく"からだ」『聴覚障害者情報保障論：コミュニケー
　　　　　ションを巡る技術・制度・思想の課題（立命館大学生存学研究センター報告
　　　　　書16）』坂本徳仁・櫻井悟史編、56-102頁、立命館大学生存学研究センター

　　2012　「不安定な今を生きる：ケニアの人々が語る『2007年選挙後暴動』と国際刑事
　　　　　裁判」『共在の論理と倫理：家族・民・まなざしの人類学』風間計博・中野麻
　　　　　衣子・山口裕子・吉田匡興編、292-321頁、東京：はる書房

ベイトソン、グレゴリー

　　2000　『精神の生態学（改訂第2版）』、東京：新思索社

ボイヤー、パスカル

　　2008　『神はなぜいるのか？』鈴木光太郎・中村潔訳、東京：NTT出版株式会社

正高信男

　　2001　『子どもはことばをからだで覚える』（中公新書）、東京：中央公論新社

松田素二

　　2000　「日常的民族紛争と超民族化現象：ケニアにおける1997〜98年の民族間抗争
　　　　　事件から」『現代アフリカの紛争：歴史と主体』武内進一編、55-100頁、日本
　　　　　貿易振興会アジア経済研究所

松野正子・二俣英五郎

　　1997　『こぎつねコンとこだぬきポン』、東京：童心社

マヌエル、ドン・ファン

　　1994　「ルカノール伯爵」『スペイン中世・黄金世紀文学選集3』牛島信明・上田博人

訳、東京：国書刊行会

水谷雅彦

1997 「伝達・会話・対話：コミュニケーションのメタ自然誌へ向けて」『コミュニケーションの自然誌』谷泰編、5-30頁、東京：新曜社

モース、マルセル

1976 「身体技法」『社会学と人類学 II』有地亨・山口俊夫訳、121-156頁、東京：弘文堂

モリオール、ジョン

1995 『ユーモア社会をもとめて：笑いの人間学』、東京：新曜社

森田真生

2017 「数学する言葉」『新潮』、139-155頁、東京：新潮社

安川　一

1991 「第1章〈共在〉の解剖学：相互行為の経験構成」『ゴフマン世界の再構成：共在の技法と秩序』安川一編、1-31頁、京都：世界思想社

1992 「社会的相互行為」『改訂社会福祉士養成講座12 社会学』福祉士養成講座編集委員会編、16-27頁、東京：中央法規

2009 「視的経験を社会学するために」『社会学評論』60(1): 57-72

箭内　匡

2008 「イメージの人類学のための理論的素描：民族誌映像を通じての『科学』と『芸術』」『文化人類学』73(2): 180-199

2014 「人類学から映像−人類学（シネ・アンソロポロジー）へ」『映像人類学（シネアンソロポロジー）：人類学の新しい実践へ』村尾静二・箭内匡・久保正敏編、7-26頁、東京：せりか書房

山本周五郎

1967 『青べか物語』、東京：新潮社

吉田優貴

2016a 「日常のコミュニケーションを表現／分析する方法：ケニアの聾の子供たちのおしゃべりとダンスを事例に」『研究所年報』（明治学院大学社会学部付属研究所）、46: 19-34

2016b 「東日本大震災に際し人文学・社会科学系研究者は何を考え行動し、発信してきたか」『研究所年報』（明治学院大学社会学部付属研究所）46: 177-194

米内山明宏

1988 『手話は語る：手話で考え手話で話す』、東京：評伝社

米盛裕二

2007 『アブダクション：仮説と発見の論理』、東京：勁草書房

ルロワ＝グーラン、アンドレ

1973 『身ぶりと言葉』、東京：新潮社

ロング、ダニエル・宮本一郎

2007 「ニカラグア手話と言語接触研究」『月刊言語』36(9): 56-59

ワイル、ヘルマン

1973 『空間・時間・物質』内山龍雄訳、東京：講談社

Benari, Naomi

1995 *Inner Rhythm: Dance Training for the Deaf,* London: Routledge.

Bateson, Gregory

1972 *Steps to an Ecology of Mind,* London: Jason Aronson Inc.

Biwot, Peter

N.D. *The Story of Kalenjin Christian Literature,* Kapsabet: A.I.C. Kalenjin Literature Publication.

Bruner, Edward

1986 Experience and Its Expressions, In *The Anthropology of Experience,* Victor Turner and Edward Bruner (eds.), pp.3-30, Urbana and Chicago: University of Illinois Press.

Bryson, Stuart M.

1959 *Light in Darkness: The Story of the Nandi Bible,* Sussex: Sussex Printers Ltd..

Collier, John Jr.

1957 Photography in anthropology: A Report on Two Experiments, *American Anthropologist,* 59: 843-859.

Collier, John Jr. and Malcolm Collier

1986 *Visual Anthropology: Photography as a Research Method* (revised and expanded), Albuquerque: University of New Mexico Press.

Costello, Elain

1998 *Random House Webster's American Sign Language Dictionary: A Complete Signing Dictionary with Full Definitions & Different Signs for Different Meanings of the Same World.* New York: Random House

Creider, Jane Tapsubei and Chet A. Creider

2001 *A Dictionary of the Nandi Language,* Köln: Rüdiger Köppe Verlag.

Emmorey Karen, Helsa B. Borinstein, and Robin Thompson

2005 Bimodal Bilingualism: Code-blending between Spoken English and American Sign Language, In *ISB4: Proceedings of the 4th International Symposium on Bilingualism,* James Cohen, Kara T. McAlister, Kellie Rolstad, and Jeff MacSwan (eds.), pp. 663-673, Somerville, MA: Cascadilla Press.

Farnell, Brenda M.

1994 Ethno-Graphics and the Moving Body, *Man* (New Series), 29(4): 929-974.

Gallaudet, Thomas H.

1847 On the Natural Language of Signs: And its Value and Uses in the Instruction of the Deaf and Dumb, *American Annals of the Deaf and Dumb,* I: 55-60.

Gell, Alfred

1998 *Art and Agency: An Anthropological Theory,* Oxford: Clarendon Press

Gepner, B. and F. Féron

2009　Autism: a world changing too fast for a mis-wired Brain?, *Neuroscience and Biobehavioral Reviews,* 33(8): 1227-1242.

Goffman, Erving

1963　*Behavior in Public Places: Notes on the Social Organization of Gatherings,* New York: The Free Press

Goldin-Meadow, S. and Carolyn Mylander

1990　Beyond the Input Given: The Child's Role in the Acquisition of Language, *Language,* 66(2): 323-355, Linguistic Society of America

Howes, David

2003　*Sensual Relations: Engaging the Senses in Culture and Social Theory,* Ann Arbor: University of Michigan Press.

Hymes, Dell

1962　The Ethnography of Speaking, In *Anthropology and Human Behavior,* Gladwin, Thomas and William C. Sturtevant (eds.), pp.13-53, Washington, D.C.: Anthropological Society of Washington.

Kegl J, Senghas A, and Coppola M.

1999　Creation through contact: Sign language emergence and sign language change in Nicaragua, In *Language creation and language change: Creolization, Diachrony, and Development,* DeGraff, M. (ed), pp. 179-237, Cambridge, MA: MIT Press.

Keil, Charles and Steven Feld

2005　*Music Grooves 2nd Edition,* Arizona: Fenestra Books.

Kenya Institute of Education

2001a　*Special Education Curriculum Guidelines for learners with Hearing Impairment: Pre-Primary Level,* Nairobi: Kenya Institute of Education.

2001b　*Special Education Curriculum Guidelines for learners with Hearing Impairment: Foundation Level,* Nairobi: Kenya Institute of Education.

2002a　*Primary Education Syllabus (Vol.1),* Nairobi: Kenya Institute of Education.

2002b　*Primary Education Syllabus (Vol.2),* Nairobi: Kenya Institute of Education.

2002c　*Kenyan Sign Language for Schools (4th Edition),* Nairobi: Kenya Institute of Education.

Kenya National Association of the Deaf（KNAD）

1991=2001　*Kenyan Sign Language Dictionary,* Nairobi: Kenyan Sign Language Research Project.

Locke, J. L., K. E. Bekken, L. McMinn-Larson, and D. Wein

1995　Emergent control of manual and vocal-motor activity in relation to the development of speech, *Brain and Language* 51(3):498-508.

London, Justin

2006　Musical Rhythm: Motion, Pace and Gesture, In *Music and Gesture,* Gritten, Anthony and Elaine King (eds.), Burlington: Ashgate Publishing Company, pp. 126-141.

Macbeth, Danielle

2014 *Realizing Reason: A Narrative of Truth and Knowing,* Oxford: Oxford University Press.

Markram, Henry

2007 The Intense World Syndrome: An Alternative Hypothesis for Autism, *Frontiers in Neuroscience* 1(1): 77-96.

Ministry of Health and Housing

1965 Minutes of a Special Meeting of the Management Committee of the Society for Deaf Children Held at the Norfolk Hotel, on the 21st September, 1965, at 6.45 P.M, Nairobi: National Archives (MOH/27/7).

Moga, Jacko and Danfee (eds.)

2004 *Sheng Dictionary 5th Edition,* Nairobi: Ginseng Publishers.

Muysken, Pieter

2000 *Bilingual Speech: A Typology of Code-Mixing,* Cambridge: Cambridge University. Press.

Ogechi, Nathan Oyori

2005 On Lexicalization in Sheng, *Nordic Journal of African Studies,* 14(3): 334-355.

Okano, Masahiro, Masahiro Shinya, and Kazutoshi Kudo

2017 Paired Synchronous Rhythmic Finger Tapping without an External Timing Cue Shows Greater Speed Increases Relative to Those for Solo Tapping, *Scientific Reports,* 7, Article number: 43987. (https://www.nature.com/articles/srep43987)

Petitto, Laura. A., and P. F. Marentette

1991 Babbling in the Manual Mode: Evidence for the Ontogeny of Language, *Science,* 251: 1493-1496.

Radcliffe-Brown, A.

1922 *The Andaman Islanders: A Study in Social Anthropology,* London: Cambridge University Press

Rasch, R. A.

1979 Synchronization in Performed Ensemble Music, *Acta Acustica united with Acustica,* 43(2): 121-131.

Richardson, Michael

2008 New Possibilities of Visual Anthropology, 『くにたち人類学研究』3:1-21.

Ruby, Jay

2000 *Picturing Culture: Explorations of Film and Anthropology,* London: University of Chicago Press.

Sacks, H., E. A. Schegloff, and G. Jefferson

1974 A Simplest Systematics for the Organization of Turn-Taking for Conversation, *Language.* 50(4): 696-735.

Shelton, Jose and Gideon Praveen Kumar

2010　Comparison between Auditory and Visual Simple Reaction Times, *Neuroscience and Medicine,* 1: 30-32.

Snell, G.S.

1986 (1954)　*Nandi Customary Law.* Nairobi: Kenya Literature Bureau.

Stokoe, William

1978 (1960)　*Sign Language Structure: an outline of the visual communication systems of the American deaf,* Occasional Papers 8, Silver Spring, MD: Linstok Press.

Takei, Wataru and Takashi Torigoe

2001　The Role of Pointing Gestures in the Acquisition of Japanese Sign Language, *Japanese Journal of Special Education,* 38(6): 51-63.

Thompson, P. D., J. G. Colebatch, P. Brown, J. C. Roth-well, B. L. Day, and J. A. Obeso

1992　Voluntary Stimulus Sensitive Jerks and Jumps Mimicking Myoclonus or Pathological Startle Syndromes, *Movement Disorders,* 7(3): 257-262.

参照映像作品・絵画作品

牧原依里・雫境（DAKEI）（共同監督・撮影・制作）
　　　　映画『LISTEN』（2016 年公開）

ライブミランカ
　　　　『さまぁ～ずトークライブ～三村もいるよ！』（DVD）ジェネオンエンタテインメント、2007 年 9 月 21 日発売

Asch, Timothy and Napoleon Chagnon

1975　*The Ax Fight,* Film, Watertown, Massachusetts: Documentary Educational Resources.

Escher,M.C.

1947　*Another World* (Woodcut), http://www.mcescher.com/

1961　*Waterfall* (Lithograph), http://www.mcescher.com/

参照ウェブサイト

一橋大学図書館
　　　　「アンデルセンと『裸の王様』」、日・EU フレンドシップウィーク企画展示
　　　　http://www.lib.hit-u.ac.jp/service/tenji/eu/andersen2005.html（2018 年 2 月 1 日アクセス確認）

ペットのおうち
　　　　http://www.pet-home.jp/（2018 年 2 月 1 日アクセス確認）

ほぼ日トイ新聞
　　　　「笑福亭鶴瓶の落語魂。：その世界のすべてを愛するということ」（第 23 回「教えることを惜しまない商売。」）
　　　　https://www.1101.com/tsurube/2005-01-02.html（2018 年 2 月 1 日アクセス確認）

Ethnologue

2005 Kenyan Sign Language: A language of Kenya.
      https://www.ethnologue.com/language/xki（2007 年 1 月 7 日アクセス確認）

2018 Kenyan Sign Language: A language of Kenya.
      https://www.ethnologue.com/language/xki（2018 年 2 月 1 日アクセス確認）

Interpreter at Mandela memorial a fake, group says, *CNN,* December, 11, 2013.
      http://edition.cnn.com/2013/12/11/world/africa/mandela-memorial-fake-intepreter/
      （2018 年 2 月 1 日アクセス確認）

Sign & Symbols, *American Sign Language Alphabet...Free Vectors.*
      https://signsanddisplays.wordpress.com/2011/03/15/american-sign-language-alphabet-
      free-vectors/（2018 年 2 月 1 日アクセス確認）

Stephenson, Patrice and Esther Zawolkow

2014 Communication Considerations: Signing Exact English (SEE), *Hands & Voices.*
      http://www.handsandvoices.org/comcon/articles/see.htm（2018 年 2 月 1 日アクセ
      ス確認）

Steven Strogatz *at* TED 2004, *The science of sync.*
      https://www.ted.com/talks/steven_strogatz_on_sync?language=ja（2018 年 2 月 1 日
      アクセス確認）

図表・image 一覧

はじめに

0-01　　7
0-02　Waterfall　見る者に対してオープン・エンドな「だまし絵」　12

第1章

図 1-1　KIE 手話の辞書より　24
図 1-2　左は ASL、右は KSL　24
図 1-3　42
図 1-4　98
図 1-5　104
図 1-6　107
図 1-7　109
図 1-8　110

表 1-1　43
表 1-2　65
表 1-3　66

1-01　「今」　34
1-02　「今」　34
1-03　「私」　35
1-04　KSL　35
1-05　KIE 手話　35
1-06　ASL　35
1-07　「話す (talk)」　35
1-08　「話す」　36
1-09　「終える」　36
1-10　ASL　36
1-11　左は KSL、右は KIE 手話　36
1-12　「電話する」　37
1-13　左の 2 つは KSL、右は KIE 手話　37
1-14　ASL　37
1-15　ASL の曜日表現　38
1-16　KSL の曜日表現　38
1-17　KIE 手話の曜日表現　39
1-18　40

1-19　「何」　43
1-20　左から KSL、KIE 手話、ASL　43
1-21　「あちら」　44
1-22　「客」／「訪問する」　44
1-23　「訪問者」、「客」、「訪問する」　44
1-24　「客」　45
1-25　「訪問する」　45
1-26　「行く」　45
1-27　「行く」　45
1-28　「今」　46
1-29　「今」　46
1-30　「よい」　46
1-31　「着く」　47
1-32　「来る」　47
1-33　「来る」、「来い」、「来る」　47
1-34　「……から」　48
1-35　「……から」　48
1-36　「日本」　48
1-37　「日本」　48
1-38　「日本」　48
1-39　兄が左上腕部に何かを書く：「55」
　　　55
1-40　X は兄の左腕に触れる　55
1-41　X は兄の左腕に触れている。兄は Y を
　　　右手で指す　55
1-42　Y は左腕に何か書いて見せる　55
1-43　兄は Y に向かって両手を広げる：「どう
　　　いうこと？」　55
1-44　兄が Y に向かって右手を差し出す
　　　55
1-45　兄は眉間に皺を寄せながら左腕に何か
　　　を書いたのち、両手を広げる：「550」
　　　56
1-46　X は下方を見ている：「どうなの？」（
　　　56
1-47　Y が左腕に何かを書く：「580」　56
1-48　兄が Y の左腕を右手で摑む：「580」
　　　56
1-49　兄が妹に向かって右手で何かしら示す：
　　　「80（ASL）」　56

339

1-50　右掌を上に向ける：「どうする？」
　　　　56
1-51　X がカメラを持つ私に向かって右手で
　　　何かしら示す　57
1-52　兄が X を見ながら右掌を上に：「どう？」
　　　　57
1-53　妹が Y を見ながら Y に向かって指さす：
　　　「ちょっとぉ？」　57
1-54　妹が X を見て右掌を上にしながら口を
　　　動かす　57
1-55　兄が妹を見ながら右掌を上に：「どう？」
　　　　57
1-56　兄が X を見ながら右手で何か示す：「50
　　　（ASL）」　58
1-57　X は Y に対して何か口頭で言う　58
1-58　妹は下を見て、兄は Y を見ながら右掌
　　　を上に：「どう？」　58
1-59　X は私を見て左掌を上に：「何？」
　　　　58
1-60　兄が Y を見ながら右掌を上に：「どうな
　　　の？」　58
1-61　X が妹の方を向き妹に向かって右手を
　　　伸ばす：「ねえ」　58
1-62　X が妹に右手で何か示す　59
1-63　X が兄の方を向き、右手で握り拳を見
　　　せる：「5（KSL）」　59
1-64　X が右手で空中に何かを書く　59
1-65　X が右手で空中に何かを書く　59
1-66　X が右手で空中に何かを書く　59
1-67　X が右手の親指と人さし指を折り曲げ
　　　中指・薬指・小指を立てる　59
1-68　兄は右掌を上にしたのち、左腕に何か
　　　を書こうとする　59
1-69　兄が左腕に何かを書いている途中で、Y
　　　が腕に何かを書き始める　60
1-70　兄は何か書いていた右手の動きを止め
　　　る　60
1-71　妹が右手で握り拳をつくって見せる：「5
　　　（KSL）」　60
1-72　妹が右手の親指と人さし指をつけたり
　　　離したりする：「20（ASL）」　60
1-73　Y が右手で何かを左腕に書く　60
1-74　兄は Y の左腕を摑み引き寄せて Y の右
　　　手の動きを見入る　60
1-75　兄が Y の腕から手を離す　61
1-76　Y を見ながら右掌を上にする：「何で？」
　　　　61

1-77　兄が Y に左腕を見せながら右手で何か
　　　を書く　61
1-78　兄が Y に左腕を見せながら右手で何か
　　　を書く：「550」　61
1-79　X も兄の腕を見ている　61
1-80　兄が Y に対し両手を交差したのち開く
　　　　61
1-81　兄が Y に対し両手を交差したのち開く：
　　　「以上！」　61
1-82　X が Y に向かって何か言う　62
1-83　兄が両掌を上に向けて上げる：「それで
　　　行こう！」　62
1-84　　65
1-85　　65
1-86　兄が X に向かって親指を立てた両手を
　　　開く：「OK」　67
1-87　X はカネを数える　67
1-88　兄が X に向かって両手の親指を立てる：
　　　「OK」　67
1-89　X はうなずく　67
1-90　兄が X に向かって掌を上にしながら右
　　　手を伸ばす　67
1-91　X が黒のビニル袋を取って妹に渡す
　　　　67
1-92　妹が両手の握り拳を向かい合わせる：
　　　「10」　67
1-93　X に向かって掌を広げて右手を伸ばす
　　　　68
image1-94　兄と妹が X に向かって右手を伸ば
　　　す　68
1-95　X の掌にあるカネを指さす　68
1-96　妹が、続いて兄も両手の握り拳を合わ
　　　せる：「10」　68
1-97　兄が掌を上にしながら X に向けてその
　　　手を伸ばす　68
1-98　兄が掌を上にして伸ばしていた右手を
　　　引く：「ちょうだい」　69
1-99　X が Y に向かって "lete kumi" と言う：「10
　　　くれ」　69
1-100　妹が Y に向かって左手を伸ばす　69
1-101　Y が妹の左掌に 10 シリング貨幣を置
　　　く　69
1-102　「アーメン」　80
1-103　「神」　80
1-104　「主」　80
1-105　「全能／力」　80
1-106　1-107 の中から 05、12、22、23 を区切

り出したもの　*82*

1-107　happy という手話の始まりから終わりまで　*82*

1-108　「happy の一部」、「play の一部」を取り出し「接合」したもの　*82*

1-109　play という手話の始まりから終わり　*82*

1-110　F「サタン」　*94*

1-111　F「そこに」　*95*

1-112　N（F に向かって手を動かし始める）　*95*

1-113　W（F に注意を促す）、Z（W を見る）　*95*

1-114　W「酔っぱらい」、Z（F を見る）　*95*

1-115　Z（F に注意を促す）　*96*

1-116　W「ダメ」、Z《翻訳不可》　*96*

1-117　Z（手を引っ込める）、N「サタン」　*96*

1-118　Z（手を引っ込める）、N「男の人」　*96*

1-119　1-118 のナンシーの手の動きを拡大　*98*

1-120　N「20」、F（ナンシーに注意を促す）　*98*

1-121　N「20」、F「5」　*99*

1-122　N「20」、F「20」　*99*

1-123　N「男の人」、F（手を下ろす）　*100*

1-124　N《不明（翻訳できない）》、F（手を下ろす）　*100*

1-125　N「私」　*100*

1-126　N「びっくり」　*100*

1-127　N「男の人」　*101*

1-128　N「サタン」、F「そこに」　*101*

1-129　N「そこに」、F「そこに」　*101*

1-130　N「男の人」、F「そこに」　*101*

1-131　N《不明（翻訳できない）》、F「そこに」　*102*

1-132　N「サタン」、F（手を引く）　*102*

1-133　N「びっくり」　*102*

1-134　N「男の人」　*102*

1-135　N「力強い」　*103*

1-136　N「男の人」、F「上半身」　*103*

1-137　N「力強い」、F「上半身」　*103*

1-138　W（F に注意を促す）、Z（F に注意を促す）、N「上半身」、F「上半身」　*103*

1-139　W（F に注意を促す）、Z「生首」、N「上半身」、F「上半身」　*106*

1-140　W（F に注意を促す）、Z「生首」、N《不明（翻訳できない）》、F「上半身」　*106*

1-141　W「生首」、Z「生首」　*106*

1-142　W「生首」、Z「生首」、F「生首」　*106*

1-143　W「生首」、Z「生首」、N「生首」、F「生首」　*107*

1-144　見世物小屋の前に設置された立て看板　*108*

1-145　*117*

1-146　100 歳を祝うパーティーにて　*127*

第 2 章

図 2-1　*174*

図 2-2　*176*

図 2-3　画面の左右幅を縮めたため一部の字が隠れているが「屈」と「伸」が交互に行われた。　*186*

図 2-4　*188*

図 2-5　*193*

表 2-1　*187*

表 2-2　*187*

表 2-3　*188*

動画ファイル経過時間 0000-0006　*141*

動画ファイル経過時間 0007-0101　*142*

動画ファイル経過時間 0102-0118　*143*

動画ファイル経過時間 0119-1-0129　*144*

動画ファイル経過時間 0131-0214-1　*145*

動画ファイル経過時間 0214-2-1-0244　*146*

動画ファイル経過時間 0245-1-1-0304　*147*

動画ファイル経過時間 0306-0318　*148*

2-01　“bore”（「退屈」）、“borrow”（「借りる」）、“quiet”（「静か」）　*152*

2-02　ケモイの鶏、私の足　*157*

2-03　ケモイが起き上がって私に直接働きかける　*157*

2-04　ケモイと鶏　*158*

2-05　ケモイはベッドに立ち上がった　*158*

2-06　ケモイと鶏　*158*

2-07　窓に手をやるケモイ　*158*

2-08　立ち上がる鶏、無反応なケモイ　*158*

2-09　鶏と向き合い「ハッ」と息を吸いながら握り拳を口にやるケモイ　*159*

2-10　鶏に向かって「手を上げる」ケモイ
　　　159

2-11　鶏が「ギャー」と声を上げる　*159*

2-12　卵を自分の足元に転がす鶏　*159*

2-13　鶏をどかそうとするケモイ　*159*

2-14　鶏を手で追い払おうとするケモイ
　　　159

2-15　卵を手にしたケモイは部屋を出て行っ
　　　た　*160*

2-16　部屋に残された鶏　*160*

2-17　*166*

2-18　*166*

2-19　*166*

2-20　*166*

2-21　Aの右手が本の図を指さし、bの右手が
　　　前に　*168*

2-22　bも人さし指を伸ばしている　*168*

2-23　教員C　*169*

2-24　8フレーム（約8/30秒）ごとの動き
　　　170

2-25　*174*

2-26　*179*

2-27　*179*

2-28　*180*

2-29　*180*

2-30　*180*

2-31　「立てひざ」の振り付けに入っていると
　　　ころ　*186*

2-32　ある日の食堂にて　*190*

2-33　夜の女子寮にて　*190*

2-34　*191*

2-35　*192*

2-36　コーゴと近所の子供たち　*200*

2-37　*204*

第3章

図 3-1　*228*

図 3-2　縦線で区切った空白部分は、発言と
　　　発言の間の無音部分　*228*

図 3-3　*234*

図 3-4　*234*

図 3-5　*255*

3-01　*225*

3-02　*226*

3-03　*228*

3-04　*232*

3-05　*233*

3-06　*233*

3-07　0. ナンシー　*235*

3-08　1. リディア　*235*

3-09　2. ワイリム　*235*

3-10　3. チェプケンボイ　*235*

3-11　4. キマル　*236*

3-12　5. ブライアン　*236*

3-13　6. ベンジャミン　*236*

3-14　00:28　リディアとナンシーは、このと
　　　きワイリムを見ていた　*238*

3-15　00:29　次の瞬間になると、3人共バラ
　　　バラなところを見ていた　*238*

3-16　00:29　リディアとナンシーはこのとき
　　　互いの手の動きが見えない状態にあった
　　　にも拘らず、ほぼ同時に同じ手の動きに
　　　なっていた　*238*

3-17　00:30　2人の手はまた、ほぼ同時に同
　　　じ動きになった。ワイリムはまだ目をつ
　　　ぶったままだった　*238*

3-18　00:30　リディアは私を、ナンシーはカ
　　　レンダーを、ワイリムは別の子供を見た
　　　239

3-19　00:30　ナンシーはワイリムの方に顔を
　　　向け、ワイリムは別の子供を見た　*239*

3-20　00:31　リディアはワイリムの方を向き、
　　　しゃべりはじめる。ナンシーもワイリム
　　　に向かってしゃべる　*239*

3-21　00:53　チェプケンボイが近づいて行き、
　　　カレンダーの傍で2人1組の対面状態に
　　　239

3-22　01:22　*240*

3-23　01:24　*240*

3-24　01:25　*240*

3-25　01:25　*240*

3-26　01:25　*241*

3-27　01:27　*241*

3-28　インタビューの始まり　*244*

3-29　00:00　*245*

3-30　00:01　*245*

3-31　00:21　*245*

3-32　00:22　*246*

3-33　00:25　*246*

3-34　*252*

3-35　*252*

3-36　全国大会でのK聾学校の男子のダンス

図表・image 一覧

253

3-37 州大会でのK聾学校の女子のダンス
（2004年） *253*

3-38 *253*

3-39 *253*

3-40 *254*

3-41 夜の暗い女子寮内で躍る女子 *256*

3-42 夜の暗い女子寮内で躍る女子 *256*

3-43 *256*

3-44 *257*

3-45 *259*

3-46 *259*

3-47 *260*

3-48 *261*

3-49 *262*

3-50 録画を始めたのはこのシーンからだっ
た *266*

3-51 お腹に手をあてて一礼する女子とカメ
ラの私に向かって「終わり」と言う男子
266

3-52 動画再生プレイヤーを介すと、出来事
は時間で区切ることが可能なように思え
る *267*

3-53 「ギャラリー」と「ギャラリーでない」
境目はどこにあるのだろう *268*

3-54 セリブワ「*dorama*」 *270*

3-55 モイベン：「何をしているの？」セリブ
ワ：「*dorama*」 *270*

3-56 モニカ「*dorama* だよ」、エニヴィ「わかっ
ている」 *270*

3-57 モニカとエビィが一礼、その右横のヴィ
クターが両手を挙げた *271*

3-58 モニカが一礼し、ヴィクターが「終わり」
と言った *271*

3-59 モニカが一礼 *271*

3-60 モニカが一礼 *271*

3-61 ケンタゴール女史は子供たちが騒がな
いように腕を組ませた *272*

3-62 ケンタゴール女史はケモイを引っ張っ
て中央に立たせた *272*

3-63 ケンタゴール女史につづいてケモイが
挨拶 *272*

3-64 ケモイが、合わせた両手を左右に揺ら
した（「物語り」） *273*

3-65 ケモイが、何かを始めた *273*

3-66 *273*

3-67 *273*

3-68 *273*

3-69 *273*

3-70 牛に目を向けるケルヴィン *276*

3-71 カメラのフレーム右前の人影に目線を
送るエヴァンス *276*

3-72 「放牧している」と言うエヴァンスと放
牧中のケルヴィン *276*

3-73 *279*

3-74 *280*

3-75 *281*

3-76 *281*

3-77 *281*

3-78 *282*

3-79 引き倒されるネルソン、セリブワ
283

3-80 *290*

3-81 *290*

3-82 *290*

3-83 教室から職員室へと向かう教員ティン
ギィヤ氏、男子寮の前を通り過ぎる寮母
の息子 *290*

3-84 *Another World* *292*

3-85 いつも躍っている子供たち *293*

3-86 *308*

343

索引

(→：も参照、○○～：「○○＝動詞語根」と「その活用形」)

AIC（Africa Inland Church）→アフリカ・イン
　ランド・チャーチ　*15, 26, 29, 78, 208,*
　223, 301, 311
assembly（集会）　*78, 302*
dorama　*33, 50, 265-268, 269, 274, 275, 277,*
　279, 282-285, 287-289, 291, 292, 295, 296
ELAN（動画注釈ソフト）　*42, 173, 183,*
　185, 192, 193, 254
Kenya Association of the Deaf（KNAD）　*28,*
　153
Kenya Institute of Special Education（KISE）
　14, 23, 28, 125
KIE（Kenya Institute of Education）＝ケニア教
　育研究所　*14, 28, 34, 49, 315*
　Kenya Institute of Education　*14, 28, 315*
KIE 手話　*14, 34, 49*
Kinovea（フォーム分析ソフト）　*59, 71*
Signed English　*122, 135*
Signed Exact English　*122, 135, 248*
WaveSurfer（音声分析ソフト）　*229, 233*

あ

アカンバ（カンバ）　*126, 214, 226, 316*
あだ名→サインネーム　*25, 42, 135*
アブダクション→インデックス、推論　*13,*
　111-114, 296, 297
アブダクト→推論　*107*
アフリカ　*26, 87, 92, 121, 126, 128, 229, 278,*
　305
　――・インランド・チャーチ→ AIC　*26*
　――人　*128, 305*
アメリカ人　*27, 119, 120, 123, 131, 232, 305*
アメリカ手話（ASL）　*14, 15, 23, 28, 30, 33,*
　34, 36, 37, 39, 49, 51, 65, 69, 71, 120, 122,
　125, 135, 184, 196, 211, 248
居合わせ～　*5, 6, 11, 14, 20, 30, 50, 62, 66,*
　151, 155, 156, 254, 258, 263, 264, 275, 278,
　282, 289, 291, 292, 295, 300, 317

――た身体　*6, 20, 30, 263*
イギリス人　*14, 127, 305*
意思　*6, 7, 14, 25, 30, 151, 156, 181, 282, 316*
　――疎通　*6, 7, 14, 30, 156*
　――伝達　*25*
　――の疎通　*25, 151*
一緒にいる　*6, 28, 77, 93, 141, 156, 162, 167,*
　181, 242, 327
　――ための不可欠な条件　*167*
　――という経験　*77*
　耳の聞こえない子供と聞こえる子供が――
　　6
一連の動き　*81, 83, 84, 274*
　手話表現の「――」　*81*
　「始まり」と「終わり」の所作に挟まれた
　　274
　ビデオカメラが撮り収めた「――」　*84*
イスラーム　*304*
祈り　*16, 78, 79, 80, 81, 83-88, 97, 201, 211,*
　230, 243, 284-287, 302, 304, 307
　――の型　*79*
　――の「支離滅裂さ」　*84*
　――のやり方　*79, 87*
　――のリズム　*81*
意味→メッセージ　*10, 11, 17, 18, 25-27, 41,*
　50, 51, 54, 62, 64, 69, 72-74, 79, 85, 86, 88-
　91, 93, 94, 97, 110, 111, 113, 121, 139, 151,
　153, 154, 160, 167, 175, 176, 181, 182, 184,
　191, 196, 202, 224, 226, 229, 248, 252, 263,
　264, 275, 295-297, 300, 322
　――が込められて　*322*
　――が付与　*252*
　――する記号として区切り出された
　　153
　「――」と「論理」　*85*
　――の伝達　*181*
　――不明　*79, 264*
　行為自体が何らかの――　*226*
インター・カルチュラル・マリッジ　*131,*

345

132

インタビュー　*8, 11, 19, 77, 94, 97, 98, 105, 107-111, 113, 114, 231, 242-244, 246, 247, 249, 263, 293*

──は行儀よく　*231*

インデックス→アブダクション　*110-113*

インド人　*206*

インファント　*16, 265, 274, 320*

韻　*178, 181*

──は発声するのではなく　*178*

──を踏む　*178, 181*

歌→おしゃべり、ダンス

──い　*132, 178, 182, 199, 200, 217, 223-227, 229, 230, 285, 288*

──い躍りしゃべる　*223*

──い踊る　*200*

──う　*88, 174, 199, 200, 217, 224, 225, 229*

──って　*199, 208, 225, 304*

──でもありダンスでもあり　*223*

──やダンス　*20, 223*

──／ダンス　*225, 226, 252*

英語→ケニア手話対応英語、書記英語　*5, 10, 14, 23, 25, 26, 28, 30, 39-41, 49, 51, 52, 74, 81, 86, 88, 89, 91, 122, 126, 127, 131, 135, 207-209, 224, 229, 265, 294, 311, 314-316, 319-323*

──すら話せなかった　*28*

──対応手話　*26*

──に対応する手話　*25*

──の読み書き　*311*

アメリカ──　*122*

イギリス──　*122*

映像万能主義　*9*

エスノローグ　*14*

エラー→割り込み　*177, 242, 254, 262, 263, 283*

エンブ（Embu）　*160, 226*

オーケストレーション→共振、共鳴　*171*

オープン・エンド　*12, 19*

おしゃべり→歌、会話、しゃべり、ダンス、やりとり　*6, 10, 13, 42, 77, 84-86, 97, 99, 107, 108, 110-113, 153, 154, 160, 161, 178, 180, 181, 207, 211, 214, 229, 231, 234, 236, 237, 241-247, 263, 264, 294, 322*

──は賑々しく　*231*

踊～　*17, 132, 139, 174, 185-192, 194-197, 199,*

200, 251, 252, 254, 255, 263, 264, 295

躍～→構える　*6, 26, 162, 189, 195, 223, 251, 254, 255, 257, 258, 263, 265, 269, 283, 293, 303, 312, 316, 323*

「──る」と「構える」　*269*

終わりなき営み　*12, 20*

音楽　*52, 139, 140, 175, 183, 189, 195, 197, 327*

音声→声　*10, 11, 26, 29, 30, 40, 42, 43, 49, 51, 54, 64, 66, 73, 74, 81, 86, 88, 90-92, 111, 120, 151, 156, 160, 225, 229, 231-233, 248*

──から文字へ　*11*

──言語　*10, 29, 30, 40, 42, 43, 49, 51, 54, 64, 66, 73, 74, 81, 86, 88, 90, 91, 120, 151, 160*

──のテープ起こし　*86*

か

解釈　*10, 19, 20, 54, 62, 64, 71-73, 94, 99, 104, 109, 111, 113, 155, 178, 182, 183, 212, 265, 297, 317*

──の透明性　*64*

言語化して──　*10*

会話→おしゃべり、やりとり　*6, 7, 16, 26, 27, 30, 34, 36, 49, 51, 72, 74, 90, 162, 174, 182, 208, 210, 221, 247, 258, 262, 264, 293, 297, 308, 322*

──分析（CA）　*6, 16, 162, 258*

──をしている場面　*6*

偽──　*7*

顔　*8, 16, 25, 29, 40, 50, 62, 64, 73, 77, 92, 93, 105, 118-120, 123-125, 133-135, 150, 153, 155, 167, 178, 179, 199-201, 204, 208, 213, 214, 217, 227, 231, 232, 237, 241, 245, 248, 266, 274, 284, 286, 287, 289, 295, 297, 304, 306, 310, 311, 315, 317, 332, 333*

──の表情　*16, 25, 62, 64, 92, 93, 125, 153, 231, 248, 295*

書き起こ─　*10, 11, 17, 83, 85, 86, 112, 113, 221, 243, 249, 262, 264, 283, 284, 325*

書き起こし→記録　*10, 11, 113, 249, 264, 283*

下級生　*78, 80, 194, 287, 288, 320*

書く→軌跡、筆談　*7, 51, 54, 64, 66, 71, 72, 75, 86, 89, 151, 182, 303, 326*

学習→訓練、練習　*74, 81, 87, 91, 122, 135, 163, 174, 190, 191, 194, 258, 262, 274, 275,*

293, 295
カタコト→デタラメ　26, 27
かたり　13, 274, 295
　→はなしに輪郭を与え
　→はなしにすじをつける
語り→物語り　10, 11, 19, 27, 50, 108, 205, 207, 245, 246, 248, 249, 269, 270, 272, 274, 275, 277, 292, 294, 295, 305, 312, 319
　──における時間の問題　292
学校教育用ケニア手話(KIE手話、KIEの手話)→学校用ケニア手話　14, 34, 49
学校用ケニア手話(学校用手話)→学校教育用ケニア手話(KIE手話、KIEの手話)　14, 23, 28, 315
割礼　195, 196, 212, 217, 307, 311, 312
　──儀礼→成人儀礼　217, 311, 312
　男子──　195, 212, 307, 312
構え→躍～　265, 269, 282, 304, 310
カレンジン(Kalenjin)　128-132, 179, 184, 205, 303, 305, 315, 316, 319, 320
カンバ(アカンバ)　126, 214, 226, 316
　──人　126, 214, 226
観客→ギャラリー　71, 226, 249, 252, 257, 295, 317
観察者　9, 64, 66, 150, 153, 161, 269, 274, 278, 279, 282, 284
キクユ(Kikuyu)　128, 129, 184, 303, 309, 315-319
記号　17, 39, 81, 83, 85-91, 104, 112, 139, 153, 154, 160, 161
　──化　17, 154, 161
　──である以前に音(声)　86
　──として区切り出され　153, 154
　──としてのまとまり　153, 274
キシイ(Kisii)　131, 303, 317, 318
軌跡→書く、筆談　17, 71
気づき　9, 11-13, 19, 27, 112, 197, 247, 284
　──の過程　11-13, 19
帰納→アブダクション、推論　54, 114
キプシギス(Kipsigis)　190, 195, 196, 315, 319
客観的　9, 10, 11
　──事実　10
　──なデータ　11
ギャラリー→観客　265, 267, 268, 275, 277-289, 291
ギャロデット大学(Gallaudet University)

14, 28
教員養成学校(Kenya Institute of Special Education)　14, 23, 28, 125, 126
競技会　15, 122, 185, 189, 190, 193-195, 210, 213, 225, 226, 251, 252, 254, 255, 257, 258, 262-264, 275, 283, 309, 318
　──のダンス　193, 194, 213, 225, 226, 251, 252, 254, 255, 258, 262-264, 283
ケニア全国聾学校スポーツ・文化活動──　15, 210, 254
共振→オーケストレーション、共鳴　6-9, 11, 13, 20, 171, 191
協働　108, 156
共鳴→オーケストレーション、共振　171
儀礼的無関心　296, 297
記録→書き起こし　8-11, 19, 28, 71, 121, 127, 171, 172, 221, 243, 293
空間→時間、時空　13, 20, 72, 109, 150, 162, 185, 188, 190-192, 194, 244, 268, 278, 289, 292, 295, 296
　──的比喩　289
　──内　278
　──に限定できない　268
　dorama　292
　同じ──　150, 192
　時間的にも──　109, 185
偶然→偶発的　182, 192, 292, 296
偶発的→偶然　263
区切り→分節化、理解　8, 81, 83-86, 89, 90, 91, 104, 105, 109, 149, 151, 153, 154, 226, 246, 263, 264, 268, 275, 294, 308
区切り出～　81, 83-86, 89, 90, 91, 104, 105, 109, 151, 153, 154, 226, 263, 264, 294
口→口頭　5, 14, 25, 33, 41-43, 49-51, 62, 77, 86, 88, 104, 118, 125, 130, 133, 151, 153, 154, 173, 174, 178, 184, 207, 209, 210, 212, 213, 215-217, 223, 224, 248, 269, 272, 277, 294, 297, 302, 309, 313, 314, 317, 322
グルーヴ　183, 229
訓練→学習、練習　15, 17, 26, 31, 53, 129, 134, 194, 197, 210, 211, 248, 251, 254, 255, 263, 264, 301, 322
経験　7, 9, 12-14, 17, 18, 28, 54, 75, 77, 81, 89, 90, 107, 113, 115, 120, 139, 161, 183, 184, 195, 204, 225, 234, 247, 258, 292, 311, 325, 326
　「──したこと」　7

――したことを表現／分析すること　7
本書を――　14
携帯　75, 121, 123, 141, 149-151, 153-156, 301, 312, 316, 317
――電話　75, 141, 301, 312, 316, 317
ケイヨ（Keiyo）　40, 41, 43, 49, 50, 132, 190, 210, 319
ケニア教育研究所→ Kenya Institute of Education（KIE）　23, 28
ケニア教育省　14, 28, 125
ケニア手話（KSL）　14, 15, 23, 27, 28, 39, 49, 66, 120, 122, 125, 184, 211, 232
　　KSL　15, 23, 28, 33, 34, 36, 37, 39, 51, 64, 66, 69, 73, 153
ケニア手話対応英語→書記英語　39
言語　7-11, 13, 14, 16, 17, 23, 25, 27, 29-31, 33, 39, 40-43, 49-52, 54, 64, 66, 72-74, 81, 86-88, 90, 91, 120, 122, 151, 153, 156, 160, 162, 167, 195, 196, 283, 284, 323
　　――化　8, 10, 11, 72
　　――行為　162
　　――コード／非言語コード　153
　　――体系　87, 122
　　教授――　25, 39
顕在化した関わり→潜在的な関わり　291
現実　19, 20, 40, 72, 90, 105, 162, 183, 292, 296
　　――の偽物　19
　　――の模倣　19
原住民保護区→リザーブ　212, 311
喧騒→賑々しい　272
工業学校　127, 135
口頭→発声　33, 42, 43, 62, 77, 88, 210, 248, 269, 294, 314
声→発声　5, 7, 10, 11, 26, 29-31, 40, 42, 43, 49-51, 53, 54, 62, 64, 66, 73, 74, 81, 86-92, 111, 112, 116, 118, 120, 122, 131-135, 149-151, 154-156, 160, 161, 163, 173-176, 178, 181, 182, 196, 199, 201, 210, 216, 225, 227-229, 231-233, 247-249, 265, 269, 272, 278, 300, 301, 310, 313, 314, 319
　　――に出し　173, 210, 272, 301, 313, 314
　　――に出してはならない　313, 314
　　――を出さない　196, 216
　　――を出し　5, 116, 151, 154, 155, 216, 231, 249, 269, 313
コード　17, 43, 51, 151, 153, 161, 162, 182

――・スイッチ　43, 51
――・ブレンド　43, 51
――・ミキシング　43, 51
――が共有され　151
――を切り替える　43
個体　16, 163, 164, 186, 187, 194, 262, 264, 283, 291, 292
　　――が括り出されてしまう　283
　　――間　186
　　――識別　291
　　――（物質）　292
　　独立／自立した――　264
ことば　13, 30, 33, 40, 41, 49, 50, 116, 131, 160, 165, 167, 171, 173, 175, 300, 305, 307
　　――遊びのリズム　173
　　――の民族誌　30
　　――を介さないやりとり　165
「子供たち」　319, 320
コミュニティ　30, 92, 115, 125, 126, 315

さ

サインネーム→あだ名　25, 29, 53, 208-210, 294, 300, 314, 315
サタン　93, 94, 97-99, 104, 105, 107-109, 111, 113, 114, 307
撮影者　9, 10
　　――のまなざし　9
錯覚　10, 278
サル仲間→よそ者　206
参与観察　12, 19
視→ヴィジュアル
　　――的経験　17, 18
　　――的方法　9
　　――線→目線　92, 149, 155, 241, 287
　　――覚→聴覚　14, 16-18, 75, 183, 187, 189, 197, 229, 233
ジェスチャー　29, 30, 66, 74, 92
シェン（Sheng）　41, 42, 50, 51
時間→空間、時空、時系列　9, 13-16, 26, 53, 54, 73, 77, 78, 81, 83, 85, 86, 88, 92, 109, 113, 116, 120, 121, 125-127, 130-132, 134, 139, 141, 167, 185, 186, 191, 192, 202, 203, 205, 210, 211, 213, 215, 223, 227, 229, 233, 242, 246-249, 263, 267, 268, 284, 291, 292, 296, 301, 302, 304, 311, 319, 325
　　――が経つにつれて直線的に出来事が展開

索引

／変化　268
──軸　9, 267, 268, 284
──的にも空間的にも　109, 185
──で区切る　267
dorama ──　292
語りにおける──　292
生の──　13
時空→時間、空間　13, 20, 185, 188, 190-194, 292, 295, 326
──間　13, 20, 188, 190-192, 194
──を超えた同調　295
時系列→時間　42, 112, 234, 267
辞書→文法　23, 28, 34, 36, 41-43, 49, 64-66, 73, 84, 91, 125, 153, 161, 182, 311, 315, 322
──に基づく　42
──に基づけば　43
手話の──　23, 28, 34, 322
静か　5, 72, 77, 84, 118, 120, 130, 150, 203, 205, 213, 216, 231-234, 244, 247, 248, 275, 300, 301, 321
──な授業　231-234, 247
──な手話　216
自生的な秩序（spontaneous order）　191
自生的な同調（spontaneous synchronization）　193, 194
質疑応答　304
実践　11, 12, 20, 25, 90, 130, 140, 191, 195
本書を──→経験　12
写真　9, 10, 11, 12, 18-20, 124, 178, 207, 208, 299, 306, 307, 315
しゃべ～→おしゃべり
──って　40, 42, 62, 73, 107, 113, 122, 151, 202, 209, 210, 221, 237, 242, 246, 249, 278, 311, 321, 322
──った　40, 154, 202, 205, 210, 313
──り　6, 7, 10, 13, 42, 77, 84-86, 97, 99, 107, 108, 110-113, 153, 154, 160, 161, 178, 180, 181, 207, 210, 211, 214, 228, 229, 231, 234, 236, 237, 241-247, 249, 263, 264, 272, 294, 310, 313, 322
──る　40, 42, 113, 134, 151, 207-210, 223, 237, 241, 242, 244, 248, 278, 310, 311, 315
主体としての「人」　263, 279
手話
──する　209
──通訳　26, 87, 88, 90-92, 131, 232
──で考え ──で話す　25

──の研修　27, 232
──の辞書　23, 28, 34, 322
──表現　29, 34, 49, 75, 81, 83-85, 88, 265, 294, 295, 303
──を繰り出　26, 53, 64, 66, 70
──を習得　25, 28
1回性の──　65, 66
好きな──　210
寮の──（dorm sign）　27
障害者　7, 16, 90, 115
上級生　11, 25, 29, 77-80, 83, 84, 85, 87, 88, 132, 133, 185, 189, 191, 192, 204, 243, 248, 265, 295, 320
冗談→本気　73, 213, 266, 269, 282, 283, 309
書記英語→ケニア手話対応英語　122
書記スワヒリ語　122
職業訓練学校（＝職業訓練校）　15, 17, 31, 53, 129, 134, 210, 211, 301, 322
女子割礼→割礼　212
初等聾学校　5, 14, 15, 26, 66, 77, 85, 131, 134, 311
支離滅裂　78, 79, 84, 85, 98, 113, 181
信仰告白　302
身体　6-9, 11, 13, 14, 16-18, 20, 30, 50, 54, 62, 64-66, 69, 71, 73, 74, 77, 88, 90, 92, 114, 160, 162, 176, 178, 185, 189, 190-197, 225, 226, 262-264, 275, 279, 281, 291, 292, 295, 296
──技法　189, 190, 264
──群　275, 279, 291, 292, 295, 296
──的出来事　6
──的振る舞い　92, 114, 178
──での歌／ダンス　225
──に何が起きている　14, 30
──の一部分が分離　264
──の動き　62, 64, 69, 185, 189, 193, 226, 262
──の共振　6-9, 11, 13, 20
新入生　6, 29, 77-81, 84-87, 89, 153, 192, 258
推論→アブダクション　54, 72, 89, 90, 112, 114, 161
因果的──　112
仮説的──　112, 114
帰納的に──　54
好き勝手　7, 10, 175, 229, 242, 246, 255, 257, 263
──なおしゃべり　246
──におしゃべりが展開　246

——にしゃべり　　7, 229, 242

——に見る　　10

スワヒリ語　　5, 14, 15, 25, 26, 39-41, 49-53, 70, 122, 127, 181, 207-209, 265, 314-316, 319, 322, 323

静止画→動画　　12, 20, 83, 86, 93, 141, 185, 258, 284

成人儀礼→割礼儀礼　　92, 130, 196, 320

潜在的な関わり→顕在化した関わり　　291

相互行為　　18, 162, 184, 279, 289

即興（アドリブ）　　195, 262

卒業資格試験（KCPE）　　39, 53, 78, 79, 134, 299, 311

ソマリ（Somali）　　303

ソマリア　　303

た

ダイアローグ→対話　　13

対面　　6, 54, 73, 192, 193, 236, 237, 241, 242, 302

——状態　　192, 193, 236, 237, 241, 242

初——　　6, 54, 73, 302

対話→ダイアローグ　　13, 242

男子割礼→成人儀礼　　195, 212, 307, 312

ダンス→歌、おしゃべり　　20, 132, 139, 140, 162, 185, 189, 190, 192-197, 213, 223, 225, 226, 229, 251, 252, 254, 255, 257, 258, 262-264, 283, 289, 295, 309

「一糸乱れぬ」——　　251

歌／——　　225, 226, 252

競技会の——　　193, 194, 213, 225, 226, 251, 252, 254, 255, 258, 262-264, 283

競技会向けの——　　189, 190, 258

伝統的な——　　194, 213, 226, 251

中等聾学校　　15, 42, 53, 131, 134, 210, 211, 311, 316

チューニング調和、リズム　　107, 223

聴覚→視覚　　6, 14, 16, 30, 120, 172, 188, 189, 197, 231, 247

調和→チューニング　　257

直観／直感　　54, 71, 72, 112, 114

追体験→実践　　14

通訳→翻訳　　26, 87, 88, 90-92, 110, 124, 125-127, 131, 207, 232, 322

手形→フィンガースペリング（指文字）　　23, 25, 29, 211

出来事　　6-11, 13, 17, 19, 20, 72, 83, 113, 114, 141, 150, 151, 155, 161, 167, 184, 195, 227, 229, 233, 248, 258, 262-265, 267, 268, 275, 279, 283, 284, 291-293, 295, 296, 325

——としての身体群　　275, 279, 292, 295, 296

——の客観的記録　　9

——の忠実な再現　　10

絡み合う——　　292

身体的——　　6

でたとこ勝負　　53, 73

デタラメ→カタコト　　77, 87

——手話　　77, 87

伝統　　125, 194, 212, 213, 226, 251, 307, 308, 311, 312

——的なダンス　　194, 213, 226, 251

——方式　　307

——をよく知っている人　　311

テンポ→リズム　　175, 178, 183, 184, 189-191, 197, 251

——が走る　　178

動画→静止画　　8-12, 42, 54, 71, 81, 83-85, 93, 94, 97-99, 104, 105, 107, 109-114, 140, 141, 151, 185, 221, 233, 242, 243, 254, 258, 267, 268, 275, 283, 284, 289, 292, 325

同時　　9, 10, 13, 18, 25, 30, 42, 49, 51, 70, 73, 92, 94, 97, 99, 104, 105, 107, 155, 169, 171, 173, 174, 177, 181, 186, 189, 229, 231-233, 234, 243, 244, 248, 254, 255, 262, 263, 265, 267, 288, 293, 297, 322

——性　　174, 181

——多発的　　267, 293

同調　　169, 175, 176, 178, 185, 188-195, 295

——具合　　188

——現象　　189, 191, 192

——的な手の動き　　178

——的リズム　　176

トータル・コミュニケーション（TC）　　248

ト書き　　54, 176, 267, 278, 284

読唇　　14, 29, 126, 248

な

ナーサリー　　16, 89, 165, 207, 208, 248, 249, 265, 269, 274, 289, 294, 302, 320

何が起きていたのか　　6, 11, 19, 20, 54, 79, 112, 114, 141, 165, 191

索引

何が起きているのか　14, 19, 28, 30, 50, 139, 156, 167, 265, 325
何も知らない人　25
生首　93, 105, 107-109, 111
ナンディ（Nandi）　5, 15, 29, 41, 43, 49-52, 92, 115, 121, 125-128, 130, 131, 173-176, 181, 182, 185, 189, 190, 194-196, 205-210, 214, 226, 230, 251, 252, 286, 303, 311-320, 322, 323
　——語　5, 29, 41, 43, 49-52, 126, 127, 131, 173, 175, 176, 181, 182, 207-210, 311, 314-316, 319, 322, 323
　——出身　49, 50, 194, 196, 210
　——人　92, 128, 189, 190, 194, 196, 205, 319
賑　6, 7, 53, 132, 139, 223, 229-232, 242, 246, 247, 263, 264
　——々しい→喧騒、喧しい　7, 242, 246, 263, 264
　——やかな授業　232
偽会話→会話　7
日本語対応手話（＝手指日本語）　26, 29, 30, 39, 92, 247
日本人　120, 123, 207, 305
認識　8, 9, 20, 25, 42, 64, 66, 73, 84, 89, 150, 155, 156, 171, 186, 231, 274, 293, 296
　——される　9, 89
　——し　8, 42, 64, 155, 156, 293
　——し得ない　8
　——し語る　293
　——する　9, 20, 66, 89, 171, 186, 296
　——せず　8
　——できた　150, 186
　——できる　231
　——／発言　274
ネイティブ・リザーブ→リザーブ　212
値段交渉　6, 53, 54, 62, 64, 66, 71-73, 181, 241, 242
農業ショー　93, 98, 99, 104, 105, 107-109, 114
ノリ　50, 51, 88, 208, 221

は

バイモーダル（bi-modal）→コード・スイッチ、コード・ミキシング、コード・ブレンド、バイリンガル　43, 51

バイリンガル→バイモーダル　41, 43, 51
始まりと終わり　8
発声→口頭、声　30, 49, 51, 66, 155, 173-176, 178, 182, 196, 247, 265
はなし→かたり　13, 274, 295
　「——」に輪郭を与え→かたり　274
　——にすじをつける→かたり　13
パントマイム　194, 248, 275, 277, 278, 309
非線形力学　191
筆談→軌跡、書く　6, 71, 75, 316, 319
独り語り→語り　108, 246
独り言→独り語り　71, 213, 232, 237, 242, 247, 278
秘密　121, 299, 300, 312
非文字社会　75, 91
表現／分析　7, 12, 13, 18, 20
フィンガースペリング（指文字）→手形　25, 39, 125, 208, 303, 313, 314, 315
舞台　11, 64, 71, 72, 195, 249, 251, 252, 264, 293
　——上　249, 252, 264, 293
振り向く　118, 119, 165, 172, 300
振る舞い　10, 30, 77, 79, 80, 88, 92, 114, 129-131, 150, 178, 204, 248, 275, 277, 278, 289
　祈る——　88
　身体的——　92, 114, 178
　立ち居——　77
文章化→分節化　26, 66, 86, 155, 267
　——＝文字で分節化する　155
分節化→区切り、文章化、理解　7, 10, 11, 13, 64, 89, 149-151, 155, 161, 297, 326
文法→辞書　9, 25-27, 29-31, 52, 87, 91, 92, 153
　——構造　25, 27, 29
　——的にかなりいい加減　26, 27
　——というルール　153
別人　206
ホームサイン→あだ名　153, 160
母語→ヴァナキュラー　14, 26, 29, 49, 50, 316
ポコット（Pokot）　190, 303
ボラナ（Borana）　303
本気→冗談　269, 279, 281-283, 291
翻訳→通訳　18, 54, 62, 64, 70, 79, 80, 83, 104, 160, 175, 178, 181

351

ま

雑ざ～
　──って　*34, 40, 43, 49*
　──る　*33, 40, 43, 49, 50, 52, 229*
　「──る」ことば　*33*
真似　*69, 178, 189, 191-193, 202, 204, 321*
　口──　*178*
　物──→物真似を見よ
身
　──の記憶　*13*
　──振り　*5, 16, 30, 62, 69, 73, 74, 178*
　──をもって　*13, 225, 274, 327*
見世物小屋　*93, 105, 107-109*
見ていない→見る　*6, 181, 274, 292*
見ない→見る　*6, 217*
　──状態　*6*
見る→見ない　*6, 10, 11, 18-20, 23, 39, 42,*
　53, 70, 75, 85, 88, 89, 93, 111-113, 118, 131,
　133, 139, 149, 151, 153, 161, 165, 167, 185,
　189, 193, 194, 204, 211, 254, 268, 274, 278,
　279, 284, 286, 299, 301, 311, 325
　──側　*10, 19*
　──こともある　*254*
　画面上で──　*268*
　好き勝手に──　*10*
　遠巻きに──　*194*
民族誌　*11, 12, 14, 17-20, 30, 127, 326*
　──映画　*19, 20*
　──データ　*11*
　──的記録　*127*
　──的だまし絵　*11, 12, 14*
目線→視線　*141, 149, 150, 157, 195, 275,*
　277, 278, 292, 295
メッセージ→意味　*41, 88, 121, 151, 161,*
　180, 181, 223, 224, 226, 242
面談　*165, 167, 169*
文字→分節化
　──化　*10, 11, 326*
　──言語　*9, 11, 17, 64, 162, 283, 284*
　──データ　*11*
　──で表現できない　*9*
　──で分節化　*155*
　──に書き起こし　*264*
　──媒体　*243, 262*
　──列　*64, 89*

表意──　*86*
指──→フィンガースペリング（指文字）
　を見よ
物語　*13, 135, 161, 248, 249, 269, 270, 272,*
　274, 275, 277, 294, 295
物語り→かたり、語り、はなし　*248, 249,*
　269, 270, 272, 274, 275, 277, 294, 295
物真似→同調　*189, 192, 193, 202*

や

喧しい→賑々しい　*231-233, 247*
　──授業　*231-233, 247*
やりとり→おしゃべり、会話　*6, 33, 42, 51,*
　54, 62, 64-66, 69, 71, 73, 75, 90, 127, 154,
　165, 167, 169, 171, 173-178, 181, 182, 221,
　242, 283, 297
幼児語　*30*
ヨーロッパ人　*199, 207, 319*
よそ者→サル仲間　*128, 131, 196*

ら・わ

理解＝誤解　*139*
理解＝分節化→区切り、分節化　*13*
リザーブ→原住民保護区　*129, 212, 311,*
　312
リズム→チューニング、テンポ　*18, 19,*
　52, 75, 81, 139, 140, 173-176, 181, 183, 185,
　187-189, 195, 196, 197, 217, 223, 225
　──が生成　*176, 181*
　──を刻む　*175, 189, 196, 197*
　──を刻んで　*187, 188, 189*
リフトバレー州　*15*
　──ナンディ県　*15*
ルイヤ（Luhya）　*49, 317*
ルオ（Luo）　*33, 132, 190, 205, 303, 316*
練習→訓練、学習　*86, 185, 186, 189-191,*
　193-195, 210, 251, 258, 277, 295, 322
聾者　*14, 16, 17, 23, 25, 26, 28, 31, 53, 64, 66,*
　69, 73, 74, 88, 92, 113, 120, 122, 160, 189,
　196, 301, 322

割り込み→エラー　*242*
ヴァナキュラー→母語　*41, 49, 50, 208*
ヴィジュアル→視　*9, 11, 13, 18, 20, 113*
　──な素材　*9, 11, 13, 18, 20*

人名

DC（ディスマス）　*42, 53, 71, 210, 299, 300, 327*

アグイ（おじいさん）→フルメンシ　*126*

アサネス　*265, 267, 279, 281, 283-289, 291*

アルバート（K聾学校の）　*288*

アレックス　*42, 50, 53, 118, 119, 129, 210, 211, 299-302, 309*

イグナシャス氏　*128*

ウィスレイ　*192, 193*

エウォル　*287, 291*

エスタ　*40, 41, 42, 50, 215, 216, 299, 300, 301, 302*

エゼキエル　*26, 132*

エッシャー（Escher, M.C.）　*12, 292*

エドウィン　*133, 134*

エニヴィ　*283, 286-288*

エビィ　*281, 282*

エミ　*119-124, 129, 304, 322*

エヴァンス　*275, 277, 278, 286, 287, 295*

オディンガ（Odinga, Raila, ケニア国会議員）　*178, 316*

オンギラ　*286, 287, 303*

キバキ（Kibaki, Mwai, ケニア第3代大統領）　*128, 129, 178, 180, 184, 305, 316, 317, 319*

キプラガット　*50, 53, 54, 118, 210, 211, 216, 300-302, 320*

キマル　*209, 210, 236, 241*

グレイス　*211, 214*

ゲティッチ　*212*

ケモイ　*116, 117, 118, 141, 149, 150, 151, 153-157, 185-195, 270, 272, 274, 287, 295*

ケルヴィン　*275, 277, 278, 295*

ケンタゴール女史　*269, 270, 272, 274, 294, 295*

コーゴ（婆ちゃん）　*199, 200, 201, 306*

コスゲイ　*121*

コンスタンチン　*27, 124, 129, 130, 132-134, 205, 207, 211, 212, 214, 306, 307, 313, 318*

坂部恵　*13, 274, 295*

ジェプトゥム　*15, 77, 173-178, 181, 184, 207-209, 217, 258, 302, 309-311, 314*
　　——の母親→マルタ　*77, 209*

ジェル（Gell, Alfred）　*12, 20, 110, 112, 114*

シチエネイ氏　*26, 27, 33, 78, 119, 121, 123-126, 128, 130, 132, 205, 206, 210, 213, 223, 224, 230, 248, 251, 277, 303, 309, 312-314, 321, 327*

シャロン　*131, 132, 282, 287, 288, 289, 313, 321*

ジョエル　*185-187*

ジョシュア　*50, 53, 71, 210, 216, 301, 302*

ジョセフ　*288, 291*

ジョブ　*5, 322*

スーザン　*122, 129, 130*

スティーヴン・ストロガッツ（Strogatz, Steven H.）　*191, 192, 194, 196*

ズマ　*94, 97, 99, 104, 105, 107-111, 113, 243-246*

セリブワ　*282-289*

タイタス　*283-289*

タヌイ　*121, 210*

チェプケンボイ・　*236*

チェプシロール氏　*124, 130, 304, 305, 309, 310*

チェロップ　*42, 43, 50, 53, 54, 118-211, 216, 301*

デイヴィッド（K聾学校の）　*133, 134, 202, 320*

ナンシー　*94, 97-99, 104, 105, 107-111, 113, 178, 181, 234, 236, 237, 241-245*

ネルソン（K聾学校の）　*282, 283, 289*

パトリック　*128, 210, 314, 315, 316*

ハンティンフォード（Huntingford, G.W.B.）　*127*

ビアトリス　*33, 132, 206*

ビオラ　*33, 34, 133, 312, 313, 321*

フィリス　*207, 208*

ブライアン　*236*

フルメンシ　*126, 127, 135, 311*

353

ヘレン　　207, 208
ベン　　50, 53, 98, 128, 129, 133, 202, 205, 210, 215, 223, 225, 227, 236, 285, 291, 301-304, 307, 309, 311
ベンジャミン　　236
ベンソン　　133, 202, 303, 304
ポーリン　　23, 200, 201
ボール氏　　212, 213, 214, 251

マーク（K聾学校の）　　303, 321
ママ・パトリック（パトリックの母）　　128, 314-316
マリー　　116
マルタ→ジェプトゥムの母親　　209, 217, 309, 310
マンデラ（Mandela, Nelson R.）　　87
ミセス・ラガット　　122
ムホンベ氏　　130, 131, 199, 200, 204, 205
メリッサ　　128, 130
モイ（Moi, Daniel arap, ケニア第2代大統領）　　305, 306, 319
モイベン　　285, 291

モース（Mauss, Marcel）　　189, 264
モニカ　　265, 267, 279, 281-289, 291, 296

ユタカ　　5, 37, 40, 50, 119, 122, 123, 131, 133, 213, 304
ユニス　　211, 214

ランゴック　　207
リディア　　178, 179, 181, 234, 236, 237, 241, 242
リモ氏　　207-209
ルーシー　　129, 291
ルビー（Ruby, Jay）　　11, 13, 19
レベッカ　　5, 130, 322

ワイセラ　　94, 97, 99, 104, 105, 107-111, 113, 243, 244, 245
ワイリム　　181, 184, 236, 237, 241, 303, 304
ワウェル（バニス・ワウェル）　　121, 128, 129, 130, 206, 303
ヴィクター　　282
ンドゥルモ　　14, 28

著者紹介

吉田優貴（よしだ ゆたか）

1975 年生まれ。
2012 年一橋大学大学院社会学研究科博士後期課程修了。博士（社会学）。
専攻は人類学。
現在、東京外国語大学アジア・アフリカ言語文化研究所研究機関研究員、明
治学院大学社会学部付属研究所研究員。
主著書として、『映像にやどる宗教、宗教をうつす映像』（せりか書房、2011
年、共著）、『共在の論理と倫理——家族・民・まなざしの人類学』（はる書
房、2012 年、共著）、論文として、「『一言語・一共同体』を超えて——ケニ
ア K プライマリ聾学校の生徒によるコミュニケーションの諸相」（『くにた
ち人類学研究』第 2 号、2007 年）、「日常のコミュニケーションを表現／分
析する方法——ケニアの聾の子供たちのおしゃべりとダンスを事例に」（『研
究所年報』第 46 号、2016 年、明治学院大学社会学部付属研究所）など。

いつも躍っている子供たち——聾、身体、ケニア

2018 年 2 月 10 日　印刷
2018 年 2 月 20 日　発行

著　者　吉田優貴

発行者　石井　雅

発行所　株式会社　風響社

東京都北区田端 4-14-9　（〒 114-0014）
TEL 03（3828）9249　振替 00110-0-553554
印刷　モリモト印刷

Printed in Japan 2018 © Y. Yoshida　　　ISBN987-4-89489-243-9　C3039